乾·坤
性别研究文史文献集萃系列丛书
李小江 主编

郑慧生 著

揭开神秘的面纱

上古华夏妇女与婚姻

陕西师范大学出版总社 西安

图书代号 SK25N0891

图书在版编目（CIP）数据

揭开神秘的面纱：上古华夏妇女与婚姻 / 郑慧生著 .
西安：陕西师范大学出版总社有限公司，2025.7.
（"乾·坤"：性别研究文史文献集萃系列丛书 / 李小江主编）. -- ISBN 978-7-5695-5496-0

Ⅰ . D691.91

中国国家版本馆 CIP 数据核字第 2025H4L165 号

揭开神秘的面纱：上古华夏妇女与婚姻
JIEKAI SHENMI DE MIANSHA：
SHANGGU HUAXIA FUNÜ YU HUNYIN

郑慧生　著

出 版 人 / 刘东风	
出版统筹 / 侯海英　曹联养	
策划编辑 / 马康伟	
责任编辑 / 远　阳	
责任校对 / 马康伟	
出版发行 / 陕西师范大学出版总社	
（西安市长安南路 199 号　　邮编　710062）	
网　　址 / http://www.snupg.com	
印　　刷 / 陕西龙山海天艺术印务有限公司	
开　　本 / 787 mm×1092 mm　　1/16	
印　　张 / 16.125	
字　　数 / 285 千	
版　　次 / 2025 年 7 月第 1 版	
印　　次 / 2025 年 7 月第 1 次印刷	
书　　号 / ISBN 978-7-5695-5496-0	
定　　价 / 79.00 元	

读者购书、书店添货或发现印刷装订问题，请致电（029）85216658　85303635

总序
"乾·坤"——性别研究文史文献集萃系列丛书

乾坤,相互对应的两极构成一个概念,成为中国哲学体系中的基本范畴。乾为天,主阳;坤为地,主阴。出处与《易经》有关:以自然运行的宇宙观解释世间万物人事,将天地依存的同构范式推及人类社会,由"天/地""阴/阳"派生出"社稷""男女"——如此一来,天地与社稷呼应,阴阳与男女对接,乾坤与家国同义,成为人世间难以超越的至高境界。

在"乾·坤"名下做文史研究的念头由来已久,旨在将历史元素有效地纳入中国特色的哲学范畴,既可还原它的原初含义,也有创新的意图:朗朗晴空下,为长久隐身于私密处的"女性/性别"辟出开放的话语空间。"乾坤一元",比肩而行;"阴阳相倚",各为主体;"性别研究文史文献集萃"因此有三重含义:

一为饮食男女，性别是基本议题。让"天地/阴阳"走进人间生活，袅袅炊烟，衣食住行，寻常生活中窥见的也是"乾坤/社稷"。

二为文史文献，以文载史，文史同道。入丛书者，有专著，有论文集；可以是历代文学作品的史学解构，也可以对图片（如壁画、纹饰、照片、影视作品、墓志铭等）做文献辑录或文史阐释……无论形式，无不承载着历史的信息（而非白口说道），能够从不同方向展现历史遗存（而非凭空想象）。

三是集萃，会聚珠玑，萃取精华。女人作为群体，长久未载史册；女性的历史信息，碎片般地散落在"史记"的缝隙里或散失在"社稷"的偏僻角落。编撰这套丛书的一个主要目的是拾遗补阙：但凡透露出性别制度的古老讯息，或承载着女性文化遗存的历史印记，在这里都被视若珍馐，不厌其碎，汇集在"乾坤"名下，想人间男女俗事，与天地共一血脉。

这套丛书以"乾·坤"为名，图借大千宇宙磅礴气势，生成学界正道三气：开放多元，任恣肆的思路拓展包容的心胸，是谓"大气"；在亘古不变的天地呼应中讨一份冷静客观的治学态度，是谓"学术气"；让家国社稷落实到寻常人生，在绵延不绝的生民文化中找回两性平等相处的对话平台，是谓"接地气"——大气、学术气、接地气，是"乾·坤"系列丛书的起点，也是它努力的方向；它于女性的生存状态是一个提升，与性别研究的跨学科性质正相吻合。但是，在选题设置上，入选文章不避琐细，作者不问辈分，形式不拘一格，国籍无计内外，看重的是基础性文献收集、整理和分析的学术品质。因此借"序"向学界公开征稿，期待各学术领域中的领军者赐稿，也欢迎各院校同仁提供在性别研究中有建树的学位论文。有文稿者，可与丛书的编撰统筹侯海英女士直接联系（E-mail:houhaiying@snnu.edu.com）。

说来，我的编书历史自20世纪80年代中期至今，30年有余。已经出版的有文集《西方女权运动文选》（中国妇女出版社，1986）、《华夏女性之谜：中国妇女研究论集》（生活·读书·新知三联书店，1990）等，也有"妇女研究丛书"（河南人民出版社，1988—1993）、"性别与中国"辑丛（三联书店，1995—2000）、"20世纪【中国】妇女口述史丛书"（生活·读书·新知三联书店，2003）等，计数十部，绵续拓展，无不关乎女性/性别研究。21世纪以来，女性/性别研究已成显学，相关专著、译著和博士论文日渐热络，因此不断有出版商寻来洽商，希望在更新的学术环境上推出新的研究成果。多年斟酌，实地考察，最终选择陕西师范大学，是因为这里已经搭建起了"四位一体"的坚实平台：一支以教授领衔、项目引导、跨学科合作、可持续发展的教研梯队（1995年起步）；一座具有普及教育性质、学生自愿参与、自行管理的"妇女文化博物馆"（2002年建馆）；一个学术型、多元化、开放性的"女性/性别研究文献资料馆"（2018年揭牌），以及正在筹建中的地方文史与女性个体生命合二而一的档案库"女方志馆"——陕西师范大学女性研究中心集课程建设、学术研究、文化资源积蓄、志愿者活动和社会服务为一体，在中国学界和女性/性别研究领域中独树一帜，已经为女性的知识积累和精神传承建起了一个难以替代的学术基地。"乾·坤"在这里落脚，可谓水到渠成。女性研究中心与陕西师范大学出版总社互为近水楼台，正好相互扶持。希冀我们共同努力，为已成气候的女性/性别研究继续贡献绵力。

李小江

2019年9月18日

古都西安

再版前言

本书最早出版于 1984 年，是李小江老师主编的《妇女研究丛书》的一种。本次选入"乾坤·性别研究文史文献集萃系列丛书"（以下简称"乾坤书系"），考虑有二。其一，本书作者郑慧生（1937—2014）长期从事古文字、古天文历法的研究，有深厚的历史文献功底，他通过大量的文献考释，思辨地探讨研究了上古时期女性和婚姻问题，符合"乾坤书系"以性别文献梳理为核心的编撰宗旨；其二，本书虽已出版近四十年，其间颇有争论，但其"奇思妙想"（李小江语），对于性别研究乃至历史研究仍具启迪作用。

作者解读中国上古时代的出发点为马克思主义的"五大社会形态"理论，但作者深受顾颉刚"古史辨派""疑古"学说的影响，又接受胡适"大胆的假设，小心的求证"的学术熏陶，对中国古史文献大胆质疑，详加考证，打破了很多历史研究的固有思维，对中国上古历史中女性生活与婚姻制度提出了许多卓见。

比如"伯鲧腹禹",作者提示鲧可能是女的,是女性氏族长,从而为鲧腹生禹提供了合理的解释。又如"启代益作后",作者认为这不仅仅是禅让制一变而为继承制的开始,背后可能还隐藏着父系对母系权力的剥夺。如此等等,书中不胜枚举。

本书于历史记载的缝隙间,拨开"层累"的迷雾,解读中华上古时期妇女的婚姻与生活,虽非一定正确,但其探索的精神和"另辟蹊径"的视角至今仍带给我们震撼,指引我们在面对所谓的"常识""经典""历史事实"等时,能保持警惕,以追寻其背后的历史真实。

本书的再版前言李小江老师原本答应写的,但是一直在与病魔奋争的李老师要做的事情太多了,因此,直到她离开我们,此书的再版前言也未能完成。但是,李老师跟我说了好多,关于她和郑慧生老师的友谊,她为何鼓动郑老师写这本书,为何希望再版这本书,等等。如今,两位老师都已离开了我们,我想,把这些写下来,应该就是这本书最好的再版前言。

侯海英

2025 年 6 月

目 录

第一章　原始社会人类婚姻的起源 /001

人类对性器官的生殖作用有了认识　/001

生殖崇拜的表现　/005

婚姻关系不受限制的时期——原始杂交　/011

原始杂交向血缘家族的过渡　/016

人类第一个社会组织形式——血缘家族　/018

抢亲制的产生及其意义　/023

族外婚——普那路亚的产生　/026

族外婚的副产品——天干地支的创造　/029

夫妻关系趋向稳定的时期——对偶婚的出现　/032

一夫一妻制的确立　/037

第二章　神话传说中的妇女人物 /039

生育人类、炼石补天的女娲　/039

我国历法的创始者——羲和　/041

从司月到奔月——常羲，第一个反抗一夫多妻的女性　/046

女魃，一个英雄的悲剧　/048

炎帝诸少女——一连串悲壮凄婉的故事　/049

娥皇、女英——执着的爱情追求者？　/052

涂山氏——我国早期女诗人　/054

蚕马故事——妇女被禁锢的象征　/055

第三章　女儿国与西王母　/059

女儿国——族外群婚的典型　/059

西王母——最后一个母系氏族公社　/061

第四章　原始社会人物性别辨　/065

神话传说中的人物性别的混乱　/065

"黄帝，女主象也"　/069

炎帝、神农、西王母　/074

"舜逼尧"　/078

"伯鲧腹禹"　/081

黄帝传说与西安半坡文化　/085

第五章　夏代——父系血亲统治下的国家　/087

夏禹建立的是父系血亲统治政权　/087

"启代益作后"——父系母系夺权之争　/091

太康失国与家室之争　/094

羿的兴衰与妻室的得失　/097

外甥妻内侄婚制的产生　/100

少康复国——女间谍的首次利用　/104

夏桀的失国与妻室被盗　/105

第六章　商王朝的世系与婚姻制度 / 107

商人最早的祖先——群婚时代的简狄 / 107

先商前期的对偶婚制时期 / 110

先商后期的一夫一妻制时期 / 113

族内婚制遗俗的开始摆脱 / 115

商代帝王传位制度与婚姻进化的关系 / 118

商代宗法溯源 / 120

第七章　商代妇女的社会地位 / 123

妇女的宗法地位 / 123

妇女的经济地位 / 127

妇女的军事地位 / 130

妇女的政治地位 / 132

第八章　商代无嫡妾制度与生母入祀法 / 135

商代无嫡妾制度 / 135

商代的生母入祀法 / 143

文献中的嫡妾材料质疑 / 146

第九章　从殷道亲亲到周初封建 / 149

"殷道亲亲" / 149

血亲关系的解缝——商代臣宰的出现 / 151

周初封建 / 153

由血亲统治带来的政治婚姻 / 155

嫡妾制度与嫡长子继承制 / 157

嫡长子继统法的逐步完善 / 161

第十章　周代社会妇女地位的沦落 / 165

　　从妇女参政到牝鸡无晨　/ 165

　　妇女干政　/ 169

　　封建等级制度下的嫡妾之分　/ 172

　　父权制下的妇女社会地位　/ 179

　　多妻制下的妇女家庭地位　/ 183

　　母权与父权的消长　/ 187

　　商周社会妇女地位之比较　/ 190

第十一章　周代的婚姻制度 / 195

　　中春之月，令会男女　/ 195

　　媒妁撮合与抢亲成婚　/ 197

　　周代的婚姻制度　/ 201

　　男子的再娶与妇女的被出　/ 207

　　妇女的可以改嫁与对爱情的忠贞　/ 212

　　婚姻关系的混乱——父夺子妇与子烝父妾　/ 217

第十二章　周代婚姻关系与国家政治 / 223

　　政治与婚姻的龃龉　/ 223

　　楚国的少子继统法　/ 227

　　晋国的同姓通婚制　/ 231

　　齐国的长女不嫁　/ 232

　　秦国的婚制与变法的成功　/ 236

结束语 / 239

后记 / 245

第一章
原始社会人类婚姻的起源

人类对性器官的生殖作用有了认识

　　人类——实质上是指人类的前身,以及其他有性繁殖动物,他们靠两性交配蕃衍后代,使本种族得以在生命长河中继续存在。但是,当他们在进行两性交配的时候,自身却只能得到交配活动带来的快感,而不能意识到这种快感会带来生命延续的后果。因为他们没有语言,所以不会有思想;没有思想,也就不会有思想认识。《吕氏春秋·恃君》说:"昔太古尝无君矣,其民聚生群处,知母不知父。"——这个"不知父",不仅是不知谁人是自己的父亲,而且是不知道自己根本就应该有个父亲[1],因为所谓"太古",当是人类以前的类人猿阶段,"聚生群处""无衣服履带宫室畜积之便"。

　　认为人之生子都是女人单独一方的事,不知道这事情里还少不了男人的作用,古人是这样想的,他们所创造出来的人类起源

---

1. 《庄子·盗跖》:"古者……民知其母不知其父。"又《商君书·开塞》:"天地设而民生之,当此之时也,民知其母不知其父",因与此说凿枘,不取。

的神话，也是这样说的。《太平御览》卷七八引《风俗通》说：

> 俗说天地开辟，未有人民，女娲抟黄土作人，剧务，力不暇供，乃引绳于烜泥中，举以为人。

从这个故事中，反映出了古人对两性生殖的生理现象，缺乏最基本的认识。

人类，当他们有了语言，有了思想，从原始大森林中走出来，彻底脱离了动物界以后，才有可能从长期的性交生子的逻辑顺序中，憬悟到二者之间的因果关系。"男女构精，万物化生"（《易·系辞》），这一真理的发现，乃是人类对自身发展认识的一大进步。在此之前，他们从直接观察中，会明确母子之间的血统延续；但今天，他们有了惊人的发现，后代与父辈之间，还有着同母子血统一样的生理联系。"有男女然后有夫妇，有夫妇然后有父子"（《易·说卦》）。认识了男女生殖这种必然联系的意义，于是便把这种联系的机体男性生殖器官（当然，更包括着在此之前已经认识了的女性生殖器官）崇拜了起来，因为那是生命诞生的钥匙，没有它，就没有人类，更不会有我们每个人自身。

中国人的生殖崇拜起于何时，目前尚难得出确切的答案。但是可以肯定，它不能早于人类诞生之前，只能在其以后。1979年以来，考古工作者从辽宁省东沟县马家店乡，发现了距今6000多年的后洼遗址，其中有一个一面男一面女的雕塑陶像[1]（安阳小屯商代后期丙种中型墓 M_5 中，也发现有一面男一面女的玉石全身人像[2]）。但这并不能绝对证明生殖崇拜的产生，也许它不过说明人

---

1. 《光明日报》1987年5月18日：《后洼遗址出土40多件原始图腾石雕和人形陶像》
2. 北京大学历史系考古教研室商周组编：《商周考古》，文物出版社1979年版，第122—123页。

群是由男女双方所组成。

1979年5月,考古工作者在辽宁西部喀喇沁左翼蒙古自治县东山嘴村,发现了距今5000年的祭坛遗址,又在距东山嘴50公里处的牛河梁村,发现一处女神庙遗址,其中除出土不少裸体女陶像外,更有两件裸体孕妇陶像,阴部划有特殊的三角形记号[1]。这说明当时人们对女性生殖器官的作用有了认识,但还不能说明他们对男性生殖器官作用的了解程度。

在几乎整个的原始氏族社会历史时期,人们对男性生殖器官在蕃衍后代中的必不可少的作用,似乎已经有了明确的认识。然而由于群婚、由于野合,父子对象不能确定,后人为了掩盖这一"耻辱"[2],才生出了许多"圣人皆无父,感天而生"(许慎《五经异义》引《诗》齐、鲁、韩、《春秋》公羊说)的故事:

《太平御览》卷七八引《河图》:"大迹出雷泽,华胥履之生伏牺。"

《太平御览》卷七九引《帝王世纪》:"少昊帝名挚……母曰女节,黄帝时有大星如虹,下流华渚,女节梦接,意感生少昊。"

《春秋元命苞》:"少典妃安登游于华阳,有神龙首,感之于常羊,生神子……是为神农。"

《初学记》卷九引《诗含神雾》:"大电光绕北斗枢星照郊野,感附宝而生黄帝。"

《初学记》卷九引《帝王世纪》:"瑶光之星,贯月如虹,

---

1. 《光明日报》1986年7月25日:《辽西发现五千年前祭坛、女神庙、积石冢群址》。
2. 恩格斯:《家庭、私有制和国家的起源》,中共中央马克思恩格斯列宁斯大林著作编译局编:《马克思恩格斯选集》第4卷,人民出版社1972年版,第27页。

感女枢幽房之宫,生颛顼于若水。"

《初学记》卷九引《诗含神雾》:"(尧母)庆都与赤龙合,婚生赤帝,伊祁尧也。"

《太平御览》卷八一引《帝王世纪》:"握登见大虹意感而生舜。"

《太平御览》卷八二引《孝经钩命决》:"命星贯昴,脩纪梦接生禹。"

《诗·商颂·长发》:"有娀方将,帝立子生商。"郑笺:"简狄吞鳦卵而生契。"

《诗·大雅·生民》:"厥初生民,时维姜嫄。"

《春秋元命苞》:"周先姜嫄,履大人迹生后稷。"

从以上诸说中可以看到,"圣人无父论"者虽然不承认父亲生殖器官在儿女诞生中的不可缺少的作用,但也不得不拿一些"天神感应"来代替它。没有这些"代用品",女人还是生不出儿女。这说明,在史前社会的漫长岁月中,原始人是会认识到男性生殖器的生殖意义的。天神感应之说,只不过是后人为掩盖先祖群婚杂交的"耻辱"而杜撰出来的弥缝之词罢了。

生产的发展,生产剩余的出现,使人类进入了私有制的文明社会。由于男性在生产活动中的重要地位,更由于男子性器官的生殖作用的不可置疑,才有可能导致父子相承的父系社会的出现,导致一夫一妻制的建立。到了这个时候,"无父论"者才完全丧失了他们的理论根据。因此,春秋以后,不再有"天神感应"所生的帝王圣贤出现。只是到了周秦之后,为了附会天命,又造了一个神人交配出的刘邦来。《史记·高祖本纪》说:

高祖,沛丰邑中阳里人,姓刘氏,字季。父曰太公,母曰刘媪。其先刘媪尝息大泽之陂，梦与神遇。是时雷电晦冥，太公往视。则见蛟龙于其上。已而有身，遂产高祖。

在生殖认识早已明确、父系社会已经存在两千年的西汉，人们对于这样的无稽之谈当然会嗤之以鼻。"世以史公为好奇"，尽管是出自大史学家司马迁之口，也还是不断受到世人的指责。总算是清人俞樾还为太史公说了一句圆场的话：

《五帝纪》云：择其尤雅者。故《唐》《虞》二纪，悉本《尚书》。高辛以上，无稽则略。《禹本纪》《山海经》所有怪物，不以入史。至《高帝纪》，乃有刘媪梦神、白帝化蛇之事，盖当时方以为受命之符，不可略而削也。世以史公为好奇，过矣！[1]

生殖崇拜的表现

人类对生殖作用有了认识，导致对生殖器官的崇拜，也为父系社会的出现创造了必要的条件。那么作为生殖崇拜的表现，在历史上留下痕迹了吗？

痕迹是有的，这由郭沫若在1931年首先揭示了出来[2]。当时成了"石破天惊"之语，今日看来，也仍有言犹未尽之处。

在商代人使用的甲骨文里，祖宗之"祖"写如附字图〔1〕，其实就是今天的"且"字。郭老指出，它酷似男性生殖器。是的，

1.《史记会注考证》引俞樾语。
2. 郭沫若：《甲骨文字研究·释祖妣》，科学出版社1962年版。

男性生殖器，它是我们每个人诞生的机能，上古人认识了这一点，就用它来代表父系的先"祖"。至今中原一带，民间供奉着的先祖牌位，也都作"且"之形，有尖头、方头两种形式。（见附字图〔2〕〔3〕）。但大家已经不知道那是男性生殖器的形象了，只是把它当作祖宗神灵供奉着。汉魏以来人们坟前的墓碑也是这样，作长方形，分圆头、方头两种，方者为碑，圆者为碣。而各地刻石均不作此形，因为刻石与祖宗生殖无关。

"祖之配为妣"，郭沫若说，"祖妣者，牡牝之初字也"。甲骨文"妣"字作"匕"，形如附字图〔4〕，象女性生殖器，那同样是人类生命诞生的机能所在，所以用来代指我们的女祖先。

"匕"字是女性生殖器的表象，所以从"牛"成"牝"，泛指一切雌性畜禽，《说文》："牝，畜母也。"但母畜不分种类的泛称"牝"，只是后人的事。《书·牧誓》："牝鸡无晨"，牝鸡即母鸡。在商代甲骨文里，母畜分种而称，如：母马从匕作"�"、母羊从匕作"牝"、母豕从匕作"豼"、母犬从匕作"犴"、母虎从匕作"虎匕"、母鹰从匕作"鹰匕"……只有母牛才从匕作"牝"。因此说，匕象女性生殖器，作为人类女祖先的"妣"字，是生殖器崇拜的产物，则是无可置疑的了。

《说文》有"牡"字，"牡，畜父也"，从牛从土。商代甲骨文中也有"牡"字，则从牛从⊥。它也和"牝"字分类而称一样，并不表示所有畜类的性别，而是单表"牛"属雄生动物，其他羊属之牡则从羊、豕牡则从豕、鹿牡则从鹿……作牂、作豣、作麚……⊥象雄性生殖器。

⊥象雄性生殖器，但它仍然是个"土"字。《殷契粹编》907片乙辛卜辞："东土受年。南土受年，吉。西土受年，吉。北土受年，吉。"其中四个"土"字，都写作"⊥"。而在此以前，武丁卜辞土字是写如附字图〔5〕或〔6〕的。

"土"字即是"社"字。《殷契粹编》20片武乙卜辞"于亳土",郭沫若指出:"亳土自为亳社。"因此说,上文东西南北四土,即东西南北四社,它们是商王国四方之部族,各以一神为社。如果把"四土"解释为四方土地,那对直接由氏族社会脱胎而来的商王朝而言,无疑是太现代化了。

"社"是什么?郭沫若说:"祖社同一物也。"他举《周礼·考工记·匠人》"左祖右社"为例,又举《墨子·明鬼》"燕之有祖,当齐之社稷,宋之有桑林,楚之有云梦也。此男女之所属而观也"为证。桑林、云梦,都是上古男女交合之所,"祖""社"与之并举,得与生殖有关。《春秋·庄公二十三年》:"夏,公如齐观社",三传皆以为非礼,也可证明"社"为男女淫乐之所。因"社"为男女淫乐之所,所以泉丘女与孟僖子盟于清丘之社,才会说:"有子,无相弃也。"(《左传·昭公十一年》)社不为男女淫乐之所,怎能"有子"?

"祖社同一物",前边说过,"祖"为男性生殖器,"社"(即"土",专指从上⊥之"社")亦不得例外,它也是上古生殖器崇拜的产物。社会进入父系,一个部族,大约由一个父性蕃衍而来,同一部族的人崇拜这一共同的父性,以他的生殖器作为本部族的标识,共同供奉。部族之人以此结为一体,于是有东社、西社出现,组成了一个庞大的父系社会。

甲骨文有"示"字,写如附字图〔7〕〔8〕。郭沫若认为,它们也是男性生殖器之形,附字图〔8〕T旁下垂之四点,"乃毛形也"。《说文》:"示,神事也。"上古人不知射精受孕原理,不能理解男性生殖器造成生命的奥妙,总觉得此事太"神",于是把一切神奇之事都归之于它,一方面把它当成生身祖宗来供奉祭祀，一方面对它的神奇作用顶礼膜拜。如：

"宗"，甲骨文写如附字图〔9〕，象家庙里供着的生殖器。《说文》："宗，尊祖庙也"，那是供奉祖宗的地方。

"祭"，甲骨文写如附字图〔10〕，象一手持肉去供祭生殖器。《说文》："祭，祭祀也"，而祭祀，总是针对祖宗神明的。

"祝"，甲骨文写如附字图〔11〕〔12〕，象一人面向生殖器开口祷告，或双手高举有所贡献。《说文》："祝，祭主赞词者"，所祭对象，当然也是祖宗神明。

"福"，甲骨文写如附字图〔13〕〔14〕，象高举酒樽向生殖器奉献。《说文》："福，备也"，备齐礼品向祖宗神明奉献。

另外，甲骨文有"后"字，写如附字图〔15〕，为"母"字之后，置一倒悬之"子"，旁边且有血滴，象妇女产子之形。《说文》："后，继体君也"，它是后辟之后。把后辟之后写成产子之形，也是生殖崇拜之一证。

古人以"交龙为旗"（《周礼·春官·司常》），什么是"交龙"，就是两只正在交尾的龙。龙的交尾就是性交，以两只正在性交的龙的图像作为众目所瞩的耀眼的旗帜，这又是生殖崇拜之一例。

周遐寿记下了鲁迅先生在东京留学时期，曾经跟随章太炎先生听讲《说文》讲解中的一件事，值得我们今天来加以研究。他说：

> 中国文字中本来有些素朴的说法，太炎也便笑嘻嘻的加以申明，特别是卷八尸部中"尼"字，据说原意训近，即后世的昵字，而许叔重"从后近之也"的话很有点怪里怪气，这里也就不能说得更好，而且又拉扯上孔夫子的尼丘来说，所以更显得不大雅驯了。

孔夫子的"尼丘"为什么"不大雅驯"？既然"许叔重'从

后近之也'的话很有点怪里怪气","这里也就不能说得更好",那就不得不由我们略加考证,以探求出"中国文字中本来有些素朴的说法"。当然,我们的探求,都未必符合章太炎先生的原意。

尼字训诂作近,字亦作昵,"古以为亲昵字"(段玉裁《说文解字注》)。《说文》:"尼,从后近之。"亲昵而又从后近之,使人觉得确乎"不大雅驯"。从甲骨文字来解释,尼字从尸从匕,"尸,陈也",象人形;匕象女性生殖器,人形而有匕,况能从后近之(按:动物性交,均为从后近之。原始人未必如彼,但他们可以由动物的两性活动上想到自己),说明它代表了一个女性生殖器。

丘,《说文》"土之高也"。如果从甲骨文的角度,土为男性生殖器象形,则"土之高也",当为勃起之阴茎。

《尔雅·释丘》说:"水潦所止泥丘。"泥丘,郭璞注:"顶上污下者。"阮元《校勘记》认为,这个"泥"字,"当用《说文》丘部字"。《说文》丘部字即"㘣"字。《说文》说:"㘣,反顶受水丘。"

㘣字为丘尼合文,它应该代表两性生殖器;㘣为"反顶受水""顶上污下",这与两性相交时的情景,何其相似乃尔。

丘尼二物,为男女之生殖器。原始人生殖崇拜,奉之为神。此种礼俗甚至传之于今天。郭沫若说:"扬州某君为余言,往岁于仲春二月上巳之日,扬州之习以纸为巨大之牝牡器各一,男女群荷之而趋,以焚化于纯阳观之前,号曰迎春。"[1]近代如此,在古代当然也会有以尼丘二物为生殖之神而向其求子的。《史记·孔子世家》说,孔子之父叔梁纥,"祷于尼丘得孔子"。尼丘合文既为两性交合情景,祷于尼丘,就是祷于男女生殖器之神。但春

1.《甲骨文字研究·释祖妣》。

秋时代人们只知尼丘为神而不知他们就是两性生殖器，却把此等亵物拿来给圣人命名，名曰丘，字仲尼，后人不查，糊里糊涂地叫了两千五百多年，殊不知这样的圣讳却是生殖器。

　　太炎先生的"不大雅驯"是否如我们所说不得而知。但从我们的考证看，孔子的名字确为男女生殖器。男女生殖器曾经作为生殖之神而被顶礼膜拜，这又是原始生殖崇拜之一证。

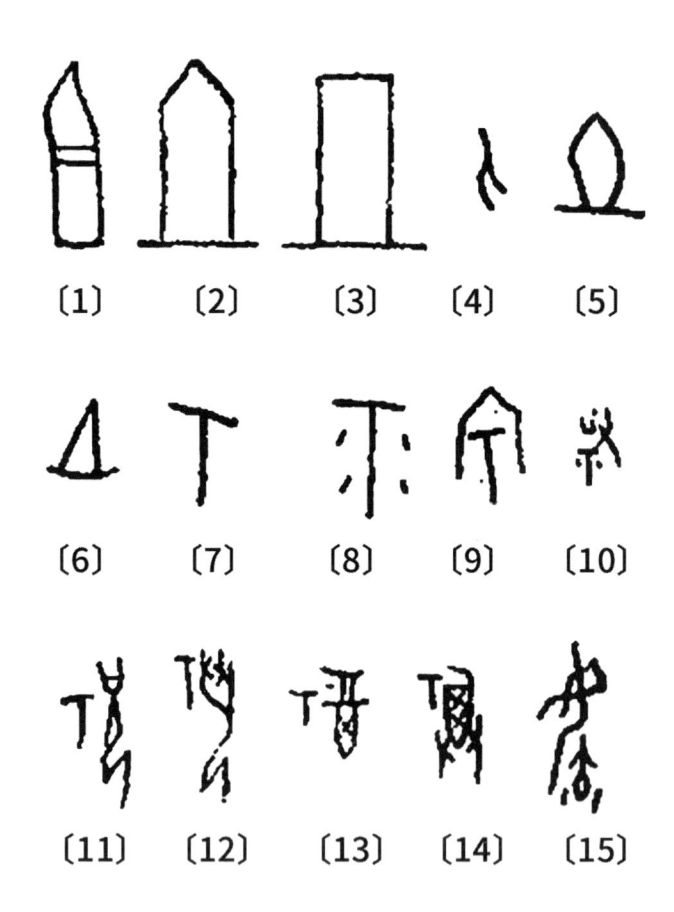

〔1〕　〔2〕　〔3〕　〔4〕　〔5〕

〔6〕　〔7〕　〔8〕　〔9〕　〔10〕

〔11〕　〔12〕　〔13〕　〔14〕　〔15〕

婚姻关系不受限制的时期——原始杂交

在人类历史的低级阶段，即原始社会初期，社会出现了最早的人群组织——原始群。在原始群中生活的古人类，他们相互之间的性行为是随意的，没有婚姻关系的限制与约束，这叫作原始杂交。

原始杂交，它的特定含义不是指此一原始群与彼一原始群之间的杂交。在当时特定的历史环境中，群际之间，距离遥远，且为争夺生活资料而产生的敌忾，使双方之间的两性交往极不可能。这个杂交，也不是指本群之内兄妹之间的性交关系，因为这是其后人类婚姻班辈婚所继续允许且成为其特征的。原始杂交的特定含义，应指在当时有实现可能、其后又受到限制的父母与子女之间的性交关系。这关系在以后的历史阶段中，逐渐受到道义的、法律（人类进入阶级社会以后）的严格禁止，但在当时，却是公开的、正常的、天经地义的，可以在众目睽睽下坦然进行的，不受他人干预的。

杂交的时代，距今至少也有20万年的历史。由于时代遥远，且为后人（不仅现代人，而且为新人甚至古人）所不齿，认为有渎先人，所以在口耳相传的历史中早已泯灭，使我们从古代神话传说、文献记载、地下发掘中找不到这样的资料。但我们细心一点，还是能从远古神话或其他资料中，找出一点原始杂交的影子来的。

在西方人盛传的犹太神话中，有一则著名的人类起源的故事。据说上帝在创造了世界之后，又用尘土抟成了人，放置在东方的伊甸（Eden）园中。这人就是亚当（Adam），亚当是赤土之义，又有一说亚当的本义就是"人"。上帝觉得亚当单独在伊甸园里会感到寂寞，就从他身上抽出一根肋骨，把肋骨变成一个女人，她就是夏娃（Eve），夏娃是生命的意思。此后二人偷食智慧之果，知道了羞耻和情欲，这才结成真正的夫妻，蕃衍出了整个的人类来。[1]

从这则人类起源的神话中，我们可以看出，夏娃既是亚当身上抽出的一根肋骨，她当然就是他的后代。他们之间，就存在着前辈与后辈之间的生殖关系。亚当如是女性，她就是夏娃的母亲；亚当是男性，他就是夏娃的父亲。结果他和夏娃结成夫妻，这不是父女之间公开地得到承认的两性关系是什么？父女之间的公开的两性关系得到承认，那不是原始杂交又是什么？

在古老的希腊神话中，也有一则能够显示出原始杂交的故事。底比斯（Thebes）国王拉伊俄斯（Laius）与贵族女儿伊俄卡斯忒（Jocasta）结婚，生下了儿子俄狄浦斯（Oedipus）。这个俄狄浦斯从小得到"神谕"——"你将杀害你的父亲"，"你将要你的生母为妻，并生下可恶的子孙留传在世上"。后来，俄狄浦斯果然杀死了自己的父亲，并和母亲伊俄卡斯忒结婚，接连生下四个子女：最先是双生的两个男孩厄忒俄克勒斯（Eteocl-es）和波吕尼刻斯（Polynices），后来是两个女儿，大的叫安提戈涅（Antigone），小的叫伊斯墨涅（Ismene）。这四个人不仅是他的子女，从同母关系上说，而且也是他的兄弟和姊妹。[2]

要母生子，这是原始社会母子杂交一事在古代神话中的反映。尽管故事本身竭力宣扬这种混乱是出自当事者本人互不相识，但不容否认的事实则是两代人之间长期的、固定的两性关系，而且繁殖出了第三代来。

---

1. 见《旧约全书·创世记》。

2. 斯威布著，楚图南译：《希腊的神话和传说·俄狄浦斯的故事》，人民文学出版社1958年版。

沂南古画像石墓燧人伏羲女娲三人合抱图，《沂南古画像石墓发掘报告》图版廿五。

原始杂交的现象在外国神话传说中露出了端倪，在中国古代的神话中有没有一点线索可寻呢？

有的。1954年春，山东沂南县北寨村有汉墓出土。其墓门东侧支柱顶上，刻有一幅三人合抱的画像（见插图）。画上左边一人头梳髻鬟。右边一人头戴平顶冠。这两个人都是人首人面，上身着采衣，下身为蛇躯。他们是伏羲（一作庖牺）和女娲，专家们早有考证。《太平御览》卷七八引《皇王世纪》说："太昊帝庖牺氏，风姓也，蛇身人首。"《太平御览》卷七八引《帝王世纪》说："女娲氏，亦风姓也，承庖牺制度，亦蛇身人首。"《文选·鲁灵光殿赋》说："伏羲鳞身，女娲蛇躯。"

伏羲、女娲都是风姓，他们是一对兄妹。《通志》卷一《三皇纪第一》引《春秋世谱》说："华胥生男子为伏羲，女子为女娲。"《路史·后纪》三注引《风俗通》说："女娲，伏希（羲）之妹。"然而后来他们结成了夫妻，唐李冗《独异志》说："昔宇宙初开之时，只有女娲兄妹二人在昆仑山，而天下未有人民。议以为夫妻，又自羞耻。兄即与其妹上昆仑山，咒曰：'天若遣我兄妹二人为夫妻，而烟悉合；若不，使烟散。'于烟即合，其妹即来就兄。"

伏羲、女娲结为夫妻的故事，在汉代画像石中经常可以看到。

二人手执规矩（《淮南子·天文篇》："东方木也，其帝太皞，其佐句芒，执规而治春。"），蛇身相缠绕，翩在一起作交尾状，表示了兄妹之间性的结合。

然而在我们所看到的这幅画上，伏羲、女娲夫妻中间，却插入了一个第三者。他戴一顶尖顶的帽子，背后左右各插一规一矩，双手把伏羲女娲紧紧抱在自己怀里。他是谁？《沂南古画像石墓发掘报告》[1]说："这似乎代表着当时人一种对人类起源的想法，认为另有一个强有力的人，将人类最初的祖先，半神半人的男女，结合在一起。类似这种的表现伏羲女娲的方法，在其他画像石上也见过。《汉代画象全集初编》第 211、212 图山东费县南武阳东阙画像画一戴华冠的人端坐着，伏羲、女娲在其两旁，此人一手挽伏羲的蛇躯，一手挽女娲的蛇躯，使相结合。"[2]

这个把伏羲、女娲搂在怀里的人，果真是什么想让别人结合的人吗？他是天神呢还是人神？如果是天神，则从形象、装束上应与伏羲有所区别，但他没有；如果是人神，哪有想让别人结合却把别人搂入自己怀中的道理，那不是自己也参与"结合"了吗？从画面上看，该神上部形象、装束与伏羲同，下体被伏羲、女娲遮住，只露出三角形一小部分，看不清是人体还是蛇躯。不管是人体还是蛇躯，总不会是比伏羲更神的人，他只能和伏羲、女娲同类，三人胸怀相向，且已抱在一起，一望而知是一幅三角恋爱的合欢图。只要不抱先入为主的成见，都会认为他们是关系相等的夫妻集团。只是在中国人的传统心理中，觉得"共妻"是有渎于先圣的，于

---

1. 南京博物院、山东省文物管理处编著：《沂南古画像石墓发掘报告》，文化部文物管理局 1958 年版。

2. 见该书第四章第五节《关于神话人物奇离异兽的考证》，第 43 页。

是要把中间的那个人从这夫妻集团中抽出来，视为天神，但又说不准他是天神中的哪一位，只好以"强有力的人"命之。但既是强有力的"人"，他自己有没有七情六欲？把一个女人抱在怀里，让她和别人结合，自己有没有与之结合的愿望？

这个"强有力的人"，背后插着一规一矩，应该是当时一位人神。《易通卦验》说："遂（燧）皇始出，握机矩表计"，矩就是规矩，郑玄注："矩，法也。"这个背插一规一矩的人，就是"握机矩表计"的燧人氏。

燧人氏是伏羲的"父亲"。《通志》卷一《三皇纪第一》说："伏牺（羲）者，燧人氏之子。"严格地说，在杂交情况下，人不知其父，燧人只能说是伏羲的父辈。他与伏羲、女娲，是父辈与子辈兄妹的关系。他（她）们辗转承递，成为某一原始群的突出人物。《太平御览》卷七八引《皇王世纪》说："燧人氏没，庖牺氏代之。"《太平御览》卷七八引《帝王世纪》："女娲氏，亦风姓也，承庖牺制度。"但在婚姻关系上，他们既是父女（辈）、既是兄妹，然而又是夫妻，所以传为神话，留下了这幅父女、兄妹杂交图来。他们衍变为同一家族，所以同为一姓。"庖牺氏，风姓也。""女娲氏，亦风姓也。"燧人氏无姓，但既为伏羲之父，也当追认其为风姓。甲骨文"风""凤"同字，风就是"凤"，凤者凤鸟，风姓实为以凤鸟为图腾的一个家族。这个家族是燧人、伏羲、女娲的后裔，因此在这幅杂交图的左右两上角，各画有一只展翼勾喙的大鸟，相互对称，作为他们风（凤）姓家族的标志。

原始杂交向血缘家族的过渡

原始社会由蒙昧时代的低级阶段走向中级阶段，人类也由猿人变化为古人。猿人时期无婚姻，他们的两性关系是不排除父母、子女在内的人群杂交；古人时期有了婚姻，这婚姻是血缘家族的班辈婚，即把父母、子女排除在外的兄弟姊妹之间的有限制群婚。处于这两种状态之间的人物，在华夏族的历史上，应是燧人、伏羲和女娲。

《太平御览》卷七八引《礼含文嘉》说："燧人始钻木取火，炮生为熟，令人无腹疾。有异于禽兽，遂天之意，故为燧人。"

燧人氏使人"有异于禽兽"，什么是"有异于禽兽"呢？是"炮生为熟"吗？不！"炮生为熟"，禽兽亦可食，那不是人兽的明显区别。

所谓"禽兽"，指的是父母辈与子女辈的杂交。《礼·郊特牲》说："男女有别……无别无义，禽兽之道也。"郑玄注："言聚麀之乱类也。"《周礼·夏官·大司马》："外内乱鸟兽行则灭之。"郑玄注："《王霸记》曰：悖人伦，外内无以异于禽兽，不可亲百姓，则诛灭去之也。"《礼记·曲礼》："夫唯禽兽无礼，故父子聚麀。是故圣人作，为礼以教人，使人以有礼，知自别于禽兽。"

而燧人氏，他正是这个"为礼以教人"，使人"有异于禽兽"的"圣人"。

但他把女娲抱在怀里，也搞了"父子聚麀"（实即杂交）的事儿。这将如何解释呢？

燧人氏，他处在猿人社会的末期，属于杂交时代的最后一个人物，虽然也参与过"父子聚麀"的一些事，但从他开始，此种杂交就被逐渐改去。山东费县南武阳东阙画像，所画中间端坐着的人就是他，伏羲女娲在其两旁，他只是把二人的蛇躯挽往一起。自己却与这种交尾活动脱离了关系。

燧人肩负伏羲女娲图，《汉画选》图版 119

《南阳汉代画像石》图版 314

另外，也有这样的一幅石刻，伏羲、女娲手执规矩，蛇躯蜿蜒，被中间一个叉腿而立的人抱着蛇躯，仍然是将他们扭在一起。此人仍是燧人氏，同样是促成了二人的交尾而不介入。此类图画在南阳画像石中也有发现，《南阳汉代画像石》[1] 图版 42 画燧人氏[2] 双手抱着伏羲、女娲的蛇尾，图版 314 画伏羲、女娲站在燧人氏肩上，蛇尾垂在燧人氏胸前。这一些形象都说明，燧人氏已经和子女辈的性交活动保持了距离，由"父子聚麀"的禽兽生活进入人的境界。用我们历史学的话来说，就是人类已由猿人演变为古人，

---

1. 南阳汉代画像石编辑委员会编：《南阳汉代画像石》，文物出版社 1985 年版。

2. 《南阳汉代画像石》的编者在图版说明中提出，这个人物"疑为开天辟地的盘古"，但没有提出这怀疑的根据。

舍弃了原始杂交而实行了血缘家族的班辈婚了。

《南阳汉代画像石》图版 42

人类第一个社会组织形式——血缘家族

在旧石器时代的中期和晚期,人类由猿人变化为古人,他们的婚姻关系,也由原始杂交衍变为按照班辈划分层次的班辈婚。这样一个按照班辈结合婚姻的人类团体,叫作血缘家族。马克思说:"一俟原始群团为了生计必须分成小集团,它就不得不分成血缘家族,仍实行杂交;血缘家族是第一个'社会组织形式'。"[1]

恩格斯是这样描述血缘家族的婚姻关系的:"在家庭范围以内的所有祖父和祖母,都互为夫妻;他们的子女,即父亲和母亲,也是如此;同样,后者的子女,构成第三个共同夫妻圈子。而他们的子女,即第一个集团的曾孙和曾孙女们,又构成第四个圈子。这样,这一家庭形式中,仅仅排斥了祖先和子孙之间、双亲和子

---

1. 马克思:《摩尔根〈古代社会〉一书摘要》,人民出版社1965年版,第20页。

女之间互为夫妻的权利和义务（用现代的说法）。同胞兄弟姊妹、从（表）兄弟姊妹、再从（表）兄弟姊妹和血统更远一些的从（表）兄弟姊妹，都互为兄弟姊妹，正因为如此，也一概互为夫妻。"[1]

上一节说到燧人氏从伏羲、女娲的交尾关系中脱离出来，正是这种排斥双亲和子女之间互为夫妻的婚姻关系的表现。而伏羲、女娲兄妹的结为夫妻，则正是血缘家族班辈婚姻在中国神话中所能找到的实证。这样的实证还有：

《博物志·异人》："蒙双民，昔高阳氏有同产而为夫妇。""同产"——双胞胎；"同产而为夫妇"，是兄妹成婚即血缘家族班辈婚的一证。

《搜神记》卷十四："盘瓠将女（高辛氏之少女）上南山，草木茂盛，无人行迹。于是女解去衣裳，为仆竖之结，着独力之衣，随盘瓠升山，入谷，止于石室之中。……盖经三年，产六男六女。盘瓠死后，自相配偶。因为夫妇。"

盘瓠与高辛氏少女结为夫妇，其子女又"自相配偶"，这是无可置疑的班辈婚，而且比上几例更为典型。因为"自相"一词，甚至意味着两性关系并不牢固，有夫无定妻、妻无定夫的群婚味道。

东汉武梁祠石室里，刻有这样一幅画像，伏羲一手持矩，与一手持规的女娲蛇尾相交，面各向外，上体前曳。伏羲面向一男，此男牵伏羲之袖；女娲臂下一女，此女扯女娲之裙。这一男一女也是蛇躯，各弯如钩，未交尾而已。伏羲、女娲中间，有二小儿，蛇躯交合，两手相扑为戏。小儿背上各生鸟翼，表示自己为风（凤）姓之后。这是一幅血缘家族班辈婚图，伏羲、女娲兄妹互为夫妻，其两旁之从（表）兄妹亦得参与其事，故而在其交尾之时向其拉

1.《家庭、私有制和国家的起源》，第31—32页。

拉扯扯，蛇尾扭曲跃跃欲试，向他们表示自己的性欲愿望。两小儿辈自为夫妻，互相交尾，形成又一辈婚姻关系。

东汉武梁祠石室画像

可以说，从伏羲、女娲开始，我国华夏各族，才由猿人进化为古人，由原始杂交演变为血缘家族的班辈婚。班辈婚，这是人类第一个男女结合的婚姻"法律"（用现代用语），它限制了父母辈与子女辈的杂交，是人类婚姻史上的一大进步。而完成这一历史进步的关键人物，正是伏羲和女娲。《太平御览》卷七八引《皇王世纪》说：太昊庖牺氏"制嫁娶之礼"（这个"礼"字应作"法"解，不要理解为"礼物"），又引《帝王世纪》说，女娲氏"承庖牺制度。"《路史·后纪二》注引《风俗通》："女娲祷祠神，祈而为女媒，因置昏姻。"

但我们不能把历史的一大进步归功于一两个英雄人物，特别是婚姻制度，这是一种群众活动，在没有国家政权的原始时代，又不能用法律手段去强制任何人，以个人行动去创立一种婚姻制度，那是根本不可能的。因此，伏羲、女娲以及前面讲到的燧人氏，都不能是一个人的名字，他们代表着一个家族，是风（凤）姓族的上下两代。这个某氏代表某一家族的观点，前人早已指了出来。

严格说来，在一个血缘家族之内，人们所认识的亲属关系中，是不会有祖父、父、叔伯、姑、从兄弟、侄男女等关系出现的，因为知母不知其父，没有父子，延伸不出这些新的亲属关系。人们只能从母子、（表）兄弟姊妹的关系中，认识出外祖母与外孙（女）、外曾祖母与重外孙（女）、（表）舅（表）姨与（表）外甥（女）、舅爷姨奶与重外甥（女）几种关系。请看如下图表：

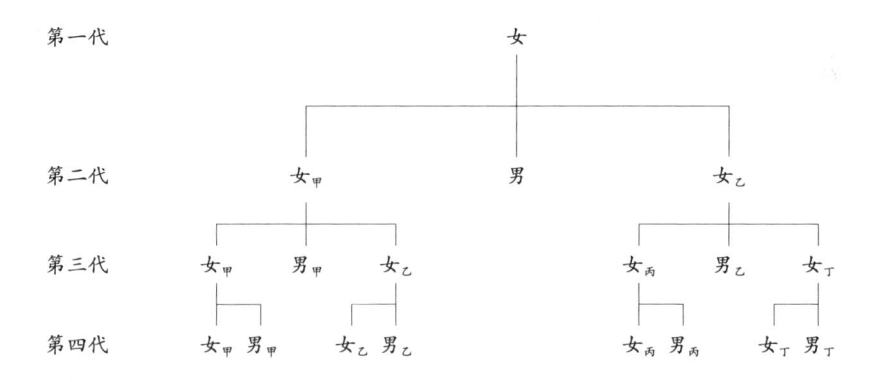

第一代　　　　　　　　　　女
　　　　　　　　　┌────────┼────────┐
第二代　　　　　女甲　　　　男　　　　女乙
　　　　　┌─────┼─────┐　　　　┌─────┼─────┐
第三代　　女甲　男甲　女乙　　　　女丙　男乙　女丁
　　　　┌──┴──┐　┌──┴──┐　　　　┌──┴──┐　┌──┴──┐
第四代　女甲 男甲　女乙 男乙　　　女丙 男丙　女丁 男丁

从上图中我们可以看出：

1. 第一代之"女"为第二代"男女"之母，为第三代"男女"之外祖母，为第四代"男女"之外曾祖母。

2. 第二代"男女"互为兄弟姊妹，他们是第一代"女"之子女；女甲为第三代女甲乙男甲之母，为第三代女丙丁男乙之姨母，为第四代女甲乙男甲乙之外祖母，为第四代男丙丁女丙丁之姨奶；女乙为第三代女丙丁男乙之母，为第三代女甲乙男甲之姨母，为第四代男甲乙女甲乙之姨奶，为第四代男丙丁女丙丁之外祖母；而第二代之男，他是第三代所有男女之舅，是第四代所有男女之舅爷。

3. 第三代之所有男女，都是第一代女之外孙，外孙女，都是第二代男的外甥、外甥女；女甲乙男甲为第二代女甲之子女，为第二代女乙的外甥、外甥女；女丙丁男乙为第二代女甲之外甥、外甥女，为第二代女乙之子女；女甲乙男甲互为兄弟姊妹，与女丙丁男乙互为表兄弟姊妹；女丙丁男乙互为兄弟姊妹，与女甲乙男甲互为表兄弟姊妹；女甲为第四代男甲女甲之母、第四代男乙女乙之姨、第四代男丙丁女丙丁之表姨母；男甲为第四代男甲乙女甲乙之舅、第四代男丙丁女丙丁之表舅。

4. 所有第四代男女，都为第一代女之重外孙、重外孙女；都为第二代男之重外甥、重外甥女；男甲乙女甲乙为第二代女甲之外孙、外孙女，为第二代女乙之重外甥、重外甥女……

从以上表述中可以看出一种特殊现象：所有各代之女，她们之间可能属于各种不同关系，如外祖母与外孙女、母与女、姨与外甥女（姨奶与重外甥女）……而在各代男性之间，则仅仅可以成为一种关系，即甥舅（舅爷与重外甥）关系。前人指出，也许就是这个原因，汉字从"男"之字非"舅"即"甥"，别无二致。文字的创造，表现了血缘家庭班辈婚阶段的亲属关系，由此又得一例。

也许有人会问：甥舅关系是当时男性上下两代之间唯一的亲属关系吗？既为班辈婚，兄妹性交，谁能断定某一甥舅关系不又具有父子关系的性质呢？是的，在兄妹婚配的时代，多舅多甥不见得肯定都是父子关系，然而一甥必有一舅与自己属于父子关系。无奈原始人不明生殖真相，他们哪里知道除甥舅关系之外还有父子关系存在呢？在他们的思想意识中，眼睛所能看到的，却只有甥舅一种关系而已！

抢亲制的产生及其意义

在两性关系被限制在家族内部班辈之间进行的同时，在家族之外又有抢亲之制发生。当初，家族与家族之间，开始为了争夺某一生存条件、某一猎获物而械斗，战斗中抓到对方俘虏，男的会被当场杀害，女的未尝不可抓来解决性欲冲动的一时之需。由于女性的身体素质纤弱，不善于反抗，甚至还可以将其囚禁，强迫其劳动，并供本家族男性长期之淫乐。

当时各家族之间，或会有专以掠夺对方妇女为目的的战斗发生。被抢劫的妇女在对方家族，虽为囚犯，但长期与人同居，会逐渐适应这种新的两性生活，她们把他们也不当作敌人看待了，他们对她们也不当作囚犯（这是现代人用词，姑妄用之）管制了。双方水乳交融，形成一个新的整体。特别是当她们生儿育女之后，其与这一新的家族的关系，就更加不可分割。

这种不可分割，使抢亲对家族成员特别是男性产生了更大的诱惑。于是事件屡有发生，家族之间还会演化成彼此习惯性的报复，最后甚至被提高到家族生存的议事日程上来，因为自己妇女被抢走后不报复对方，本家族就无法继续生存，在这样的情况下，抢亲就作为一种制度被坚持下来。

在世界各民族的发展史上，都有抢亲制的历史传说。作为具有悠久文明的华夏族，抢亲历史更是雪泥鸿爪，源远流长。

在中国的旧制婚俗里，男方迎娶出嫁之女，将新娘蒙以红头巾，装入前来迎新的花轿中，前有火铳等武器开路，后有迎新之人（多为新郎之弟、侄）护卫，这实质就是一幅现实生活中的抢亲图。而妇女所戴之耳环、手镯，正是当时禁锢被抢劫者的桎梏；

新娘所蒙之头巾，是防止她在遭抢劫途中记下道路，日后伺机逃回，这和现代土匪引人上山要以黑布蒙眼的作用是一样的。

在我们古老的《易经》里，前人为我们留下了这样的爻辞，《屯》六二说："屯如邅如，乘马班如。匪寇，婚媾。"前句描写一群人乘马盘桓而来，后句指明其目的："不是来抢劫财物的，是来抢亲配婚的呀！"《屯》上六说："乘马班如，泣血涟如。"女子被抢在马上盘桓而去，留下了一串可怜的哭声。至今在某些山区里，还留有女子哭嫁的习俗。

抢亲既非双方选择（哪怕是父母包办），就难免会有错配鸳鸯的事发生：老头儿抢到一个姑娘——"枯杨生稊，老夫得其女妻"（《大过》九二）；小伙子却抢到一位老妈妈——"枯杨生华，老妇得其士夫"（《大过》九五）。但这已经是阶级社会出现以后的事了，一夫一妻，关系固定，不能离异重新选择，人们才发出这样的感叹。

《诗经》开篇第一首《关雎》，是一首描写古代婚姻的诗篇。王振铎先生曾经指出：这首诗中婚配的主角"君子"，他"是怎样同他'求之不得'的'淑女'结婚的呢？从今存的《关雎》诗中，难以直接得出结论"。于是引证李长之先生的话，找到了《关雎》为抢亲诗的证据[1]：李长之先生《诗经试译》注"好逑"为"配偶"，"逑即仇，很像后来所谓冤家"。这"冤家""仇逑"，不又是抢婚制时代的婚媾实质吗？

在中国长期的封建社会里，抢亲制早已让位于聘婚制。但我们从个别地区的现代婚俗中，还可以看到它的一些影子。这些地区在男女双方正式订立婚约之后，男方就可以任意选择一个日期，

---

1. 王振铎：《〈诗·关雎〉与古代抢婚制》，《史学月刊》1984年第3期，第14—18页。

率领人马，突然闯入女家，将女方抢掠而去；女方家长早已在等待着这一幕喜剧的演出，各自闭户安睡，佯装不觉。其本村家族人众，则一俟女子被抢出门，立即群呼追击。如能追上抢劫者，则报之以老拳，甚至木杈鞭棍，但不得将女子夺回。被打者则嬉笑嘲骂，抱头鼠窜而去。事后双方和平共处，礼尚往来。因为这不属于因仇械斗，恶作剧而已。

以上所说的只是抢亲制留下的习俗，经过双方事先的协商，已经做到了两厢情愿（也许只是父母情愿），谈不上是"抢"，只是采用了"抢"的形式。至于说真正的"抢亲制"，它在经过了几千年的封建社会之后，却始终没有完全退出历史舞台，还在合法不合法的残存着。直到新中国成立前夕，在豫西南一些落后山区，还有"抢寡妇"这样的陋习：一个单身男人看中了一位寡妇，就可以不管其同意与否，率领人众，半夜闯入女家，将该人强抢而去。成婚三天之后，男方再到女方娘家（不是夫家！）赔礼认错，补送彩礼。对方如不答应，那就只能在彩礼多少上加以挑剔，经中间人说合，追认了这门亲戚。这是真正的抢，事先极其保密，从来不理会女方本人以及家长同意与否。如遇烈性妇女，也会拼死反抗，有脱下裤头解下卫生带打跑抢劫者的。因抢者认为此等亵物沾身就会终年倒霉，避之唯恐不及，以致此物成为寡妇反抗之有力武器。

但这又不同于统治阶级向被统治者强抢民女，那是为封建礼法所不允许（虽然实际上它对此往往都加以认可），也为社会道义所不容，更为人们心理所不能接受的；但"抢寡妇"一事，却是得到社会舆论承认，在群众心理上也说得过去，告到官府也没人理会的。彼时，"寡妇"被抢，似乎成了天经地义的事了。

但是，不要小看了"抢亲制"在人类婚姻史上的伟大意义。

由于"抢亲",出现了不同家族的远缘结合,这样产生的后代,远比血缘家族近亲繁殖出来的畸形婴儿优越。看一看"抢"来姑娘所生的白胖小子,再看看本家姑娘所生的怪胎弱儿,人们从实践中比较鉴别,很快悟出了"男女同姓,其生不蕃"(《左传·僖公二十三年》)的道理,于是远缘结亲优生优育的理论逐渐被实践所证实,它为未来族外婚的正式建立,打下了坚实的理论基础。这对于我们人类生命的延续、智力的开发与提高,具有多么伟大的意义啊!

族外婚——普那路亚的产生

由于抢亲带来的优生后代,对血缘家族的班辈婚开始了冲击。人们逐渐认识到兄妹婚配对后代产生的不良后果,开始到族外去寻找更为美满的婚姻。本家族姊妹开始向外族男性寻找配偶,本家族兄弟也到外族姊妹处进行婚配。但在婚配中仍然基本保存着班辈婚形成的习惯,性交的对外开放依然按照班辈进行。于是,此一家族之兄弟都与彼一家族之姊妹同婚,此一家族之姊妹则与彼一家族之兄弟共欢。从此抢亲变成了自愿结合,这就是人们所说的普那路亚(Punalua),兄弟与兄弟之间、姊妹与姊妹之间,都成了"亲密的朋友"。

在这种情况下,兄弟之妻即我之妻,姊妹之夫乃我之夫。至于生下来的孩子,乃是普那路亚共同的儿女,他称普那路亚的所有兄弟都是父亲,称普那路亚的所有姊妹都是母亲。

商代,那当然是一夫一妻制的时代了,父子关系早已明确,但在商人的习惯中,仍然保留了许多上古时代的习惯称谓。商代卜辞中，武丁称他的父辈为父甲、父乙（即小乙，武丁之生父）、父丙、父丁、父戊、父己、父庚、父辛、父壬、父癸，集体称谓是"多父"；称他的母辈为母甲、母乙、母丙、母丁、母戊、母己、母庚（即小乙之配妣庚，武丁之生母）、母辛、母壬、母癸，集体称谓是"多母"。显然，这里的父，包括叔父、伯父在内；这里的母，也包括生母之外父亲的其他妻室，以及伯叔之妻（今称伯母婶母），从卜辞中早已准确显示出来，武丁对自己的生父生母是明确的，但他为什么还要把生父伯父叔父笼统称父，把生母非生母伯母婶母笼统称母呢？这实际就是普那路亚婚制的遗留——兄弟共妻，凡父辈的兄弟均为父；姊妹共夫，凡母亲的姊妹均为母。由此使我想到又一件事，武丁时代有"多妇"，胡厚宣老师早年统计当时的妇名竟有六十四人之多[1]，这于是成了"武丁多妻"的证据。但是，她们都是武丁的妻子吗？武丁卜辞中有"兄甲""兄丁""兄戊""兄己""兄庚"，说明武丁至少还有五个兄弟，这六十四个妇名之中，有没有兄弟之妇亦可称妇的呢？还有，武丁卜辞中有五十三个子名[2]，他们的集体称谓是"多子"，但他们也不见得都是武丁的儿子，兄弟之子亦称子的可能性存在，这些"子"中就会有兄弟之子混入的。

多父之称，还见于商代金文。罗振玉收藏有三商勾刀，其中一件的铭文是："祖曰乙，大父曰癸，大父曰癸，中父曰癸，父曰癸，父曰辛，父曰己。"（《梦郼草堂吉金图》中卷）且不说其中的大父、中父，单是称父的就有癸、辛、己三人，这不说明父之兄弟亦得称父吗？

---

1. 胡厚宣：《甲骨学商史论丛·殷代婚姻家族宗法生育制度考》，1944年3月，成都齐鲁大学国学研究所专刊。

2. 《甲骨学商史论丛·殷代婚姻家族宗法生育制度考》。

三商勾刀之一，《三代吉金文存》卷十九，二十下页

在我国古代文献中，流传着不少兄弟并淫的传说。《楚辞·天问》说："眩弟并淫，危害厥兄。何变化以作诈，后嗣而逢长？"所谓"并淫"，所谓"危害厥兄"，当指"盗嫂"之事。盗者为谁，屈原没有交代。王逸《楚辞章句》说："言象为舜弟，眩惑其父母，并为淫泆之恶。"

说到象的"盗嫂"，历史上确有其事。舜有妻娥皇女英，《孟子·万章》说，象害舜以后，欲霸占其财产，要求"二嫂使治朕栖"。郭沫若从中得出结论说："娥皇女英为姊妹而以舜为公夫。舜与象为兄弟而兄弟'并淫'。这正表明娥皇女英互为彭那鲁亚，舜与象亦互为彭那鲁亚。"[1]

在中国旧制的婚俗中，有这样一条不成文的规定：哥哥死了，弟弟可以与嫂嫂结婚；姐姐死了，妹妹可以接嫁于姐夫。民间认为这是顺理成章的事。而姊妹二人同时嫁给一个男人，乃为从上古一直到新婚姻法颁布之前社会道义所认可。这些风俗从哪里来，无一不是普那路亚婚制的遗传。

---

1. 郭沫若：《中国古代社会研究》，新文艺出版社1951年版，第75页。

族外婚的副产品——天干地支的创造

由于远缘结合所造成的优生优势，使族外婚越来越受到人们的欢迎。于是这种氏族之间性的交往，渐渐由强制的抢亲变成了自愿的结合。氏族内部兄妹之间的婚姻被禁止了，青年男女纷纷到氏族之外去寻欢作乐。"期我乎桑中，要我乎上宫。"（《诗·鄘风·桑中》）桑间濮上，成男女幽会之地；云梦沮泽，为夫妻行乐之所。这些情爱的描写虽然均出自后人之手，但未尝不是上古遗风的余韵流长。《周礼·地官·媒氏》："中春之月，令会男女，于是时也，奔者不禁。"中春，即夏历二月，这是动物发情的节令，此时男女淫奔，是本氏族其他人等所不得干涉的。

二月春暖花开，动物发情。人类大脑发达，性冲动随时可以产生，发情不受定期之限。但在古代，刚刚步入氏族社会的人，他们的大脑虽不像其他动物那样蠢笨，但也不会像现今人类这样发达。他们的发情，不可能即兴而发，也会受一定的节令气候的制约。因此，青年男女与族外对象的私情幽会，应该有一个事前的约合。这约合，就导致了天干地支的产生。

天干地支，它是我们古老中国计算时间的一种数序，分十个天干甲、乙、丙、丁、戊、己、庚、辛、壬、癸和十二个地支子、丑、寅、卯、辰、巳、午、未、申、酉、戌、亥。两者依次轮转，形成六十循环：

甲子	乙丑	丙寅	丁卯	戊辰	己巳	庚午	辛未	壬申	癸酉
甲戌	乙亥	丙子	丁丑	戊寅	己卯	庚辰	辛巳	壬午	癸未
甲申	乙酉	丙戌	丁亥	戊子	己丑	庚寅	辛卯	壬辰	癸巳

甲午	乙未	丙申	丁酉	戊戌	己亥	庚子	辛丑	壬寅	癸卯
甲辰	乙巳	丙午	丁未	戊申	己酉	庚戌	辛亥	壬子	癸丑
甲寅	乙卯	丙辰	丁巳	戊午	己未	庚申	辛酉	壬戌	癸亥

中国人使用干支，起初是用来纪日的。商代武丁卜辞说："丁酉雨，至于甲寅，旬有八日。九月。"这是说，在九月里，从丁酉日开始下雨，一直下到了甲寅日，前后共计一旬又八天。"丁酉""甲寅"都是用来纪日的。在西汉以后，又有人开始用干支纪年，刘恕在《通鉴外纪·序》里说："岁之称甲子，自亡新始也。"亡新指王莽当朝，"新"是王莽的国号。东汉光武帝之后，干支应用，又推广到纪月、纪时上来，于是年、月、日、时四个干支共八个字，被一些人用作算命的材料。

天干地支是怎样创造的呢？《后汉书·律历志》刘昭注引蔡邕《月令章句》说："大桡探五行之情，占斗纲所建，于是始作甲乙以名日，谓之干；作子丑以名月，谓之枝。枝干相配，以成六旬。"《路史·后纪一》注引《世本》说："黄帝令大桡作甲子。"但这种说法是不能令人相信的，世上每一项发明创造的成功，都不能归功于某一圣贤的独出心裁，况且，既为一人所创造，他何必既是"甲乙"又是"子丑"，搞了一个两混淆纪日法呢？

徐中舒先生说："用干支纪日，由来

商代人使用的干支表
（《殷契卜辞》165）

久远，甲文已如此。最初可能是两个部族纪日法不同，一个以十进，一个以十二进，两部族融合之后，为查对之便就把两种纪日方法配合起来计算而成为六十甲子。"[1]

古文献材料中，有没有以"十进"和以"十二进"纪日的部族呢？有的。《山海经·大荒西经》说："帝俊妻常羲，生月十有二。"《大荒南经》说："羲和者，帝俊之妻，生十日。"这实际上是说，在帝俊治下有两个部族，它们各有一个女酋长，都与帝俊通婚，所以都是帝俊的妻子。她们各自生有一群儿女，常羲族以月亮为图腾，每天敬一个月亮神，敬十二个月亮神为一周，就是十二天；羲和族以太阳为图腾，每天敬一个太阳神，敬十个太阳神为一周，就是十天。

但是，这与普那路亚有什么关系呢？古代氏族社会实行族外婚制，此一部族的女子和彼一部族的男子互为配偶，组成普那路亚，这正是徐先生所说的两个部族的融合。这时男女相会，羲和族的男子要去约会常羲族的女子，常羲族的男子要去约会羲和族的女子，这就需要约定时间。因族纪日法不同，一个是甲乙丙丁，一个是子丑寅卯，为避免舛误，只好采用双重的纪日法，如在羲和族为丙日，常羲族是寅日，合起来就称丙寅日，第二天羲和族为丁日，常羲族为卯日，合起来就称丁卯日。这样依次类推，经过十日一周与十二日一周的两个数列的循环，形成了十与十二的最小公倍数六十甲子。由十与十二组成六十甲子可以使我们想到，中国人接触最小公倍数这一概念的历史，至迟不晚于此。

也许有人问，两个部族的融合，为什么一定是普那路亚的族

---

[1] 徐中舒：《殷商史中的几个问题》，《四川大学学报》（哲学社会科学版）1979年第2期，第108—112页。

外婚引起的呢？这是因为，氏族社会，人们狩猎采集，各氏族独立生产，没有商品交换，除族外婚媾以外，再也没有其他事有引起融合的必要了。

但是，从文献上来说，古人有以干支日约定婚媾的吗？

以干支日约定婚媾，目前尚难找出例证；但以天干日约定婚媾，例子倒是有的。《书·益稷》说："予（指夏禹）创若时，娶于涂山，辛壬癸甲。"这就是说，禹与涂山氏婚媾，约定在辛壬癸甲四日。伪《孔传》："辛日娶妻，至于甲日复往治水，不以私害公。"洪兴祖《楚辞补注》引《吕氏春秋》："禹娶涂山氏女，不以私害公，自辛至甲四日，复往治水。故江淮之俗，以辛壬癸甲为嫁娶日也。"（《水经·淮水注》引文同）《说文》"嵞"字条下："嵞，会稽山也。一曰九江当涂也。民俗以辛壬癸甲之日嫁娶。"《吴越春秋·越王无余外传》："禹因娶涂山，谓之女娇，取辛壬癸甲。禹行十月，女娇生子启。"由"民俗以辛壬癸甲之日嫁娶"，知道古代确曾有过以此四天约为婚媾的部落。

假设说这样的部落与常羲族婚媾，常羲族以地支纪日，她们约定的淫奔之期为丑、寅、卯、辰，那么这两族的婚媾之日，不就定在辛丑、壬寅、癸卯、甲辰四天了吗？如果规定在巳、午、未、申，那么两族的婚媾日，不就定在辛巳、壬午、癸未、甲申四天了吗？天干地支互相配合于此时出现，乃是十分自然的事。

夫妻关系趋向稳定的时期——对偶婚的出现

马克思说："在普那路亚家族制下，便多少有了一男一女结成配偶过同居生活的事实，而这是社会状况的诸条件引起来的。

每一个男子在其若干的妻子中，有一个是主妻，反过来说女子也是如此。因而有了向对偶家族过渡的倾向。"[1]

两性活动毕竟是两人之间的事。人与动物不同，人类的站立行走使身体直立，于是性交活动得以面对面地进行。面对面，这就导致了人类意识的进一步发达，他（她）除了对性交本身产生的兴趣外，也对性交的对方产生了感情。对性交对方某个人感情的日渐巩固，就会导致在普那路亚中有目的的选择。选择的积累，促进了对偶婚的产生。恩格斯说："这种习惯上的成对配偶制，随着氏族日趋发达，随着不许互相通婚的'兄弟'和'姊妹'类别的日益增多，必然要日益巩固起来。"[2]

对偶婚，它不排斥在对偶之外与其他普那路亚的性交关系，只不过性交以对偶为主进行罢了。这是从普那路亚婚制走向一夫一妻制的过渡，其在人类婚姻史上的意义也是巨大的。

文献记载中说："尧之长女娥皇为舜正妃。"（《楚辞·湘君补注》）"娥皇为后，女英为妃。"（刘向《列女传·有虞三妃》）这说明，娥皇、女英甚至还有其他人等，她们为普那路亚，是舜的共同的妻子；但在这一群公妻中，娥皇却是舜的主要之妻，即"对偶"。反过来说，舜与象甚至还有其他人等，他们为普那路亚，是娥皇的共同的丈夫；但在这一群公夫中，舜却是娥皇的主要之夫，即"对偶"。

《太平御览》卷八〇引《帝王世纪》说：尧"生丹朱，又有庶子九人"。什么叫"庶子"？在并非一夫一妻制时代的氏族社会，怎么来的嫡庶之分？在我看来，这个"庶"，应该是对偶婚中非主妻（夫）所生，所谓非主妻，与后代的"庶妻"又不一样，

---

[1]《摩尔根〈古代社会〉一书摘要》，第33页。

[2]《家庭、私有制和国家的起源》，第41—42页。

非主妻可以与他人发生两性关系,"庶妻"则不可。但嫡庶之分的根源则是从对偶婚来的,主要对偶为"嫡",一般公妻(夫)为庶,衍变下来,成了一夫一妻制里的嫡庶,而嫡庶之分,又成了封建宗法制里的关键一环。

《帝王世纪》说:"娥皇无子,次妃女英生商均。"娥皇为舜之主妻,主妻无子,则其子都为庶子。《吕氏春秋·去私》说:"舜有子九人",这"九人"都应为庶子。这里的"庶子",也与后代庶子概念不同,这个庶子,乃非对偶之公妻之子,与其本人也许会根本没有血统承续关系。

由此我们得出结论,中国封建宗法中的嫡庶,乃滥觞于对偶婚制中。

在对偶婚制实行过程中,对偶双方生活结合方式的不同,还可以将这一段历史划分成两个阶段:开始是男女双方各自住在自己母亲的氏族内,婚姻结合采取丈夫访问妻子的形式,人们称之为"望门居制"。这情况在我国关于大禹的传说中,得到了十分明显的印证。《吕氏春秋·音初篇》说:"禹行功,见涂山之女,禹未之遇而巡省南土。涂山氏之女乃令其妾候禹于涂山之阳,女乃作歌,歌曰:候人兮猗,实始作为南音。"《尚书·益稷》说:"予创若时,娶于涂山,辛壬癸甲,启呱呱而泣,予弗子。"《楚辞·天问》说:"禹之力献功,降省下土四方,焉得彼嵞山女,而通之于台桑。"

从上引资料中可以看出,禹"娶于涂山",这是族外婚,到其他氏族去寻找配偶。配偶不止一个,有涂山氏之女及其妾,这是对偶婚制,有一个主妻——涂山氏,还有一般公妻——妾,禹与涂山氏的性交结合不在其本氏族之内,而在台桑。奚禄诒《楚辞详解》说:"台桑,即桑林。"那是男女幽会行淫之所的通称。

此台桑距涂山为近，当属涂山氏族所专有。蒋骥《山带阁诂楚辞》说："《太康地纪》：涂山西南，台桑地也。"禹于此地与涂山氏行淫，这是典型的望门居。《吴越春秋·越王无余外传》说："禹行十月，女娇生子启。启生，不见父。"可见涂山氏生子于母家，而且生下后的孩子也没有让父亲带走，由女方一手抚养——"启呱呱而泣，予弗子"。历史上曾经出现过"禹袒入裸国"的记载。《战国策·赵策》说："昔舜舞有苗，而禹袒入裸国。非以养欲而乐志也，欲以论德而要功也。"虽然"非以养欲而乐志"，也说明这里是个养欲乐志的地方。《吕氏春秋·贵因》说："禹之裸国，裸入衣出，因也。"禹既解衣入裸国，其男女交往情况则可想见。由此可以推测得知，禹的"望门居"，关系也不是那么固定。当时社会上还是普那路亚婚、对偶婚共存，禹在涂山氏之外寻欢作乐，也不算是违背了世俗的规定。

对偶婚的第二个阶段，为"居妇家制"。这时的男子住在女子的氏族之内，但不属于女方氏族的成员。在易洛魁人中做过多年传教士的阿瑟·莱特是这样描写这种"居妇家制"的：

> 讲到他们的家庭，当他们还住在老式长屋〈包含几个家庭的共产制家庭经济〉中的时候……那里总是由某一个克兰〈氏族〉占统治地位，因此妇女是从别的克兰〈氏族〉中得到丈夫的……通常是女方在家中支配一切；贮藏品是公有的；但是，倒霉的是那种过于怠惰或过于笨拙因而不能给公共贮藏品增加一分的不幸的丈夫或情人。不管他在家里有多少子女或占有多少财产，仍然要随时听候命令，收拾行李，准备滚蛋。对于这个命令，他甚至不敢有反抗的企图；家对于他变成了地狱，除了回到自己的克兰〈氏族〉

去或在别的克兰内重新结婚（大多如此）以外，再也没有别的出路。[1]

这是一种"居妇家制"的对偶婚姻。在我国的古史传说中，不难找到这样的例子。《山海经·大荒东经》说："有人曰王亥，两手操鸟，方食其头。王亥托于有易、河伯仆牛。有易杀王亥，取仆牛。"郭璞注："《竹书》曰：殷王子亥宾于有易而淫焉，有易之君绵臣杀而放之。是故殷主（宋本作'上'，是）甲微假师于河伯以伐有易，灭之，遂杀其君绵臣也。"《楚辞·天问》说："该秉季德，厥父是臧，胡终弊于有扈，牧夫牛羊？……有扈牧竖，云何而逢？击床先出，其命何从？恒秉季德，焉得夫朴牛？何往营班禄，不但还来？昏微遵迹，有狄不宁。何繁鸟萃棘，负子肆情？"《易·大壮》六五："丧羊于易。"《易·旅》上九："丧牛于易。"

《天问》里的"该"，即《大荒东经》里的"王亥"、《竹书》中的"殷王子亥"。他是商民族的祖先，商代卜辞中称他为"高祖亥"。商民族以鸟为图腾，所以卜辞"亥"字又写作"雀"，与《山海经》"两手操鸟"、《天问》"繁鸟萃棘"可相印证。"殷王子亥宾于有易而淫"，他到有易去通婚，有易即有狄、有扈，易、狄、扈三字互相通用。以商族之人到有易去通婚，去时带有牛羊，结果"丧羊于易""丧牛于易"，这就是阿瑟·莱特介绍的"不管他在家里有多少子女或占有多少财产，仍然要随时听候命令，收拾行李，准备滚蛋"。这就是对偶婚中的"居妇家制"。王亥被赶出有易的原因不详，"有扈牧竖，云何而逢"——有扈的牧人，不知碰到了什么；"击床先出，其命何从"——他被从床上赶了出

1.《家庭、私有制和国家的起源》，第44页。

来，不得不悄然离去。对于这个命令，他甚至不敢有反抗的企图。

王亥被赶出有易，又到了什么地方？史载不明，于是许多人说，王亥被有易所"杀"而死。杀字固然含有"戮"义，但有时它又可以训为降、减。既然"有易之君绵臣杀而放之"，可见"杀"而未死，王亥只是被赶了出来。

王亥被赶出，牛羊丧于易。其弟王恒多次前去索取这一部分财富"朴牛"——即"仆牛"，朴、仆音近字通。"何往营班禄，不但还来？"所索一无所获。至王亥之子上甲微（昏微），方联合河伯，打败有易，夺回了这一部分财物，于是商民族重又兴旺发达起来。

河伯这一氏族，也是王亥的通婚之处："王亥托于有易、河伯仆牛。"也许就是这个原因，有易要赶他出去。王亥之子上甲微与有易作战，他不会是王亥在有易的后代，而可能生于河伯族，是王亥与河伯族所生，所以河伯才会帮助他打败有易夺回仆牛。

在对偶婚中，也并不是完全排除了抢劫与争夺的。

一夫一妻制的确立

随着生产的发展，社会财富的增加，私有制出现了，人类历史逐步进入了文明时代。这时，男子在生产活动中的地位提高，他们的私人财富增加，为了把这些财富留给自己的后代，这就要一对配偶中女性的一方，杜绝与其他任何人的性交关系，以保证将来生下的儿子，确凿无疑的属于自己的丈夫。一个女子只能有一个丈夫，这就是一夫一妻制的全部内容。

一夫一妻制，它并不要求男子对妻子的忠诚。恩格斯说："正是奴隶制与一夫一妻制的并存，正是完全受男子支配的年轻美貌的女奴隶的存在，使一夫一妻制从一开始就具有了它的特殊的性质，使它成了只是对妇女而不是对男子的一夫一妻制。这种性质它到现在还保存着。"[1] 既然男子不对妻子保持专一，那么，这样的"一夫一妻制"，毋宁称作"一妻一夫制"或"一夫多妻制"。

一夫多妻制，这从周文王身上就能看得出来。《左传·昭公二十八年》说："昔武王克商，光有天下，其兄弟之国者，十有五人；姬姓之国者，四十人。皆举亲也。"这里"兄弟"十有五人，不包括从兄弟在内，因为从兄弟即"姬姓"，已计入另外"四十人"中。但这十五个兄弟，又不是同母所生，《左传·定公四年》："武王之母弟八人。"八人之外，都是异母兄弟。武王兄弟有异母，足证文王多妻。而且这个多妻，还不是前后衔接关系，《诗·大雅·思齐》："大姒（文王妻）嗣徽音，则百斯男"，毛传："大姒十子，众妾则宜百子。"有"众妾"，说明是同时多妻。

然而周文王之妻就不会多夫了。如果多夫，生下的孩儿来路不明，文王不会承认那是自己的儿子，武王（还有周公）也不会分封国家与他。

允许一夫多妻——这就是当时的一夫一妻制。

实行真正的一夫一妻制，是到了中华人民共和国成立之后，新婚姻法明确规定："实行男女婚姻自由、一夫一妻、男女权利平等、保护妇女和子女合法利益的新民主主义婚姻制度。""禁止重婚、纳妾……"

1.《家庭、私有制和国家的起源》，第58页。

第二章
神话传说中的妇女人物

生育人类、炼石补天的女娲

在中国的历史神话传说中,首先生育人类的是"女人"。原始人缺乏生殖常识,这是他们从自己的直觉观察中得到的印象,并根据这印象创造出来的神话故事。

《说文》:"娲,古之神圣女,化(即孕育)万物者也。"《太平御览》卷七八引《风俗通》说:"俗说天地开辟,未有人民,女娲抟黄土作人,剧务,力不暇供,乃引绳于絙泥中,举以为人。故富贵者,黄土人也;贫贱凡庸者,絙人也。"

由女性生殖到女娲造人,反映了上古人民对于生殖活动的简单认识;用黄土造人,排除上帝赋予灵魂的荒诞怪论,表现了思想史上一定的唯物精神。但是,人类进入私有制社会,一切思想都要打上统治阶级的烙印,因此,这则神话的结尾把贫富之分说成是先天造就,那就是唯心论者的无稽之谈。剥削阶级把自己的思想意识强加于古代神话故事,目的是为巩固自己的统治地位制造理论根据。

女娲是一位生育人类的母亲，她又是一位建造天地的神灵。《淮南子·览冥篇》说："往古之时，四极废，九州裂，天不兼覆，地不周载，火爁炎而不灭，水浩洋而不息，猛兽食颛民，鸷鸟攫老弱。于是女娲炼五色石以补苍天，断鳌足以立四极，杀黑龙以济冀州，积芦灰以止淫水。苍天补，四极正，淫水涸，冀州平，狡虫死，颛民生，背方州，抱圆天……当此之时，禽兽蝮蛇，无不匿其爪牙，藏其螫毒，无有攫噬之心。"

女娲，她究竟是个什么人，为什么会被看作是一位建造天地的神灵呢？剥开那神话传说的神秘外衣，我们就会看到，她不过是个母系氏族的女酋长，一个女性的领导者而已！

《太平御览》卷七八引《帝王世纪》说："女娲氏……一号女希，是为女皇。"

《山海经·大荒西经》郭璞注："女娲，古神女而帝者。"

《淮南子·览冥篇》高诱注："女娲，阴帝，佐虑戏治者也。"

《太平御览》卷七八引曹植《女娲赞》说："古之国君。"

在原始社会的初期，人类先以性交关系结成原始人群，继而实行班辈婚组成血缘家族，其时大家知母不知其父，团结家族的纽带除了那些不牢靠的两性关系外，最重要的还是那条至为明确的母子关系。以至根据这种关系，确定了母系氏族公社来。由于母子关系成了维系人群、家族、公社的唯一纽带，所以母亲会受到这些组织的最高度的尊敬。无形之中，她们成了组织的核心，成了组织的领导。而女娲，她正是当时一个社会组织的领导者，她的组织，曾经繁衍人口，披荆斩棘，改造自己的自然环境，因此她成了名闻遐迩的女领袖，被后人称之为帝，为皇，为国君。她被描绘成化育人类（甚至万物）、建造天地的英雄，完全是上古人民斗争史在神话传说中的反映。

前已言及，女娲与伏羲，是我国华夏族班辈婚的创始者，是他们奠定了我国人类社会的第一个婚姻"法"，于是被后人尊为婚姻之神。《路史·后纪二》注引《风俗通》说："女娲祷祠神，祈而为女媒，因置昏姻。"——女娲向祠庙里的神祷告，请求让自己成为结成人类婚姻的媒妁（得到了神的应允），于是建立了人类社会的婚姻制度。《路史·后纪二》说："以其载媒，是以后世有国，是祀为皋禖之神。"——因为女娲担任了媒妁的任务，以至后世建立国家的人，都把她奉为结合婚姻的郊媒之神。

郊媒，那是男女交欢情怜心会之所，感情的交融，会激荡出心灵的恋歌；心灵的恋歌，更会掀起感情的波涛，所以自古以来，音乐总是爱情的最好媒介。女娲既担任了这种男女欢会的组织工作，当然不会忘记音乐在爱情中的作用。"女娲作笙簧"[1]，她发明的这一种乐器，给男女的欢会又增加了一重快乐。

我国历法的创始者——羲和

《太平御览》卷三引《山海经》说："东海之外，甘泉之间，有羲和国。有女子名羲和，为帝俊之妻，是生十日，常浴日于甘泉。郭璞注：羲和，能生日也，故曰为羲和之子。尧因是立羲和之官，以主四时。"

所谓"羲和国"，实际是一个氏族。母系氏族奉女性为首领，所以羲和族的女酋长就是"有女子名羲和"。该族以十日为一旬，并以此纪日与外族帝俊的青年男子约会，这是族外婚。古人不解，

1.《世本》张澍稡集补注本。

讹传为"帝俊之妻,是生十日"。郭璞注说:"言生十子各以日名名之",这十个日名就是十日天干甲、乙、丙、丁……壬、癸。

相传羲和为主日之神,掌握着时间的节奏,每天由东而西,驱使着太阳前进。于是神话传说中,她又是太阳的赶车夫。《楚辞·离骚》说:"吾令羲和弭节兮,望崦嵫而无迫。"王逸注:"羲和,日御也。……崦嵫,日所入山也。"洪兴祖补:"虞世南引《淮南子》云,爰止羲和,爰息六螭,是谓悬车。《注》云,日乘车驾以六龙,羲和御之。"《广雅·释天》:"日御谓之羲和。"

羲和既是十日天干的创造者,又是掌握着时间前进的人,所以在上古时代,被委以制订时历的重任。《尚书·尧典》说:"乃命羲和,钦若昊天,历象日月星辰,敬授人时。"——于是指示羲和,密切地注视着时日的循环,测定日月星辰的运行规律,给大家制订出计算时间的历法。

但观察天象制定历法的,绝不能只是羲和一人。羲和的内涵,应指羲和族,他们任命四个负责"官"员:羲仲、羲叔、和仲、和叔,分据东西南北四个方位,来观察日出日落、日南日北的变化,确定二分二至,区分春夏秋冬,用闰月来调整阴阳岁历的悬殊,随时修正历法的误差。《尚书·尧典》又说:

> 分命羲仲——分头指示羲仲,
> 宅嵎夷——守候在东方的海角,
> 日旸谷——那个叫作旸谷的地方,也就是日出之处。
> 寅宾出日——着意追踪观察太阳的升起,
> 平秩东作——(让人们)按时令的顺序开始举趾耕作。
> 日中星鸟——当白天和黑夜一样长的那一天就是春分,
> 其时星空中出现的是南方朱鸟七宿:井、鬼、柳、星、张、

冀、轸。

以殷仲春——这才正是仲春二月。

厥民析——该方的神人名叫"析",他主管着草木的抽芽、分枝。

鸟兽孳尾——动物也在这时发情交配。

申命羲叔——同时指示羲叔,

宅南交——守候在南方的边界之交,

〔曰明都〕[1]——那个叫作明都的地方,也就是阳光最强之处。

〔寅敬致日〕[2]——着意留心太阳到来的最近轨道,

平秩南讹——(让人们)按时令的顺序投入夏忙季节。

日永星火——当白天最长的那一天就是夏至,其时星空中正南出现的是心宿二(大火,即天蝎 Sco α)。

以正仲夏——这才正是仲夏五月。

厥民因——该方的神人名字叫作"因",他主管树木的长大茂盛。

鸟兽希革——动物因天热也开始脱毛。

分命和仲——分头指示和仲,

宅西〔土〕[3]——守候在西方的边界,

曰昧谷——那个叫作昧谷的地方,也就是日落之所。

寅饯纳日——着意目送观察太阳的没落,

平秩西成——(让人们)按时令的顺序进行秋收。

---

1. "曰明都"三字原阙,据郑玄说补。
2. 四字原阙,"平秩南讹"下有"敬致"二字,江声以为"致日",据以补此。
3. "土"字原阙,据《史记·五帝本纪》补。

宵中星虚——当黑夜和白天一样长的那一天就是秋分,其时星空中正南出现的是虚宿(小马Equα、宝瓶Aqrβ)。

以殷仲秋——这才正是仲秋八月。

厥民夷——该方的神人名叫"夷",他主管植物的收获。

鸟兽毛毨——鸟兽长出稠密的毛羽。

申命和叔——同时指示和叔,

宅朔方——守候在北方的土地上。

曰幽都——那个叫作幽都的地方,也就是阳光不到之处。

〔□□□曰〕[1]——

平在朔易——(让人们)按时令的顺序开始冬藏。

日短星昴——当白天最短的那一天就是冬至,其时星空中正南出现的是昴宿(金牛Tau17、19、21、20、23、η、27)

以正仲冬——这才正是仲冬十一月。

厥民隩——该方的神人名叫"隩",他主管树根、种子深藏地底。

鸟兽氄毛——鸟兽长出细小的氄毛。

帝曰:咨——尧说:啊!

汝羲暨和——你们,羲仲、羲叔、和仲、和叔。

期三百有六旬有六日——全年共计三百六十六天。

以闰月定四时成岁——以闰月来调整阴历年的不足,使它和三百六十六天的阳历年一致。

以上这节引文,是一篇很复杂的材料。从"日永星火以正仲夏"

---

[1] 四字原阙,无以补之。

来说，大火星出现于南方中天是在夏历五月；《诗经·豳风·七月》说："七月流火"，这是说大火星出现于南方中天在夏历六月；在我们今天看，大火星出现于南方中天，却在夏历七月。这种月令的推迟，是由于岁差所致，春分点每百年西移约一度。用这种方法推算，《尧典》时令比《诗经》早一个月，春分点的移动为三十度，说明《尧典》的时代约比《诗经》早着三千年。《诗经》是春秋时代的产物，《尧典》此语当出现在四千年前即原始社会末期、夏代之前，这与羲和生活的年代洽相吻合。

但是，商代尚无春夏秋冬四季之分，二分二至的发现可能只是春秋人的事，至多不能早于西周。《尧典》那么明确地划分四季与二分二至，说明它绝不都是春秋以前的创作，其文中提到的羲仲、羲叔、和仲、和叔，应是春秋（至多不过是西周）的司察天象、修订历法的官员。她们与原始社会的羲和时代的相差是太大了。

但《尧典》为什么把她们凑在一起了呢？我想可能是这样的：羲和族是原始社会十日天干的创造者，她们被大家公认是掌握太阳前进的人，于是制订历法的工作便由她们来做。族人分工，各有所司，于是在羲和族中，又分出了胞族羲与和，再分出羲二（仲）、羲三（叔）、和二（仲）、和三（叔）来。她们各负其责，共同完成历法的创制与完善工作。职务各自世代相传。族人名号却沿用不变，老二家的仍然叫作老二，老三家的仍然叫作老三，直到西周以后，人们把他们前后的历法成果汇总一起，成了《尧典》中的一段文章，有五千年前的"日永星火以正仲夏宵中"，又有春秋时期的二分二至四时闰月。

拨去这一切迷雾，我们就会看出，羲和，这位羲和族的女酋长，据说她是我国上古历法的创始者，在她的领导下，经过其族人世世代代的努力，终于使我国上古历法日臻完善，成为世界上最古老、最精确的历法之一，为我国文明历史的发展做出了卓越的贡献。

到了夏代，"帝中康时，羲、和湎淫，废时乱日。（《集解》引孔安国语：'废天时，乱甲乙也。'）胤往征之，作《胤征》"。（《史记·夏本纪》）从"胤往征之"一语看，羲和确是一个国名，如果只是一个人，即令淫佚失职，也用不着劳动别人去出征讨伐。

从司月到奔月——常羲，第一个反抗一夫多妻的女性

与羲和一起创造了天干地支纪日法的，是又一个女子常羲。《山海经·大荒西经》说："有女子方浴月，帝俊妻常羲，生月十有二，此始浴之。"

"生月十有二"，就是以十二为一旬，这与以十日为一旬的羲和族结合起来，就组成了十与十二的依次配合，成为天干地支的循环。"十有二"而"生月"，是敬祭十二个月神，《吕氏春秋·勿躬篇》说："尚仪作占月。"尚仪就是常羲，尚与常、羲与仪，音近字通。占月就是司月，观察月球的运行变化是其职责。

常羲即是尚仪，仪字古音读如"俄"，因此，尚仪又是嫦娥。嫦娥，这是一个反抗的女性，在父系统治的社会，她敢于离弃自己的丈夫，奔向自由的天地。《淮南子·览冥篇》说："羿请不死之药于西王母，姮娥窃以奔月，怅然有丧，无以续之。"后羿闷闷不乐，若有所失，不能再得到这种灵药。

有关奔月的详细情况，张衡《灵宪》说得更为具体："羿请不死之药于西王母，姮娥窃之以奔月。将往，枚筮之于有黄，有黄占之，曰：吉。翩翩归妹，独将西行，逢天晦芒，毋惊毋恐，

后且大昌。姮娥遂托身于月，是为蟾蜍。"[1]

嫦娥奔月，她奔向哪里去了呢？根据"有黄"用筹枚为她占卜的结果，"翩翩归妹"——归妹就是嫁女；"独将西行"——这次出嫁是个人行动，即私奔，没有嫔娣陪送；"逢天晦芒"——在一个没有月光的夜里；"无惊无恐"——不要害怕；"后且大昌"——这次私奔将导致后代繁荣昌盛；"托身于月"——回到了以占月为职责的常羲族；"是为蟾蜍"——以蟾蜍为图腾。

嫦娥奔月是回到了原来的常羲族，这由"归妹""后且大昌"完全可以证明。后人不知，以为嫦娥奔向月宫而去。如果去了月宫，单身独居，她怎能归妹出嫁呢？怎能"后且大昌"再生下孩子繁衍出大群后代呢？

嫦娥即常羲，但这个奔月嫦娥并不就是当年的帝俊之妻常羲，她是常羲族人，老常羲的后代女儿。她生于一夫一妻制的时代，由于丈夫不务生计淫游畋猎（《楚辞·离骚》："羿淫游以佚畋兮，又好射夫封狐。"），加上停妻再娶（《楚辞·天问》："帝降夷羿，革孽夏民，胡射夫河伯而妻彼雒嫔？"）使嫦娥忍无可忍，于是偷了不死药，怒而逃归娘家，而且不再嫁出，"托身于月"，永远生活在母家的氏族，恢复对偶婚制（当然，这种"对偶"已不再是经常离异的对偶，而可以是真正一夫一妻的对偶。）的生活，或望门居，或居妇家，总之，不再到男家去过那种只许女子一夫却准男子多妻的"一夫一妻"制生活了。这是对奴隶制父系社会婚姻制度的反抗。嫦娥，她是有史记载的第一个叛逆的女性，一个要砸碎多妻制枷锁的革命者。

嫦娥"托身于月"，回到了以占月为标识的母家氏族，她"归

---

[1] 严可均：《全上古三代秦汉三国六朝文》卷五五《灵宪》，中华书局1958年版，第777a页。

妹"结婚，"后且大昌"，生下了一大群后代。但历史已进入父系社会，这外姓后代毕竟不被认作是常羲族人，于是她自立门庭，以"蟾蜍"为图腾，组织起独立的家族。嫦娥，她不仅是个革命者，而且还是个胜利者。

但父系社会不愿承认女性的胜利，他们把嫦娥奔月描绘成奔入月宫孤独凄怆的人，"嫦娥应悔偷灵药，碧海青天夜夜心"。但是，西王母的药是不死药，而非飞天药，她怎么飞上月宫呢？就是有别的方法飞上去了，她只能悔"飞天"，哪能悔"不死药"呢？

女魃，一个英雄的悲剧

她是黄帝的女儿，论其形象，并不美好，而且是一个身带干旱的怪物，走到哪里旱到哪里。《玉篇》说："《文字指归》曰：女妭（案，即魃）秃无发，所居之处，天不雨也。"这对于处在氏族社会以农业畜牧为生的原始人类来说，无异于成了大家的天敌，所以她是"不受欢迎的人"。

她很理解大家，自觉地远离人间烟火，居于上天不怕干旱之地，忍受着冷漠与凄苦，以求得大地的风调雨顺、百草繁茂、五谷丰登。人们应该感谢她，感谢她这种自我牺牲精神。

不料有一天，她终于有了机会，人民欢迎她从天上回来了。"蚩尤作兵伐黄帝，黄帝乃令应龙攻之冀州之野。应龙畜水，蚩尤请风伯雨师，纵大风雨，黄帝乃下天女曰魃……"（《山海经·大荒北经》）这是在蚩尤作风雨而应龙无策的情况下，女魃挺身而出，"雨止，遂杀蚩尤"。她为民族除害，"魃不得复上"——自己却再也不能回到天庭。那么到哪儿去呢？"所居不雨"——自己走到哪里旱到哪里,叫谁能忍受得了。好在叔均同情她,"叔均言之帝,后置之赤水之北"。"叔均乃为田祖"——叔均担任了农官。她不能永住赤水之北,坑害一方之民,为了报答老朋友,她开始到处流浪——"魃时亡之",分散自己给农业造成的灾害。但偶尔一时走得慢了,人民只好客气地驱逐自己的英雄——"所欲逐之者,令曰:神北行!"与此同时,却又在慌慌忙忙地迎接雨汛的到来——"先除水道,决通沟渎"。

女魃,她帮助人民取得了胜利,却不能与大家一起享受这胜利的欢乐,而且还要到处流浪,永无安身之所。这是一个英雄的悲剧,她是这个悲剧中的英雄。

炎帝诸少女——一连串悲壮凄婉的故事

女娃,是炎帝最小的女儿。出游前往东海,不慎落入水中,从此丧命,再也没有回来。但她冤魂不散,化为发鸠山上一只精卫鸟,发誓不饮东海水,并用自己一张小口,每天飞往西山,衔上一口木石,投入东海汪洋之中。她要经过自己积年累月的努力,将这吃人的东海填平,力量何其小,志气何其大。人们把她叫作誓鸟,叫作冤禽,又叫志鸟,俗名帝女雀。这种人小志大,雄心不已的精神,应该成为我们有志之士的鼓舞力量。

(《山海经·北山经》:"发鸠之山,其上多柘木。有鸟焉,其状如乌,文首、白喙、赤足,名曰精卫,其名自詨。是炎帝之少女,名曰女娃。女娃游于东海,溺而不返,故为精卫,常衔西山之木石,以堙于东海。"《述异记》卷上:"昔炎帝女溺死东海中,化为精卫……耦海燕而生子,生雌状如精卫,生雄状如海燕。今东海精卫誓水处，犹存溺于此川，誓不饮其水。一名誓鸟，一名冤禽，又名志鸟，俗呼帝女雀。"）

炎帝的又一个女儿，同样不幸夭折，她是个娟秀妩媚的女子，死后情之所钟，化为䔰草，生出的叶子都是重叠成对的，开出的花是当时妇女妆梳最喜欢的黄色，结出菟丝的果，缠绵情深，服将下去，便能取媚于人。

（《山海经·中山经》："姑媱之山，帝女死焉，其名曰女尸，化为䔰草，其叶胥成，其华黄，其实如菟丘，服之媚于人。"）

据说，她名姚（瑶）姬，死后葬于巫山向阳处，人们称她做巫山神女。生前风流倜傥，死后精魂所至，常与人通，所谓巫山云雨，似神似人，如梦如实。楚怀王曾为她立馆，愿她情魂常驻。馆号朝云，给人以爱的遐想。

（《文选·高唐赋》注引《襄阳耆旧传》："赤帝女曰瑶姬，未行而卒，葬于巫山之阳，故曰巫山之女。楚怀王游于高唐，昼寝梦见与神遇。自称是巫山之女，王因幸之，遂为置观于巫山之南，号为朝云。后至襄王时，复游高唐。"《渚宫旧事》引《襄阳耆旧传》："昔者，先王游于高唐，怠而昼寝，梦见一妇人，暖乎若云，皎乎若星，将行未止，如浮忽停，详而观之，西施之形。王悦而问之。曰：'我夏帝之季女也，名曰瑶姬。未行而亡，封乎巫山之台。精魂为草，摘而为芝，媚而服焉，则与梦期。所谓巫山之女，高唐之姬。闻君游于高唐，愿荐寝席。'王因幸之，既而言之曰：'妾处之䂊，尚莫可言之，今遇君之灵，幸妾之挚。将抚君苗裔，藩乎江汉之间。'王谢之，辞去曰：'妾在巫山之阳，高邱之岨，旦为朝云，暮为行雨，朝朝暮暮，阳台之下。'王朝视之如言。乃为立馆，号曰朝云。"）

这是一个风流浪漫的故事，主人公成了色情与性爱的化身。

论其表现，她应该去和西方的爱神维纳斯（Venus）媲美，但却会被当作淫妇冶女而加以唾弃。殊不知氏族时期，族外求婚，男女野合交媾被看作天经地义的人性常事，主人公的轻佻放荡反而为人所称颂，并且变为美丽的传说流传下来，甚至连后代帝王也被扯了进去。

炎帝还有一个小女儿，也是一个自由恋爱的典型。她钟情于雨师赤松子，就跟他学道。功成之后，和赤松子一道成仙去了。《列仙传》说："赤松子者，神农时雨师也，服水玉，以教神农，能入火自烧。往往至昆仑山上，常止西王母石室中，随风雨上下。炎帝少女追之，亦得仙俱去。"

炎帝少女的升天，颇与凤凰涅槃相似。但说的却是赤帝之女，不过赤帝就是炎帝，二者是一样的。

《太平御览》卷九二一引《广异记》说："南方赤帝女，学道得仙，居南阳愕山桑树上。正月一日衔柴作巢，至十五日成，或作白鹊，或女人。赤帝见之悲恸，诱之不得，以火焚之，女即升天，因名帝女桑。今人至十五日焚鹊巢作灰汁浴蚕子招丝，象此也。"《山海经·中山经》说："又东五十五里，曰宣山。沦水出焉，东南流注于瀼水，其中多蛟。其上有桑焉，大五十尺，其枝四衢，其叶大尺余，赤理黄华青柎，名曰帝女之桑。"

所谓"帝女之桑"，"大五十尺，其枝四衢，其叶大尺余"，那实际就是桑中之王了。赤（炎）帝之女涅槃于桑上鹊巢，从此鹊巢之灰可以浴蚕子招丝，她为养蚕事业做出了贡献。

养蚕，是上古妇女的一种主要劳动。炎帝之女的神话，是上古社会妇女劳动在神话中的反映。

以上这些爱情故事，均为无媒自合，说明它们产生于氏族社会，是婚姻不受干涉时代的产物。

娥皇、女英——执着的爱情追求者？

氏族社会的对偶婚姻，是一种并不牢固的婚姻关系。但是，处于这种关系中的娥皇、女英，却是两个执着的爱情追求者。《太平御览》卷八一引《帝王世纪》说：舜"年二十，始以孝闻，尧以二女娥皇、女英妻之"。《书·尧典》说："帝曰：我其试哉！女于时，观厥刑于二女。釐降二女于妫汭，嫔于虞。"——尧说：我来试试他。把自己的女儿嫁给他，从二女这里观察他的德行。在妫汭下嫁二女，嫁给了有虞氏舜。

除此二人之外，舜还有另外的妻子。《太平御览》卷八一引《帝王世纪》又说："大舜都乎咸阳，或营蒲坂妫汭，嫔于虞，故因号有虞氏。有二妃：元妃娥皇无子，次妃女英生商（商）均，次妃登北氏生二女宵明、烛光；有庶子八人皆不肖。"《山海经·大荒南经》："大荒之中，有不庭之山，荣水穷焉。有人三身，帝俊妻娥皇，生此三身之国。姚姓，黍食，使四鸟。有渊四方，四隅皆达，北属黑水，南属大荒，北旁名曰少和之渊，南旁名曰从渊，舜之所浴也。"

娥皇之夫为帝俊，舜之所浴在其旁，知帝俊即舜。帝俊又有他妻，《山海经·大荒南经》说："羲和者，帝俊之妻，"《山海经·大荒西经》："帝俊妻常羲。"

娥皇、女英也有另外的丈夫。"二嫂使治朕栖。象往入舜宫……"《孟子·万章》已经透露出了端倪。但这也没有什么奇怪，对偶婚制下，男子除主妻以外还有公妻，女子除主夫之外还有公夫。娥皇、女英与舜之兄弟象，少不了有点私通关系，这在当时并不为过。

舜与娥皇、女英的婚姻，属自由结合，并未经过父母礼聘。《楚辞·天问》说:"尧不姚告,二女何亲?"《孟子·万章》说:"《诗》云:娶妻如之何,必告父母。信斯言也,宜莫如舜,舜之不告而娶,何也?……帝之妻舜而不告,何也!"

从以上这些片言只语中,似乎透露出一个信息,好像他们夫妻生活之间,不是那么和谐,至少是出了点龃龉,不然,何至于出现如此追究当初的话呢?

舜到了晚年,"南巡狩,崩于苍梧之野,葬于江南九疑"。(《史记·五帝本纪》)当舜之死,其妻妾不在身边,"舜葬于苍梧之野,盖三妃未之从也"。(《礼记·檀弓》)

娥皇、女英没有随舜南巡,那是生活中发生了破裂?但当舜走后,她们就有了悔意。夫妻情长意深,于是又追了上去。不幸的是,舜于中途染病,夫妻不及会面,便从此永诀。《楚辞·九歌·湘君》王逸注:"(二妃)从舜南征三苗,不及,道死沅湘之间。"相传她们闻舜之死,哭之极哀,挥泪染于竹上,斑斑点点,人们称为湘妃竹。《楚辞·九歌》中有《湘君》《湘夫人》,洪兴祖《楚辞补注》以为纪念娥皇、女英之作:"尧之长女娥皇为舜正妃,故曰君;其二女女英,自宜降曰夫人也。"

《湘君》《湘夫人》,确为咏叹娥皇、女英之作。《山海经·中山经》说:"又东南一百二十里,曰洞庭之山……帝之二女居之,是常游于江渊。澧沅之风,交潇湘之渊,是在九江之间,出入必以飘风暴雨。"郭璞注:"天帝之二女而处江为神。"汪绂《山海经存》说:"帝之二女,谓尧之二女以妻舜者娥皇女英也。相传谓舜南巡狩,崩于苍梧,二妃奔赴哭之,陨于湘江,遂为湘水之神。屈原《九歌》所称湘君、湘夫人是也。"[1]

---

1. 据袁珂《山海经校注》转引。

但真实的历史如何？后世形成的文献记载为何如此表达，均值得我们思考。

涂山氏——我国早期女诗人

她是夏禹的夫人。在对偶婚制望门居的时代，夫妻并没有生活在一个家中。《书·益稷》说："予（指夏禹）创若时，娶于涂山，辛壬癸甲。"这就是说，夫妻相会，每旬只在辛壬癸甲这四天，且二人交媾，没有新婚洞房，而在男女私会之地。《楚辞·天问》说："禹之力献功，降省下土方，焉得彼涂山女，而通之于台桑？"

涂山氏，是一个善于诗歌创作的氏族。《吴越春秋·越王无余外传》说："禹三十未娶，行到涂山，恐时之暮，失其度制。乃辞云：'吾娶也，必有应矣！'乃有白狐九尾，造于禹。禹曰：'白者吾之，服也，其九尾者，王之证也。涂山之歌曰：绥绥白狐，九尾庞庞，我家嘉夷，来宾为王，成家成室，我造彼昌，天人之际，于兹则行。明矣哉！'禹因娶涂山，谓之女娇。"

涂山氏是一个善于诗歌创作的氏族，而涂山氏之女，更是一个创作与演唱兼长的女诗人。《吕氏春秋·音初篇》说："禹行功，见涂山之女，禹未之遇而巡省南土。涂山氏之女乃令其妾候禹于涂山之阳，女乃作歌，歌曰：'候人兮猗'，实始作为南音。周公及召公取风焉，以为《周南》《召南》。"

"候人兮猗"不仅唱出了涂山氏对禹的感情，也唱出了人民对大禹的怀念。"诗言志，歌永言。"（《书·舜典》）情意所钟，凝而为诗，因此，涂山氏是我国的早期女诗人。她的创作，开创了我国现实主义诗歌发展的道路，成了我国优秀诗作《诗经·南

《风》的样板。

对偶婚制下的婚配,夫妻关系并不牢固。禹与涂山氏之间,似乎也曾有过隔阂。《楚辞·天问》说:"闵妃匹合,厥身是继,胡维嗜不同味而快朝饱?"快朝饱,即贪图一时之欢。《吕氏春秋·当务》说:"禹有淫湎之意。"《汉书·武帝纪》颜师古注引《淮南子》说:"禹治鸿水,通嬛辕山,化为熊。谓涂山氏曰:'欲饷,闻鼓声乃来。'禹跳石,误中鼓。涂山氏往,见禹方作熊,惭而去。至嵩高山下,化为石,方生启。禹曰:'归我子!'石破北方而启生。"

禹的家族,是以黄熊为图腾的,所以其家人中常与黄熊发生干涉。他的上代为鲧,《国语·晋语》说:"昔者鲧违帝命,殛之于羽山,化为黄熊,以入于羽渊。"(《左传·昭公七年》亦有是语)《楚辞·天问》说:"化为黄熊,巫何活焉?"王逸注:"言鲧死后化为黄熊,入于羽渊,岂巫医所能复生活也?"涂山氏"见禹方作熊,惭而去",可能是对偶婚向一夫一妻制过渡的事,原为"望门居",男子到女方家去;要进入一夫一妻制时代了,女子进入男方之家。涂山氏到禹家,始发现其以黄熊为图腾,这与自己本氏族图腾迥异,因之羞惭而去。禹追上她索要其子,引出了这一段故事,说明二人之间,确有离异之事。

不管涂山氏是否与禹曾有离异,但她作为我国神话传说中早期女性诗人歌手的地位,却是无可动摇的。

蚕马故事——妇女被禁锢的象征

传说远在氏族社会末期,中国人就已懂得了养蚕技术,黄帝的妻子嫘祖，始教民育蚕。[1]

在商代甲骨文中，已经有了"蚕"字。而且在商代墓葬中，也有人工雕琢的玉蚕出土，[2] 说明商代的养蚕，已经是一项重要的生产事业了。

养蚕，这是一种精心细致的劳动，是主要由妇女从事的一项工作。所以从她开始，养蚕与妇女就结下了不解之缘，以致产生出蚕为女子所变这个神话来。《山海经·海外北经》说："欧丝之野在大踵东，一女子跪据树欧丝。"《说文》："欧，吐也。"欧丝就是吐丝。所以郭璞注说："言噉桑而吐丝，盖蚕类也。"《博物志·异人》说："呕丝之野，有女子方跪，据树而呕丝，北海外也。"

这个欧（呕）丝的女子，就是蚕，蚕为女子所化，这里有一个更为详尽的故事。《搜神记》卷十四说："旧说太古之时，有大人远征，家无余人，唯有一女，牡马一匹，女亲养之。穷居幽处，思念其父，乃戏马曰：'尔能为我迎得父还，吾将嫁汝。'马既承此言，乃绝缰而去，径至父所。父见马，惊喜，因取而乘之。马望所自来，悲鸣不已。父曰：'此马无事如此，我家得无有故乎？'亟乘以归。为畜生有非常之情，故厚加刍养。马不肯食，每见女出入，辄喜怒奋击，如此非一。父怪之，密以问女。女具以告父，必为是故。父曰：'勿言，恐辱家门，且莫出入。'于是伏弩射杀之，暴皮于庭。父行，女以邻女于皮所戏，以足蹙之曰：'汝是畜生，而欲取人为妇耶？招此屠剥，如何自苦？'言未及竟，马皮蹶然而起，卷女以行。邻女忙怕，不敢救之。走告其父，父还求索，已出失之。

---

1. 北周以后，祀嫘祖为"先蚕"，因其始教民育蚕之故。《路史·后纪五》说："（黄帝）元妃西陵氏曰嫘祖……以其始蚕，故又祀先蚕。"

2. 汪子春：《我国古代早期的蚕桑生产》，载《光明日报》1978年1月13日。

后经数日，得于大树枝间，女及马皮，尽化为蚕，而绩于树上。其茧纶理厚大，异于常蚕。邻妇取而养之，其收数倍。因名其树曰桑。桑者，丧也。由斯百姓竞种之，今世所养是也。言桑蚕者，是古蚕之余类也。案《天官》，辰为马星。《蚕书》曰：'月当大火，则浴其种。'是蚕与马同气也。《周礼》马质职掌'禁原蚕者'，注云：'物莫能两大，禁原蚕者，为其伤马也。'汉礼，皇后亲采桑，祀蚕神，曰：'菀窳妇人，寓氏公主。'公主者，女之尊称也；菀窳妇人，先蚕者也。故今世或谓蚕为女儿者，是古之遗言也。"

这个故事记录于晋以后，至早不出于三国。但其原型，当由"欧丝女子"脱胎而来。欧丝女子与马的结合，又因蚕头似马首而致。《太平御览》卷八二五引《东方朔别传》说："蚕何若？曰：啄喁喁类马，色班班类虎。"在此之前，荀子更把蚕似马首和女身连在了一起。《蚕赋》描写它说："身女好而头马首"，就是说，蚕的身体像女子一样的柔婉，头像马首。这是第一次把马首与女身联系了起来。后世文人创作上面所说的故事，可能是受了荀子之说的启发。

人类自进入一夫一妻制以后，妇女在社会中的地位就一再下降。恩格斯说："母权制的被推翻，乃是女性的具有世界历史意义的失败。丈夫在家中也掌握了权柄，而妻子则被贬低，被奴役，变成丈夫淫欲的奴隶，变成生孩子的简单工具了。"[1]

妇女是奴隶，她们永远被禁锢在丈夫的家里。因而那属于家庭生产作业的养蚕缫丝，则成了女性的专责。自有奴隶社会以来，连为养蚕举行的祭祀也都由王后率命妇主持，《周礼·天官·内宰》说："中春，诏后帅外内命妇始蚕于北郊，以为祭服。"男子是

1.《家庭、私有制和国家的起源》，第52页。

从不介入其中的。

妇女被禁锢，因而从事被禁锢于家庭的作业中，所以连先蚕之神的"菀窳""寓氏"的名字，也带有禁锢在内的含义。《初学记》卷二四引《风俗通》说："菀，蕴也，言薪蒸所蕴积也。"玄应《一切经音义》卷十四引《承庆》：窳，"懒人不能自起，瓜瓠在地不能自立。故字从瓜。又懒人恒在室中，故从穴。""菀窳"也就是蕴于其内，"寓氏"更是寓寄其内的意思。至于蚕马故事中的将女人卷入马皮囚入茧中，正是这种妇女被禁锢的社会现实在古代神话中的反映。

进入一夫一妻制奴隶社会，妇女就完全丧失了婚姻自由。蚕马故事中姑娘一句戏言，竟铸成了她的终身大错，再也逃不出嫁于牡马的悲惨命运。这是夫权制的反映，封建社会里讲究"嫁鸡随鸡，嫁狗随狗"，这种束缚妇女婚姻自由的习俗制度，由蚕马故事开其先河。

第三章
女儿国与西王母

女儿国——族外群婚的典型

1981年3月15日,《哈尔滨日报》曾经报道,在南美洲巴西的边界上,有一个女儿国,全国没有一个男人。每年到了一定的日期,从另一个哈姆诺族过来一批男人,和她们配合成婚。男子离去之后,女方受孕生下儿女,等翌年男方再来相会,就将女孩留下,男孩抱走。这样年复一年,女儿国就永远成为女儿国了。

从以上情况介绍看,这是处于上古族外婚制下的遗民,婚姻状态还处在普那路亚至对偶婚阶段。

我国华夏族的文献记载上,也出现过这样的女儿国。《山海经·海外西经》:"女子国在巫咸北,两女子居,水周之,一曰居一门中。"《大荒西经》:"大荒之中……有女子之国。"《淮南子·地形训》:"凡海外三十六国,自西北至西南方,有……女子民、丈夫民。"《三国志·魏书·东夷传》:沃沮耆老"言有一国亦在海中,纯女无男"。(《博物志·异人》亦有此言)《后汉书·东夷列传》:沃沮耆老"又说海中有女国,无男人。或传其国有神井,窥之辄生子云"。但生下的男子怎么办呢?生下男子还能成为女儿国吗?这一切都没有说。

所谓女儿国,无非是族外婚制下的一个典型。但是文明人不愿承认原始群婚这一"污点",只好对女儿国的生殖做出荒诞的解释。郭璞注《山海经》说:"有黄池,妇人入浴,出即怀妊矣。若生男子,三岁辄死。"这比《后汉书》的表述要周严得多,所以《太平御览》卷三六〇引《外国图》就据以做出更周严的说明:"方丘之上,暑湿生男子,三年而死。其潢水,妇人入浴,出则乳矣。是去九嶷二万四千里。""生男子三年而死",剩下的当然都是女子,这不又是一个女儿国吗?

其实,所谓女儿国,其生殖繁衍,都是有男人的,并不是什么窥井、入浴即可生子。看《淮南子》,与"女子民"紧邻的,是"丈夫民";《山海经·海外西经》:"丈夫国在维鸟北。……女丑之尸……在丈夫北。……巫咸国在女丑北。……女子国在巫咸北。"女子国与丈夫国中间相隔,不过二地。《大荒西经》:"大荒之中,有龙山……有女子之国,有桃山,有䖝山,有桂山,有于土山,有丈夫之国。"女子与丈夫二国之间,仅有四山而已。这些与"女子民""女子国""女子之国"相距这么近的"丈夫民""丈夫国""丈夫之国"是干什么的?他们不是起着如近代巴西边界上哈姆诺族男人一样的作用吗?他们在到女性之国群婚交媾之后,第二年再去抱回男婴留下女婴,不就永远保持着女子为女子、丈夫为丈夫的两个国度吗?

丈夫民怎样繁衍后代,古代也有荒诞的传说。《太平御览》卷三六一引《玄中记》说:"丈夫民。殷帝大戊使王英采药于西王母,至此绝粮,不能进,乃食木实,衣以木皮。终身无妻,产子二人从背胁间出,其父则死,是为丈夫民,去玉门二万里。"(又卷七九〇"丈夫国"下引《括地图》文与此略同,"王英"作"王孟"。郭璞据此为《山海经》"丈夫国"作注。)

中国有句俗话:"男僧寺对着女僧寺——没事也有事。"那么,丈夫国对着女儿国,还能够使旷夫怨女相对无事吗?只有不愿承认族外群婚的人,才能假设出这种"事实",才能杜撰出这种荒诞无稽的男人生子的神话。

从科学的观点看,女子国、丈夫国,无非是两个通婚的部族,依据族外群婚的办法男女集体交媾,所生子女按性别分配各归其部族,以便各自永远保持其丈夫、女子"国"号。它们是族外婚制的典型。世界各民族也许不曾采用这种分男分女使国号纯一的办法,但无一不曾经过这一群婚阶段。

西王母——最后一个母系氏族公社

文献记载中有西王母。《山海经·大荒西经》说:"西海之南,流沙之滨,赤水之后,黑水之前,有大山,名曰昆仑之丘。有神——人面虎身,有文有尾,皆白——处之。其下有弱水之渊环之,其外有炎火之山,投物辄然(燃)。有人戴胜,虎齿,有豹尾,穴处,名曰西王母。此山万物尽有。"《西山经》说:"西南四百里,曰昆仑之丘,实惟帝之下都……又西三百五十里,曰玉山,是西王母所居也。西王母其状如人,豹尾虎齿而善啸,蓬发戴胜,是司天之厉及五残。有兽焉,其状如犬而豹文,其角如牛,其名曰狡,其音如吠犬,见则其国大穰。有鸟焉,其状如翟而赤,名曰胜遇,是食鱼,其音如录,见则其国大水。"《海内西经》说:"西王母梯几而戴胜。其南有三青鸟,为西王母取食。在昆仑虚北。"

从上述情况可以看出，西王母是一个人，她居住在西海流沙之滨，头上戴有首饰，住在洞穴里，样子长得可能较为凶恶，所以又说她豹尾虎齿而善啸。

但西王母又是一个国家，《尔雅·释地》说："觚竹、北户、西王母、日下谓之四荒。"郭璞注："皆四方昏荒之国。"《淮南子·地形训》："凡海外三十六国……西王母在流沙之濒。"《竹书纪年》载："（帝舜）九年，西王母来朝。"[1]《大戴礼·少间》说："昔虞舜以天德嗣尧……西王母来献其白琯。"

西王母又是个女儿国。道家分仙家所居为东华、西华，东华为男仙所居，领以东王公；西华为女仙所居，领以西王母。西王母所领之下为女仙，西王母之国为女儿国可知。

如此看来，西王母是一个女儿国。甲骨文母、女字通用，所以西王母也就是西王女，它是原始社会一个独立的氏族。其领袖为西王母，是个有本领的女人。但西王母不指一个人，凡西王母族的历代领袖都叫西王母。正因为如此，她才能从原始社会活动到西周，与历代人物都曾有过联系：

神农时："赤松子者，神农时雨师也……往往至昆仑山上，常止西王母石室中。"（《列仙传》）

舜时："九年，西王母来朝。"（《竹书纪年》[2]）"西王母来献其白琯。"（《大戴礼·少间》）

夏代："羿请不死之药于西王母，姮娥窃以奔月。"（《淮南子·览冥篇》）

---

1. 中华书局四部丛刊本。

2. 中华书局四部丛刊本。

商代:"殷帝大戊使王英采药于西王母。"(《太平御览》卷三六一引《玄中记》)

西周:"癸亥,至于西王母之邦。"(《穆天子传》卷二)"吉日甲子,天子宾于西王母,乃执白圭玄璧以见西王母,好献锦组百纯,□组三百纯,西王母再拜受之。□乙丑,天子觞西王母于瑶池之上。西王母为天子谣曰:'白云在天,山陵自出。道里悠远,山川间之。将子无死,尚能复来。'天子答之曰:'予归东土,和治诸夏。万民平均,吾顾见汝。比及三年,将复而野。'西王母又为天子吟曰:'徂彼西土,爰居其野。虎豹为群,於鹊与处。嘉命不迁,我惟帝女。彼何世民,又将去子。吹笙鼓簧,中心翔翔。世民之子,唯天之望。'天子遂驱升于弇山,乃纪名迹于弇山之石,而树之槐,眉曰:西王母之山。"(同书卷三)"自群玉之山以西,至于西王母之邦三千里。"(同书卷四)"周穆王十七年,西征至昆仑丘,见西王母。"(《艺文类聚》卷七、《太平御览》卷三八引《纪年》)"穆王十七年,西征昆仑丘,见西王母。其年来见,宾于昭宫。"(《穆天子传》郭璞注引《竹书纪年》)"穆王见西王母,西王母止之曰:'有鸟䎃人……'"(《穆天子传》郭璞注引《竹书纪年》)"穆王五十七年,西王母来见,宾于昭宫。"(《山海经》郭璞注引《竹书纪年》)

西王母地处我国西部边陲,是华夏族最后一个母系氏族公社。它源远流长,从原始社会一直活动到西周。周穆王不远万里前去朝见它,当是出于一种好奇心。因为时至当时,中原地区早已不再有氏族公社的影子了。从记载中看,西王母甚至可能也到了中原地区。她"宾于昭宫",配置她同于昭公之庙。她大概没能再回去,周穆王按照祀公侯(昭公)之礼来祀她,尊重她氏族公社最高统治者的地位。

周穆王到昆仑山下朝见西王母,西王母再到镐京回拜穆天子,其间关山跋涉,几多辛苦。如果说这则神话尚有它的事实根据的话,那么他们二人就成了中西交通的开辟者,张骞、玄奘都只能算作他们的"后来人"。

第四章
原始社会人物性别辨

神话传说中的人物性别的混乱

原始社会是母系社会,母系社会维系人类社会组织(氏族、胞族、部落……)的纽带是血缘关系。血缘关系包括两重含义,一是血统的延续,一是两性的结合。在两性结合属于群婚杂交的情况下,唯一维系氏族公社的组织纽带,就只剩下血统关系了。

血统关系,又由于两性杂交知母不知父,不存在(严格说应为"不确知")父子关系,只明确母子因缘,这因缘就成了唯一的人类延续的血统。因此,母亲是公社内部最亲近的人,母亲的母亲也成了子女的子女的最高亲人。最高亲人是团体的核心,必然就是氏族公社的领导。

从这个意义上讲,氏族公社的领导——酋长,都应该是女人,如羲和、常羲、西王母等。

从社会学的角度看,中国的姓,起源于原始社会。《说文》:"姓,人所生也。古之神圣母,感天而生子,故称天子。《春秋传》曰:'天子因生以赐姓。'"文献记载说:

> 尧初生时，其母在三阿之南，寄于伊长孺之家，故从母所居为姓也……
>
> 舜母名握登，生舜于姚墟，因姓姚氏也——《史记·五帝本纪·索隐》引皇甫谧语
>
> 后稷其母台氏之女……封之台——《吴越春秋·吴伯传》

"因生以为姓。"所生者母，姓从母出，那么同姓之氏族出自同一母，这个同一母当然会成为本氏族的核心，成为同一姓人的最高领导。

从考古学的角度看，1979年以来，考古工作者从辽宁省东沟县马家店乡，发现了距今六千年的后洼遗址，从中出土40多件原始图腾石雕，其中陶塑人头像六件，有女人头像，有一面男一面女的两面人头像，但没见报道有单一的男人头像。[1] 几乎在同一时期，从辽宁西部建平、凌源两县交界处的牛河梁村，发现了距今五千年的女神庙，从中出土不少裸体女陶像，据专家们推测，"牛河梁遗址曾经是一个女神成排、高大厚实、气韵生动的艺术宝库"。[2] 如此众多的女人塑像出土却没有见单独的男像出现，说明氏族社会被崇拜的是女人，氏族公社的酋长也应该是些女人。

中国的父系文明社会的开始，当不早于夏代之初。前已论证，夏禹自己的婚姻尚属对偶婚制下"望门居"，与夏禹同时的殷契、周稷均属知母不知父（契母吞玄鸟卵生契，《诗·鹿颂·玄鸟》："天命玄鸟，降而生商"；弃稷母履大人迹生弃稷，《诗·大雅·生民》："厥初生民，时维姜嫄。"）所以有夏以前，华夏族完全

---

1. 1987年5月18日《光明日报》。
2. 1988年7月25日《光明日报》。

属于群婚时代的母系社会，其时的氏族领袖，都应该是羲和、常羲、西王母一类的女性人物。然而，古代神话传说中，这些人却是神农、黄帝、尧、鲧一类，他们都是些男子。

这究竟是怎么错了？

闻一多先生在论证楚之先祖高阳（颛顼）实际应是云梦之神高唐时说："夏殷周三民族都以其先妣为高禖，想来楚民族不会是例外。因此我以为楚人所祀为高禖的那位高唐神，必定也就是他们那'厥初生民'的始祖高阳，而高阳则本是女性，与夏的始祖女娲（慧生案：闻先生以为即涂山氏），殷的始祖简狄，周的始祖姜嫄同例。既然如此，则楚的先祖（毋宁称为先妣）按规矩说，不是帝颛顼，而是他的妻女禄。本来所谓高阳氏应该是女禄的氏族名，不是颛顼的，因为在母系社会中，是男子出嫁给女子（慧生案：闻先生此说，当指对偶婚中的居妇家制），以女家的氏为氏。许是因为母系变为父系之后，人们的记忆随着悠久的时间渐渐消失了，于是他们只知道一个事实，那便是一切主权只许操在男人手里，因而在过信了以今证古的逻辑之下，他们便闹出这样滑稽的错来，把那'生民'的主权也移归给男人了——许是因为这个缘故，楚人的先妣女禄才化为一位丈夫了。与这同类的例子似乎还有。《史记·夏本纪·索隐》引《世本》《吴越春秋·越王无余外传》都称禹为高密。我常常怀疑禹从那（哪）里得来这样一个怪名字。如今才恍然大悟，高密即高禖（禖通作密，犹之乎禖宫通作閟宫），高密本是女娲的称号，却变成禹的名字，这不和高阳本指女禄，后人指为颛顼相仿佛吗？"[1]

---

1. 闻一多：《高唐神女传说之分析》，载氏著《闻一多全集》，生活·读书·新知三联书店 1982 年版，第 98—99 页。

把高唐误作高阳，高禖误作高密，这是神话传说人物性别上的混乱。

由于母系进入父系，入赘女家改为娶妇进门，长此以往，使得人们的脑海里，形成了社会一切以男子为主的印象。大家以今证古，再用这种印象去改造旧传说，于是出现了变母系社会以男性为王，以至人物性别阴阳颠倒的事实。现在再举两个颠倒未成的例子：

《世本·氏姓篇》说："女氏：天皇封弟（娣）瑀于汝水之阳，后为天子，因称女皇。"[1]这是说，女娲本姓"女"，并不是女人，而是天皇的弟弟。

《路史·后纪二》罗苹注说："卢仝云：女娲本是伏羲妇，非也。盖以女娲一日女妇妄之。"这是说，女娲之名叫作女妇，并不就是一个妇人，是人们弄错了。

梁玉绳《汉书人表考》说："至以女娲为妇人，恐更难信。女娲或国名，或人名，盖与太昊同族，'女'当音'汝'，即'如'字直读，亦古人姓名所有。夏女艾，商女鸠、女方，秦之先女防、大夫女父，晋女齐、女宽，郑堵女父，陈女叔，《公羊传》子女子，《庄子》女商，《后汉·方术传》鲁女生，《魏书·孙道登传》宗女，《金史列传》活女，讵得指为妇人哉？"

他们如此强烈反对女娲为女，就是因为不愿承认母系社会以母为长，因为在他们的心目中，就根本不知道人类史上还有个母系社会。

---

1. 宋衷注，秦嘉谟等辑：《世本八种》，商务印书馆1957年版。

再如羲和，在《山海经》里，她是一个母系氏族，"有羲和之国，有女子名曰羲和"（《山海经·大荒东经》）；在《尧典》里，她却成了"敬授人时"的历法官；到了夏代，"湎淫废时乱日"（《史记·夏本纪》），她又成了一个荒淫失职的花花公子；到了《离骚》，屈原"令羲和弭节"，她成了太阳神的马车夫，这不活活把一个母系氏族公社首领，变成了一个男性王良、造父一类的人了吗？有谁见过一个女子去充当马车夫的呢！

在古代神话里，由于母系进入父系，氏族女首领变为男首领的事是并不少见的。

"黄帝，女主象也"

黄帝，这位大名鼎鼎的华夏族始祖，他的性别是什么呢？

答案似乎是肯定的。《山海经·海内经》说："黄帝妻雷祖，生昌意"——他娶妻生子，无疑是一个男人。

但事实又不是那么简单，《淮南子·天文训》说："轩辕者，帝妃之舍也。"轩辕星座，是上帝妃子住的地方，轩辕是上帝的妃子。

司马迁在《史记·天官书》里说：

> 轩辕，黄龙体。前大星，女主象；旁小星，御者后宫属……
> 黄帝，主德，女主象也……未当居而居，若已去而复还，还居之，其国得土，不乃得女。若当居而不居，既已居之，又西东去，其国失土，不乃失女。

轩辕（即黄帝）是女主之象，她兆应着人间地上的得女或失女。

《史记》以后的历代史书天文志里，都记载着"金犯轩辕，女主失势"的星占。古代星相学家认为天上星象对应着地上人事，轩辕黄帝既在天上代表着女主，她不是一个女人是什么？

《后汉书·郎顗传》说：

> 去年八月二十四日戊辰，荧惑历舆鬼东入轩辕，出后星北，东去四度，北旋复还。轩辕者，后宫也。荧惑者，至阳之精也，天之使也，而出入轩辕，绕还往来。《易》曰："天垂象，见吉凶。"其意昭然可见矣。礼，天子一娶九女，嫡媵毕具。今宫人侍御，动以千计，或生而幽隔，人道不通，郁积之气，上感皇天，故遣荧惑入轩辕，理人伦，垂象见异，以悟主上。

皇上后宫太多不暇临幸，上帝就以代表阳性的荧惑（火星）出入轩辕来启发他，轩辕代表后宫更是无从置疑了。《洪范·五行传》"以妾为妻"注说："轩辕为后妃。"

轩辕是帝之后妃，她甚至生出了一群女儿来——

《大戴礼·帝系》说：

> 少典产轩辕，是为黄帝。黄帝产玄嚣，玄嚣产蟜极，蟜极产高辛，是为帝喾。帝喾产放勋，是为帝尧。
>
> 黄帝产昌意，昌意产高阳，是为帝颛顼。颛顼产穷蝉，穷蝉产敬康，敬康产句芒，句芒产蟜牛，蟜牛产瞽叟，瞽叟产重华，是为帝舜，及产象，敖。
>
> 颛顼产鲧，鲧产文命，是为禹。

《山海经·大荒北经》说：

> 黄帝生苗龙，苗龙生融吾，融吾生弄明，弄明生白犬，

白犬有牝牡，是为犬戎。

《海内经》说：

黄帝生骆明，骆明生白马，白马是为鲧。

以上这些世系，是父子相承的男系？还是母女延续的女系呢？《太平御览》卷七九引《帝王世纪》说："黄帝，有熊氏，少典之子。"有此"子"字，可证"少典产轩辕……"为父子相承的父系了吧？不，《楚辞·九歌·湘夫人》："帝子降兮北渚"，绝大多数注家，都是把"帝子"释为帝尧（有说天帝）的女儿的。可见"帝子"丹朱可以为男，"帝子"女英也可以为女。"少典之子"不妨可以理解为少典之女。《史记·秦本纪》："大业取少典之子，曰女华"，这个"女华"，就是一个女人。"少典之子"既可为女，"少典产轩辕……"也就有可能指的是女系。

"子"是什么？《史记·律书》说："子者，滋也；滋者，言万物滋于下也。"《说文》说："十一月阳气动，万物滋，人（各本讹入，据段注正）以为称。"滋是滋生，生人为子。而这个生人，何必一定为生男？《说文》说："子之子为孙"，子既可以为女，子之子也就可以为女之女了。所以"子孙"二字，在父系社会可以指男系，在母系社会就应该指女系，《史记·秦本纪》说："秦之先，帝颛顼之苗裔孙曰女修。女修织，玄鸟陨卵，女修吞之，生子大业。"这个"苗裔孙曰女修"，就证实了"孙"可以为女，古代传说中的"子孙"，可以为女系。而这个从颛顼到女修的世系就是女系。《史记·秦本纪·索隐》说："女修，颛顼之裔女，吞鳦子而生大业。其父不著，而秦、赵以母族而祖颛顼。"

"祖颛顼"，颛顼是男是女？"昌意产高阳，是为帝颛顼。"

高阳为楚人先祖，闻一多曾论证其为高唐氏，乃楚人之先禖，"必定也就是他们那'厥初生民'的始祖高阳，而高阳则本是女性，与夏的始祖女娲，殷的始祖简狄，周的始祖姜嫄同例。"[1]高阳氏颛顼既已为女，"以母族而祖颛顼"，这不是说，世系之中，也可以有女系吗？

自黄帝以下的帝系，可以是女系，而且也就是女系。《史记·五帝本纪》说："自黄帝至舜、禹，皆同姓而异其国号。"什么是姓？《说文》："人所生也。古之神圣母，感天而生子，故称天子。《春秋传》曰：'天子因生以赐姓。'"这就明确地告诉我们，圣人的姓，来自母亲。自黄帝以至舜、禹又是同姓的，这不就说明黄帝以下的世系都是母系吗？这不就说明黄帝、颛顼……都是些女人吗？何况颛顼即高阳，已经证明了是一个女人了呢？

《大戴礼》所载黄帝以下世系共三条，这三条世系至尧、舜、禹便不再延续。不再延续的原因是什么呢？是他们没有儿女吗？不是。尧、舜的不再延续，可以解释为丹朱、娥皇、女英、商均不曾为帝不能列入"帝系"，那么禹呢？禹子启继位登祚，为什么"颛顼产鲧，鲧产文命，是为禹"之后不接着说"禹产启"呢？这除了用禹非女性不能"产"之外，还能做什么解释呢？

"产"是什么？《说文》："产，生也。"《正字通》："妇生子曰产。"所以"黄帝产玄嚣，玄嚣产……"，这些黄帝、玄嚣……一系列人物，不统统都是些女人吗？

是，黄帝是一个女人，她是我国母系氏族社会的一个女酋长。《淮南子·说林训》说："黄帝生阴阳，上骈生耳目，桑林生臂手，此女娲所以七十化也。"她是帮助女娲化育人类的母亲，是我们

1.《闻一多全集》，第98页。

最远古的始祖。

黄帝是个女人，是母系社会一个女酋长。她和羲和、常羲、西王母一样，分别代表一个氏族。而且这些氏族都有悠久的历史，羲和族由崇拜十日繁衍到夏代中康之世，常羲（嫦娥）族由崇拜十二月延续到遗弃后羿而再嫁（当为娶），西王母族由结交赤松子发展到会见穆天子，她们都具有了几乎上千年的历史。黄帝族也至少存在有三百年以上。《大戴礼·五帝德》说："宰我问于孔子曰：'昔者予闻诸荣伊令，黄帝三百年。请问黄帝者人邪？抑非人邪？何以至于三百年乎？'"这本是个极易回答的问题，但孔子不知黄帝为一氏族公社，其氏族已有三百年的历史，所以只好强为之解曰："生而民得其利百年，死而民畏其神百年，亡而民用其教百年，故曰三百年。"幸而宰我没有再问："然则三百年之后民不得其利、不畏其神、不用其教乎？"那样的话孔子将瞠目不知所对了。

司马迁在写作《五帝本纪》的时候留下了一段话，是十分耐人寻味的。

> 太史公曰：学者多称五帝，尚矣。然《尚书》独载尧以来；而百家言黄帝，其文不雅驯，荐绅先生难言之。孔子所传宰予问《五帝德》及《帝系姓》，儒者或不传。余尝西至空桐，北过涿鹿，东渐于海，南浮江淮矣，至长老皆各往往称黄帝、尧、舜之处，风教固殊焉，总之不离古文者近是。予观《春秋》《国语》，其发明《五帝德》《帝系姓》章矣，顾弟弗深考，其所表见皆不虚。《书》缺有间矣，其轶乃时时见于他说。非好学深思，心知其意，固难为浅见寡闻道也。余并论次，择其言尤雅者，故著为本纪书首。

从上述情况看，司马迁在研究黄帝的历史材料时，是见到了一些"不大雅驯"之言的。但在下笔为文时，他只"择其言尤雅者"，把那些"荐绅先生难言之"一类的素材，统统删去了。这些删去的材料是哪些？其中有没有黄帝为女非男的神话？其中有什么"不大雅驯""难言之"？我们既没有回生之术以质太史公于地下，只有暂付阙如以待来哲了。

炎帝、神农、西王母

秦汉以来，炎帝与神农逐渐混成了一个人，《左传·昭公十七年》孔疏说：

> 《帝系》《世本》皆为炎帝即神农氏。炎帝身号，神农代号也。

炎帝是多子女的。子女中，除炎居一人的性别有待研究外，其余一望而知，都是女孩儿。

《山海经·海内经》说：

> 炎帝之妻，赤水之子听訞生炎居，炎居生节并，节并生戏器，戏器生祝融……

这一串世系中，第一个"生"人的是"炎帝之妻"，下面接着"生"下去的应该都是女人。所以炎居是炎帝的女儿。

炎帝的女儿还有女娃：

> 炎帝之少女名曰女娃。女娃游于东海，溺而不返，故为精卫，常衔西山之木石，以堙于东海。(《山海经·北山经》)

还有姚姬：

> 赤帝之季女曰姚姬，未行而卒。葬于巫山之阳，故曰巫山之女。（《文选·高唐赋》注引《襄阳耆旧记》）

然而在民间传说里，却有一个助禹治水的仙女瑶姬，她的活动范围也在巫山，看起来和姚姬应属一人。不过，她是西王母的第二十三个女儿（详见唐末道士杜光庭撰《镛城集仙录》）。西王母和炎帝，她们是什么关系呢？她们都是姚（瑶）姬的亲辈，历史上又没有留下她们是夫妇的传说，莫非她们本是一人吗？

《列仙传》说：

> 赤松子者，神农时雨师也。服水玉，以教神农，能入火自烧。往往至昆仑山上，常止西王母石室中，随风雨上下。炎帝少女追之，亦得仙俱去。

赤松子是神农的雨师，和炎帝的少女恋爱。恋爱的地点呢？却在西王母的石室中。如果说炎帝就是西王母，和炎帝的姑娘恋爱往往到炎帝家中，这一切不就顺理成章了吗？

历史的传说千变万化，自秦汉之际，混神农、炎帝为一人，分炎帝、西王母为两个，我这样说，不是没有可能的。

如果说以上一些捕风捉影的论证，并不足以说明炎帝就是西王母，并不足以说明炎帝是个女人的话，那么，我们就从炎帝和黄帝的关系入手，再来展开我们的探索吧！

《太平御览》卷七八引《帝王世纪》说：

> 神农氏，姜姓也，母曰任姒，有乔氏之女，名登，为少典妃。

卷七九引《帝王世纪》说：

> 黄帝，有熊氏少典之子，姬姓也。母曰附宝，其先即炎帝母家有蟜氏之女，世与少典氏婚。

黄帝和炎帝（神农氏）同时，她们的母亲都是有乔（蟜）氏之女，共同嫁给了少典氏。"有蟜氏之女，世与少典氏婚"，说明两个氏族，是个固定的婚姻集团。这是族外婚，很像是普那路亚。

古史传说中的帝系，黄帝之子玄嚣、昌意、苗龙、骆明等都不大有名。他们除了充当帝系中的一个环节外，没有什么特殊的事迹流传下来。流传下特殊事迹的，倒是那个制服了蚩尤的黄帝女魃（《山海经·大荒北经》）。这真是母系社会，建立特殊功勋的都是女人。无独有偶，炎帝之子炎居也不出名，但他却有几个赫赫有名的女儿：女娃，就是那个决心填海的精卫；姚姬，就是那个罗曼蒂克的巫山神女……这不是偶然的巧合，母系社会显扬名声的就应该是些女性。从有乔（蟜）氏到女魃，女娃、姚姬，形成了这样两条世系：

附宝——黄帝——女魃
任姒——炎帝——女娃、姚姬

这两条线应该说是一致的。如果说我们已经证明了黄帝是位"女主"，从附宝、黄帝到女魃是条女系的话，那么，作为同样一条线的从任姒、炎帝到女娃、姚姬，其中的炎帝不也该是个女人吗？

炎帝和黄帝应是一对姊妹，从外祖母家有乔（蟜）氏来说是姨表姊妹，从父家少典氏来说是堂姊妹，甚至是同父异母，她们是母系社会的两个氏族首领，被尊之为"帝"。什么叫作"帝"？许慎说："帝，谛也，王天下之号也。从⊥（古'上'字）。""王天下"何以从"⊥"，许先生语未言及，段玉裁注焉不详。甲骨文发现后，人们知道"帝"象花蒂之形（见84页附字形图），但又说不准从"花蒂"到"王天下"的变化脉络。弄清了黄帝、炎帝本是些女人之后，我们不妨大胆断言，"帝"就是花，黄帝就是黄花，炎帝就是红花，她们是头戴黄花、红花的氏族首领；红花、黄花是她们王权（其实是氏族首领的领导权）的标志，演变下去，花蒂成了"王天下"者的尊号，于是颛顼也来称"帝"，喾也称"帝"，所有的氏族领袖都可称"帝"，后世就有了五帝。

花蒂成了"王天下"者的尊号，这尊号原是属于女人的。女人为帝，《诗·商颂·长发》说："有娀方将，帝立子生商。"立子之"帝"为谁？原文明明说是"有娀方将"，是有娀氏简狄，她吞燕卵而生子，立子生商的帝当然是她。但汉儒传经何敢言此，只好从男人堆中去另找他人。毛传说："契生商也"；郑笺说："尧封之于商"，言下之意立子生商的帝为契为尧，却置有娀生子的故事于不顾。一叶障目，不见泰山，奈何！

氏族领袖的头戴花，是一种王权的标志。《山海经》三次描写西王母，每次都写到她"戴胜"，胜为玉胜，即头上的装饰品。这种头戴首饰以志王权的现象，在商代甲骨文中也留有痕迹。那里面的龙、凤、商、妾等字，都从辛（见84页附字形图）。龙、凤是人们崇拜的图腾，商是当时的统治民族，它们的从辛，都表示着王权的意思。妾字与母、妻同义[1]，她是王后、是女人，头上戴辛，更应该是花一类的装饰品。商代王后的戴辛与氏族社会女首领的戴花是一脉相承的，她们的花，均应是王权的一种标志。

---

1. 陈梦家：《殷虚卜辞综述》，中华书局1988年版。

"舜逼尧"

尧是个男人还是女人?"黄帝产玄嚣……帝喾产放勋,是为帝尧。"黄帝既是一个女人,帝系实乃女系,顺理成章,尧也可能是个女人。

尧有子丹朱,有女娥皇、女英。皇、英同嫁于舜,又与舜弟象有着两性关系。因此,郭沫若认为:"娥皇、女英为姊妹而以舜为公夫。舜与象为兄弟,而兄弟'并淫'。"这正表明"娥皇、女英互为彭那鲁亚,舜与象亦互为彭那鲁亚"。[1]但是,"娥皇为后、女英为妃"(刘向《列女传·有虞二妃》),"娥皇为舜正妃"(《楚辞·九歌·湘君》注),舜以娥皇为主要之妻,娥皇以舜为主要之夫,吕振羽认为他们属于对偶婚制[2],是颇有见地的。

不管是普那路亚婚还是对偶婚,都应该知母不知父,尧比舜时代又早,他更是处于群婚阶段,所以他不当为娥皇、女英的父亲,只能是母亲才对。

《大戴礼·帝系》说:

> 帝喾卜其四妃之子,而皆有天下。上妃,有邰氏之女也,曰姜嫄氏,产后稷;次妃,有娀氏之女也,曰简狄氏,产契;次妃曰陈隆氏,产帝尧;次妃曰陬訾氏,产帝挚。

姜嫄、简狄等同时嫁给帝喾,颇不可信。但稷、契为尧、舜、禹同时代人,却是古代传说中所共认的。《史记·殷本纪》说:"契

---

1. 郭沫若:《中国古代社会研究》,新文艺出版社1951年版,第75页。
2. 吕振羽:《史前期中国社会研究》,北平人文书店1934年版。

长而佐禹治水有功……契兴于唐、虞、大禹之际。"《周本纪》说:"帝尧闻之,举弃为农师,天下得其利,有功。……后稷之兴,在陶唐、虞、夏之际。"中国的男性世系的上溯,周人到后稷为止,"厥初生民,时维姜嫄"(《诗·大雅·生民》),后稷之上,就成了女系了;商人到契为止,"天命玄鸟,降而生商"(《诗·商颂·玄鸟》),契之上,就再也找不到父系了。所以自稷、契为准,是男性世系的开始;而从黄帝至于尧,则是女性世系的终结。中国的父系社会代替母系社会,就在尧、舜、禹与稷、契之交。

氏族社会从母系转变为父系,不仅是子女对上辈血统的认可,而且是一场社会革命。这之中的斗争、反抗,应当说是十分激烈的。这时的氏族联盟首领的地位,是男性与女性竞争追逐的最后目标。然而在我国的传说中,处于此时此刻的尧舜地位的交换,不是"夺权",却是"禅让"。

几乎所有的新史学家,都把尧舜禅让解释为氏族联盟首领的民主推选。然而尧、舜处于以父系代替母系的社会大变革中,这种和平的民主过渡是可能的吗?

尧舜禅让,本出自后人的附会,连儒家如荀卿都觉得它于情理欠通,"夫曰尧舜擅让,是虚言也,是浅者之传,陋者之说也"(《荀子·正论》)。冯梦龙《古今谭概》记载明代泰州学派代表人之一的何心德说,"尧不能杀舜,舜不能杀禹,故以天下让"(《古今谭概·怪诞部》)。如果说,以上说法都是从情理推测之论不足为据的话,那么我们再从事实上来分析,看一看旧说是否成立。旧说:尧以仁德治天下,天下咸服。而银雀山汉墓出土《孙膑兵法·见威王》篇却说:"尧有天下之时,黜王命而弗行者七,夷有二,中国四……"王命尚且不行,你还禅让什么?

在我看来,尧是母系社会最后一任氏族联盟女领袖,她是按照常规要把天下交给女儿的。但由于社会经济的发展,男子地位的提高,这权力竟被男性的舜夺了过去。"尧不姚告,二女何亲?"(《楚辞·天问》)尧对女儿的婚事,是有所悔的,所以屈原才这样问他:"尧不通过手续向舜的父亲姚来求告婚事,二女和舜的夫妻关系怎么能牢固呢?"言下流露出对自由群婚的不满,也显出了他们夫妇不和的迹象。

关于尧舜禅让,更是一件值得探讨的事。《韩非子·说疑》说:"舜逼尧、禹逼舜、汤放桀、武王伐纣。此四王者,人臣弑其君者也。"《史记·五帝本纪·正义》引:"《竹书》云:舜囚尧,复偃塞丹朱,使不与父相见也。"《史通·疑古》说:"案,《汲冢琐语》云:舜放尧于平阳。而《书》云,某地有城,以'囚尧'为号,识者凭斯异说,颇以禅授为疑。"《路史·发挥五》注引《琐语》说:"舜放尧于平阳。"又注引《纪年》说:"尧之末年,德衰,为舜所囚。"《太平寰宇记》濮州鄄城县下:"偃朱城,在县西北十五里。"《路史·发挥五》注引《竹书》说:"舜既囚尧,偃塞丹朱于此(案即偃朱城),使不得见。"苏鹗《演义》引《竹书》说:"舜篡尧位,立丹朱城,俄又夺之。"这一切都是当时武力斗争的明证。只是由于此事发生在母婿之间,夫妻(对偶婚夫妻)之间,虽有"囚""放",尚不致流血杀头。舜到了晚年南巡苍梧而娥、英未随之去,原因是什么?不敢说他们之间已反目成仇,但至少已不是妇随夫唱。其后娥、英追舜南奔九疑山,闻舜之死则哭竹成斑传为千古佳话,他们之间旧情未断,说明当年的夺权,最后还是以和平而告终的。

禹逼过舜吗?刘知几《史通·疑古篇》:"舜废尧而立丹朱,禹黜舜而立商均。"《路史·发挥五》注:"《伍昉记》朝歌有狱基,为禹囚虞舜之宫。"《司马法·天子之义》说:"夏后氏誓于军中,欲民先成其虑也。"这次誓军，仗没有打起来，"夏后氏正其德也，未用兵之刃，故其兵不杂"。《太平御览》卷二七〇注文说："设军不阵，敌服，故不用五兵。"誓军未发而敌服，誓军对谁？联系"禹逼舜"的记载，很像对舜。这是一次兵临城下，迫舜交权订立城下之盟，结果因"未用兵之刃"就被后人演绎出了一幕禅让故事。

尧把女首领的地位交给男人，是遭到了顽固派的反对的。鲧、共工都曾质问说："孰以天下而传之于匹夫乎？"（《韩非子·外储说右上》）"匹夫"与"匹妇"相对，意含轻蔑，译文是："为什么把天下传给个粗男人呢？"《吕氏春秋·行论》说："尧以天下让舜，鲧为诸侯，怒于尧……召之不来，仿佯于野以患帝。"尧死之后，鲧遭舜杀，过去说被杀是治水无功。无功只能撤职，何至于被杀呢？我看鲧的被杀，就在于反对父系代替母系，反对男子的舜上台。所以屈原说："鲧婞直以亡身兮，终然殀乎羽之野。"（《楚辞·离骚》）把治水无功而被杀之说，予以彻底的否认。

"伯鲧腹禹"

稷、契以下为父系氏族社会，稷、契与禹同时，所以"传说中的'夏代'——父系本位的氏族社会"[1]。禹是一个大名鼎鼎的父亲，有鲧在，怎能说父系从夏代的禹才开始呢？鲧不能算是禹的父亲，说是他的母亲才妥当。

1.《史前期中国社会研究》。

《楚辞·天问》说：

　　伯禹腹鲧，夫何以变化？

《山海经·海内经》说：

　　鲧复生禹。

　　根据闻一多先生的考证，"伯禹腹鲧"应是"伯鲧腹禹"（见《楚辞校补·天问》）。《山海经》郭璞注引"《开筮》曰：鲧死三岁不腐，剖之以吴刀，化为黄龙"。《初学记》卷二二引《归藏》说："大副之吴刀，是用出禹。"

　　鲧能生子，这件事使囿于成说的学者大伤脑筋。他们既不敢承认鲧是一个女人，又不能解释男人何以生子，于是就在"腹"字的训释上大做文章。此字在传写中曾误为"愎"，于是王逸把它解释成"言鲧愚狠，愎而生禹"（《楚辞章句》）；洪兴祖做了两种解释："愎，戾也。《诗》云：出入腹我。腹，怀抱也。"（《楚辞补注》）俞樾认为："作愎作腹并于文义未安。其字当作夏。《说文》久部'夏，行故道也'。"[1] 其实，这一切弥缝的解释都是不必要的，"腹"就是腹。屈原问："伯禹腹鲧，夫何以变化？"就是说："禹从鲧肚子里生出来，那是如何受孕变成胎的？"传说中的鲧到了后代，已经由女变男，但他腹中生禹的说法还没有变，于是成了男人生人，故而屈原有此疑问。

　　什么叫作"化"？"化"就是怀孕成胎。《吕氏春秋·过理》说，殷纣王"剖孕妇而观其化"。高注："化，育也。视其胞里。"《说文》"娲"字下："娲，古之神圣女，化万物者也。"化是

---

1. 转引自游国恩：《天问纂义》，中华书局1982年版，第97页。

孕育。"夫何以变化？"就是问的怎样孕育成胎。甲骨文中的"化"字作二人互倒之状（见84页附字形图），所表现的就是倒生的胎儿成长成正立的人，正是孕育的意思。旧注均以"变化"为禹改变鲧的治水方法，实与《天问》凿枘。

上述文句解释歧异的原因，完全由男人不能生人引起。但为什么不反过来想想：既生人就不该是男人呢？鲧如果不是男人，这一切不就正常了吗？

鲧不是一个男人，她是禹的妈妈，这由她的腹中生子可以为证。她治水未竟，因曾反对舜为氏族联盟首领而被杀，但屈原是同情她的："纂就前绪，遂成考功"（《楚辞·天问》），对她的成绩是肯定的。

自黄帝至尧，是母系氏族社会；尧以后的舜至禹，成了父权制时代；禹至启建立国家，"家天下"代替了"公天下"。什么叫作"公"？公字从八从口，八为分，口为丁——即人，丁分就是主持分配的人。母系氏族社会，生产品归女酋长分配，所以主持分配的人就是女酋长。所谓"公"天下，就是女酋长们的天下。什么叫作"家"？家字从宀从豕，是高房中有豕，在宗庙里祭祀神主的意思[1]，商人是从上甲微开始，才有了在宗庙里祭祀神主的制度的。《国语·鲁语上》："上甲微，能帅契者也，商人报焉。"甲骨卜辞里的周祭制度，也从上甲微开始。武丁卜辞《铁云藏龟拾遗》1·7说："贞，其侑报于上甲家？"叶玉森说："上甲家，疑指上甲之庙。"从上甲微以下，是以男系传"家"，所以"家"是男系的宗主祭祀。所谓"家天下"，就是以男系宗主而传天下。从黄帝到尧，是母系女酋长主持分配的"公天下"；从禹以后，

---

1. 郑慧生：《释"家"》，《河南大学学报》（哲学社会科学版）1985年第4期，第39—42页。

是男系传宗的"家天下"。男系传宗代替女系分配，这就是家天下代替公天下的实质。自韩非以"背私为公"曲解公字[1]，许慎以"居也，从宀，豭省声"曲解家字，人们遂大大歪曲了公天下、家天下的含义。

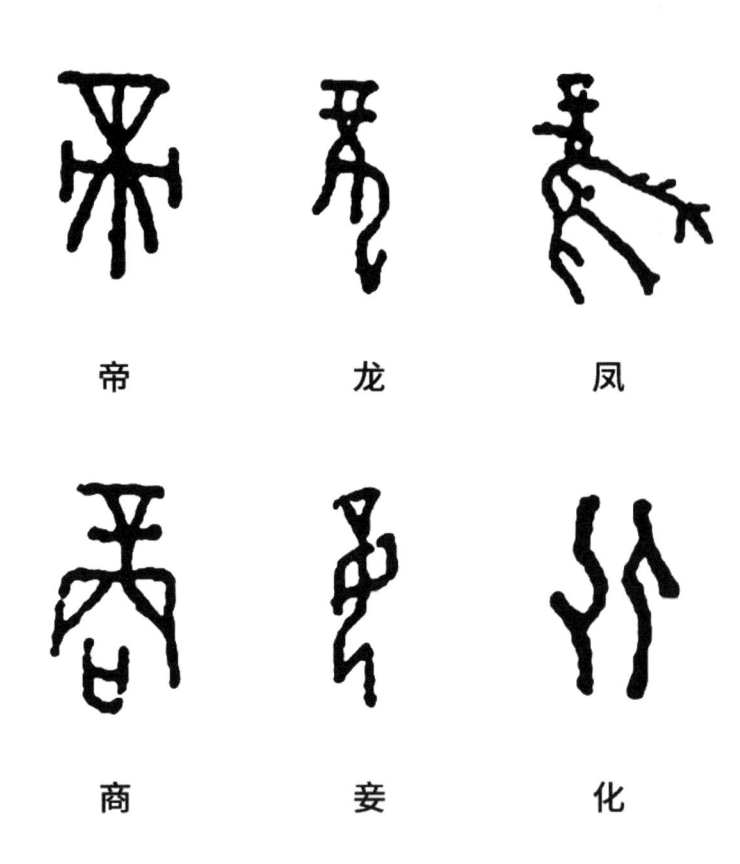

帝	龙	凤
商	妾	化

1.《韩非子·五蠹》："古者苍颉之作书也，自环者谓之私，背私谓之公。"

黄帝传说与西安半坡文化

仰韶文化,是我国黄河流域母系氏族公社的典型代表。从黄帝到尧,她们都生活在黄河流域陕、晋、豫一带,这正是仰韶文化的分布区。既然黄帝等人都是母系氏族领袖,她们的生活状况和母系氏族公社的仰韶文化相对照,是否吻合呢?

西安半坡遗址是典型的仰韶文化代表,现在就以半坡遗址的挖掘结果,来和《世本·作篇》[1]中的黄帝之作对照一下看吧!

黄帝见百物始穿井——半坡已挖有深沟、深窖,有尖底瓶汲水器。有此技术,打井也是可能的。

黄帝乐名咸池,伶伦造律吕——半坡已有陶口哨,是乐器一类。

黄帝造火食旃冕,黄帝作旃——半坡已有火灶,有陶、石纺轮,陶器上印有清晰的绳线、布纹,有石珠、骨珠。

大挠作甲子、隶首作算数,隶首作数——半坡有陶器纹饰,上挖有排列整齐的孔洞,组成8、7、6、5、4、3、2、1的等差数列。

苍颉作书——半坡陶器上有各种刻画符号,已是文字雏形。

史皇作图——半坡陶器上已有人面网纹、几何形鱼纹、彩色人面鱼纹,有方形、圆形、三角形纹饰。

胡曹作衣,胡曹作冕,於则作扉履——半坡陶器上有

---

1. 用《世本八种》秦嘉谟辑本,商务印书馆1957年版。

布纹，遗址中有穿孔的骨针，均可制作衣服冕履。

雍父作舂——半坡已有杵、磨臼。

女娲作笙簧；随作笙，长四寸，十二簧，象凤之身；随作竽；夷作鼓——半坡有陶口哨，有鸟头陶塑，可以"象凤之身"。

挥始作弓，牟夷作矢——半坡有骨箭头。

容成造历，共鼓、货狄作舟，巫彭作医——半坡中还没见表现出来。

从以上对照看，传说中黄帝时代的生活作业，在半坡遗址中，大部分都能找得出来，这说明黄帝时代相当于仰韶文化母系氏族公社，黄帝至尧都是母系氏族公社的女酋长是不会错的。

第五章
夏代——父系血亲统治下的国家

夏禹建立的是父系血亲统治政权

《史记·夏本纪》说："禹之父曰鲧，鲧之父曰帝颛顼，颛顼之父曰昌意，昌意之父曰黄帝。"

从黄帝、昌意、颛顼到鲧，除昌意一个人外，其他三人，我们都已证明她们是女性，可以说这一条世系是条女系。这条女系出现于母系氏族社会时代，过着群婚（血缘班辈婚、普那路亚式的族外婚）生活，知母不知父。到夏禹，进入对偶婚时代，禹以"望门居"形式与涂山氏通婚，生下了儿子启。启生于母族涂山氏之内，这时男子在社会生产中的地位已经提高，更重要的是，对偶婚在一定时期内两性关系比较固定，所以父亲和子女的关系开始得到承认，子女对父亲财产的继承也有了可能。于是子女也会成为财产的一部分，因为他不仅继承，使财产不相失，而且还可以创造，增加新的财富。于是禹向涂山氏提出了索取儿子的要求。《汉书·武帝纪》颜师古注引《淮南子》说："（涂山氏）至嵩高山下，化为石，方生启。禹曰：'归我子！'石破北方而启生。"

所谓的"石破北方",无非是说明索回儿子的不容易。涂山氏族居在禹之南,破其北方如石之门而已,撰入神话,就成了其母"化为石"了。

但这是一个重要的历史信号,儿子从母系氏族内接回父族,改变了历史的进程,从此开始父系氏族社会的人类阶段,禹传启、启传太康、太康传弟中康……部落联盟的领导权落到了男性手里,父死子继、兄终弟及,以男性为系统,结成了血亲统治集团,这就是旧史所说的家天下阶段。

与此同时,生产的发展扩大了劳动剩余的积累,私有制产生了。为了保护私有制,出现了法律和刑罚,"皋陶于是敬禹之德,令民皆则禹。不如言,刑从之。"(《夏本纪》)国家的萌芽已经出现。一夫一妻制的阶级社会一步一步开始到来了。

但到此为止,我国华夏族尚未进入一夫一妻制的文明时代。禹与涂山氏以"望门居"的形式而生启,这是对偶婚;他除启之外,最少还有一个儿子:"禹生均国,均国生役采,役采生修鞈。"(《山海经·大荒北经》)也可能还有另外的妻子,但不是主妻:《太平御览》卷八二引《礼含文嘉》说:"禹卑宫室,垂意于沟洫。百穀用成,神龙至,灵龟服,玉女敬养,天赐妾。"既然是"妾",就不当为一夫一妻之妻。另一子均国既没有越过启去继父位,他也不可能是一夫一妻所生之子,因为一夫一妻所生子要比对偶婚所生子父子关系更为可靠,禹不可能舍此而用彼。因此,大禹时代,还是没有实行一夫一妻制。禹与商人之祖先契为同时代人(《书·尧典》舜时禹为司空,契为司徒),契的后人王亥尚以"居妇家"制与有易族女结为对偶,可见一夫一妻制是更晚的事。

夫妻婚姻关系影响着父子关系的确立,进一步直接影响着传位制度，因此，从传位制度也可以反过来看出一些夫妻婚姻的关系。夏代传国，据《夏本纪》记载是禹传子启，启传子太康，太康传弟中康……今据以排列如下（前后相排者为父子关系，上下相排者为兄弟关系）：

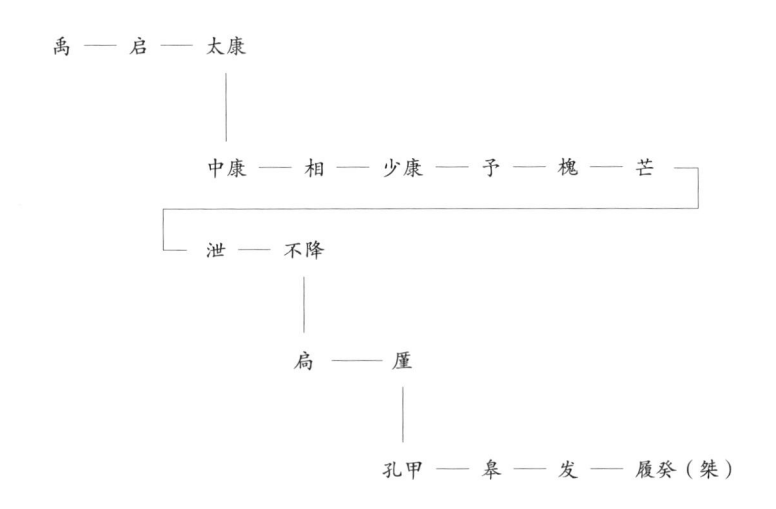

```
禹 —— 启 —— 太康
             │
       中康 —— 相 —— 少康 —— 予 —— 槐 —— 芒
       │
       泄 —— 不降
             │
             扃 —— 厪
             │
             孔甲 —— 皋 —— 发 —— 履癸（桀）
```

从上列世系可以看出，夏代传国，主要是父死子继，少有兄终弟及。这种兄终弟及，还不同于后世帝王的无子传弟，如"不降"，他虽传弟扃，但有子孔甲，而且孔甲后来也及了帝位。所以夏代传国，是父死子继，辅以兄终弟及。

但这个世系是不可靠的。夏代没有成文历史，口耳相传之说不足为信。

商代的世系，由于有了甲骨卜辞，使我们得到了文字证据，得以进行科学的研究。经我个人考证，商代世系有如下特点：[1]

1. 从契至汤，为先商时期。由于年代久远，后人对先祖记忆

---

[1] 郑慧生：《从商代的先公和帝王世系说到他的传位制度》，《史学月刊》1985年第6期，第1—9页。

不清，特别是旁系血亲更无所记忆，所以流传下来的世系，只显直系，很少显旁系，这就使人产生了误解，认为先商传位之制是父死子继，不是兄终弟及。

夏代与先商年代相当，夏代的传位制也和先商一样，只显直系，很少显旁系。这也是由于年代久远记忆不清之故，并非是传位制度都是父死子继，少有兄终弟及。

2. 早商时期，自汤至于祖甲，传位用兄终弟及之制，无弟而后传子。汤至南庚，弟死后传兄之子；阳甲至祖甲，弟死后传弟之子。夏代的传位大概也基本如此，因为它比早商更古老，传位制度只能更加原始，而原始的婚姻制度由于"知母不知父"之故，只有兄弟相认，所以兄死后的遗物都是交予弟的。

由此可以得出结论，夏代为对偶婚走向一夫一妻制的时代，由于对偶在一定时期之内较为固定，所以子女和父亲的血统关系能够得到认可，于是出现了儿子对父亲财产、地位的继承。又因兄弟关系比父子关系更加明确，所以兄终弟及之制则更为普遍。

夏商时期的"兄弟"概念，与氏族社会的"兄弟"不同。在氏族社会，因为群婚，父子关系不能确定，所以人们只承认同母兄弟（不论其同父与否），不知道同父异母的兄弟关系。这说明，"兄弟"关系的能否成立，根源来自母系。到了一夫一妻实为一夫多妻时代，夫妻关系固定，同父异母所生，也能成为兄弟。这时的兄弟关系的能否成立，根源才来自父系。在商汤以下的商王继统法里，凡兄弟多人及王位而有多位先妣入祀受祭者，其兄弟皆为异母兄弟[1]。他们之所以有权继统，根源完全在于父亲。所以这时

---

1. 郑慧生：《从商代无嫡妾制度说到它的生母入祀法》，《社会科学战线》1984年第4期，第103—107页。

的兄终弟及或者父死子继，都是以父系为本体的继统法。夏代处于商之前，但由于有了较为固定的对偶婚，父子关系得到认可（如禹向涂山氏索子启），异母兄弟虽不见得已经得到承认，但兄弟关系来源于父系本体却是人所公认的了。因此，禹所建立的国家，不管是父死子继还是兄终弟及，都是以父系血亲为体系的统治政权。

"启代益作后"——父系母系夺权之争

禹死以后，伯益曾一度掌握政权。

伯益，他是舜的大臣，曾经为舜掌管山林（《书·尧典》），究其家世，与禹同出于颛顼。《史记·秦本纪》说："帝颛顼之苗裔孙曰女脩。女脩织，玄鸟陨卵，女脩吞之，生子大业。大业取少典之子，曰女华。女华生大费，与禹平水土，已成……佐舜调驯鸟兽，鸟兽多驯服，是为柏翳（伯益）。"

这家世里颇有一点奥妙。

伯益出自颛顼，颛顼出自黄帝，黄帝出自少典。由少典、黄帝、颛顼到女脩，这是一条女系，女脩之子大业又娶少典之子女华，他们仍然没有离开本系母家，所以女华生子大费即伯益，照例是颛顼氏母族嫡系传人。

再看禹所传子启，其世系由少典、黄帝、颛顼至鲧，为女系，生下了禹，是颛顼氏母族嫡系传人。再看启呢？他是涂山氏后代，他去继承禹的王位，却是以父系传人的身份出现的！

伯益与启，一为母系嫡传，一为父系后人，他们谁有资格来继承禹的王位呢？按父系血统规矩，当然是非启莫属；按氏族社会传统，伯益比启更有资格。因此，益启之争，实际是母系父系之争。

但是益的资格，却又被他自身否定了。按母系他比启近，但他是个男人，这本身就是对母系的否定。因此，他的资格是无效的，在争夺王位的斗争中，最后必然失败了。

禹死后把天下交给谁，历史上留下了相互矛盾的说法。《夏本纪》说："帝禹立……而后举益，任之政。十年，帝禹东巡狩，至于会稽而崩，以天下授益。三年之丧毕，益让帝禹之子启。"这是说益虽佐禹，禹死后他也曾执政，但组织的是"看守内阁"，启三年服丧期满，他就主动交出了政权。

也有说不是主动交权，而是没有群众支持。《孟子·万章》说："禹荐益于天，七年，禹崩。三年之丧毕，益避禹之子于箕山之阴，朝觐讼狱者，不之益而之启，曰：吾君之子也！讴歌者，不讴歌益而讴歌启，曰：吾君之子也！"但也有人说，这次双方不是让贤，也非民意，而是厮杀火并。《晋书·束皙传》引《竹书纪年》则说："益干启位，启杀之。"

又一种说法认为，禹的本意，是把天下交给益的，禹死之后，是启来向益争权夺位。《楚辞·天问》说："启代益作后，卒然离蠥。"《战国策·燕策》说："或曰：'禹授益而以启为吏，及老，而以启为不足任天下，传之益也。启与支党攻益而夺之天下，是禹名传天下于益，而实令启自取之。'"

两种说法，都说明了一个问题，那就是禹是有意把天下交给自己的儿子启，以建立父系血亲统治的。但作为母系之家的代表益，不甘心退出历史舞台，与启展开了王位的争夺。双方刀兵相见，斗了个你死我活。王夫之《楚辞通释》说："《竹书纪年》载：益代禹立，拘启禁之，启反起杀益，以承禹祀。"蒋骥《山带阁注楚辞·余论》说："《竹书》益干启位，启杀之。王姜斋（王夫之号）所引拘启禁之之文，今未及见，然详文势恐是如此，姑存其说以俟考。"

反对启继禹位的，并不只伯益一家。《书·甘誓》写启与有扈战于甘之野，伪《孔传》说："有扈国名，与夏同姓。马云：姒姓之国，为无道者。"此语如有所本，那么有扈就是与夏禹的母族同姓，是母系来与父系争权了。这次战斗还很激烈，"弗用命戮于社"，足证孟子"朝觐讼狱者，不之益而之启……讴歌者，不讴歌益而讴歌启"为虚言。

总之，从母系氏族社会转变为父系血亲统治，中间经过了"复辟"与"反复辟"的夺权斗争，绝不如旧史所说是什么"让贤"的和平过渡。从这里也可以看出，父权制的阶级社会在斗争的血泊中诞生，一部阶级社会的历史，从一开始就是一部斗争史。

启得天下以后，自己也放纵淫乐起来。他三次从天帝那里得来乐章，过着酒色歌舞的生活。《山海经·大荒西经》说："西南海之外，赤水之南，流沙之西，有人珥两青蛇，乘两龙，名曰夏后开。开上三嫔于天，得《九辩》与《九歌》以下。此天穆之野，高二千仞，开焉得始歌《九招》。"《楚辞·离骚》说："启《九辩》与《九歌》兮，夏康娱以自纵。"《天问》："启棘宾商，《九辩》《九歌》。"

夏后开即夏后启，汉人避景帝刘启之讳，改启为开。嫔即宾，胡厚宣先生说，"宾有配意"。[1] 上三嫔于天，是三次配享于天帝，即"启棘宾商"，朱骏声以为商为"帝之误字"。[2]

关于启的沉湎于淫乐，《墨子·非乐上》有很好的描写："启乃淫溢康乐，野于饮食。将将铭，苋磬以力（此句费解，疑有脱文。孙诒让《墨子间诂》以为"将将锽锽，筦磬以力"之误。），湛

---

[1] 《甲骨学商史论丛·殷代之天神崇拜》。

[2] 《说文通训定声》商字条。

浊于酒，渝食于野，万舞翼翼，章闻于大（惠栋以为当作"天"），天用弗式。"原文错讹过甚，但还是能看出来，此文大意是说，启过于淫泆游乐，沉湎于酒食歌舞，连上帝也不喜欢他了。

我们看神话中的那些氏族社会英雄人物，从盘古、有巢、燧人、伏羲，到黄帝、神农、尧、舜、禹、稷，哪一个不是克勤克俭任劳任怨的人民功臣；但历史一进入阶级社会，第一个统治者开始就腐化堕落。这就反映出一个真理：剥削阶级从他一登上统治舞台，就开始了他的腐败过程。这是历史的规律，历史的规律在古代传说中也反映了出来。

太康失国与家室之争

夏启晚年淫乐。他死之后，按父死子继系统，由儿子太康继承王位。太康上台之后，又是一味畋猎淫乐，不务政事，以至被东夷有穷氏的后羿，从君王宝座上赶了下来。这就是历史上有名的"太康失国"。《史记·夏本纪》说：

> 夏后帝启崩，子帝太康立。帝太康失国。（《集解》："孔安国曰：盘于游田，不恤民事，为羿所逐，不得反国。"）昆弟五人，须于洛汭，作《五子之歌》。（《集解》："孔安国曰：太康五弟与其母待太康于洛水之北，怨其不反，故作歌。"）

《楚辞·离骚》说："不顾难以图后兮，五子用失乎家巷。"什么叫"家巷"？王逸注说："家居闾巷"，就是住所；朱熹集注说："家衖，宫中之道，所谓永巷也"；《读书杂志》载王引之认为：

"卷读《孟子》邹与鲁鬨之鬨。刘熙曰：鬨，构也，构兵以斗也。五子作乱，故云家鬨。家，犹内也，若《诗》云：蟊贼内讧矣。"他们都把"家巷"中的"家"字当作"家庭"来讲，甚至还和"国"的含义明确区别开来，黄文焕《楚辞听直》说："叹五子之失家，（屈）原以自比也，宗臣与国共存，国破而家亦亡。忧国所以忧家，未闻有独存之身也。"[1] 王夫之不同，他在《楚辞通释》中说："家巷，旧都也"，但也只是把"家巷"所在地定在国都之中，并没有把"家"与"国"联系起来。

实际上，"家"与"国"本是一回事情。陆善经《文选·离骚注》说："不顾祸难以谋其后，失其国家，令五弟无所依。"洪兴祖补注说："此言太康娱乐放纵，以至失邦耳！""失乎家巷"即"失邦"，他们是把"家"与"国"看作一回事了。

"家"字的古义不是"家庭"（Family），而是与"国家"（State）相近，它可以表示宗庙、宗族、采邑、政权多种概念。[2] 在刚刚进入一夫一妻制的夏初，它表示一派宗族势力，即以原来的氏族为基础的国家血亲统治集团。春秋以来，文献记载里的家室之争，都是这种集团之间的争夺。因此，"太康失国"就是"五子用失乎家巷"。王引之认为"失"字衍而删去，[3] 看来是欠稳妥的。

然而夏代的"家"与后世的"室家"还不尽一致。夏代刚由母系转入父系，原来的氏族内部结构还相当强，宗亲集团对外以父系为代表，而连结其内部关系的纽带则还是母系。像后代宗亲国家中动辄出现的"父兄、昆弟及国子姓"，在夏代室家中就不

---

[1]. 转引自游国恩《离骚纂义》。

[2]. 郑慧生：《释"家"》，《河南大学学报》（哲学社会科学版）1985年第4期，第39—42页。

[3]. 见《读书杂志·余编下》。

曾露面。夏代的室家，不过是妻子率领下的群子而已。因此，这一时期的政权更迭都与妻子被夺有关，夺去了妻子率领下的室家，就是夺去了此一集团的血亲统治。所以古人占筮才把失妻看作是大不祥事。《易·困》说："入于其宫，不见其妻，凶。……入于其宫，不见其妻，不祥也。"血亲统治的集团是妻室，至于后世所说的"父兄昆弟"（伯叔父、堂兄弟）等，在当时，按母系他们都沾不上边；沾上边的舅姨父、表兄弟，按父系又没他们的份。因此，在母系已不再被承认、父系还没有被全社会接受的夏代，他们都没有被看作是这一血亲集团的重要成员。所以，在太康失国之后，待太康于洛水之北的，仅仅是一个女人与其五子而已。

这个女人是谁？《史记·集解》说："太康五弟与其母"，是太康之母。母字在商代甲骨卜辞中与妻、妾同义[1]，"太康之母"可以理解为太康之妻。

"五子"，旧说为太康五弟，冯景说："五子者，太康之子。《离骚》：'启《九辩》与《九歌》兮，夏康娱以自纵，不顾难以图后兮，五子用失乎家巷。'五子明是太康子，故曰图后。"[2] 游国恩《离骚纂义》以为"俱不足辩"，我以为结论未免武断。

商代的周祭祀谱排列，父子兄弟以十干先后论次，如大乙、外丙、大丁——大乙为父，外丙、大丁为其子而互为兄弟；同一日干之内，以大、中、小区分上下，如上甲、大甲、小甲、戋甲——上甲为大甲之八世高祖，大甲为小甲之祖父，小甲为戋甲之父。纵观整个商代世系表，没有一例是同一日干区分上下而为同一代人的。从商推测夏，太康与仲康（康实为庚，旧已有说）最少也

---

1. 《殷虚卜辞综述》，第 487 页。

2. 《离骚纂义》。

是父子关系如小甲与戋甲一样，绝无太（大）仲（中）同名康而为兄弟之理。旧说仲康为太康之弟，绝对是错误的。

仲康既非太康之弟，五子定为太康之子。那么五子之母为太康之妻，则决然无疑了。

太康为何失国？他实际是抛开了自己的血族夏氏去和另一血族有仍氏恋爱去了。扬雄《宗正卿箴》说："昔在夏时，太康不恭，有仍二女，五子家降。"[1]太康去和有仍氏二女结合，夏氏这一血族地位降落，妻子携其五子待之于洛水之北。太康的流连忘返，不仅导致了整个夏族在国家体系中统治权力的丧失，甚至导致了整个夏族的被统治。《楚辞·天问》说："帝降夷羿，革孽夏民。"《左传·襄公四年》说："昔有夏之方衰也，后羿自鉏迁于穷石，因夏民以代夏政。"这个"革""代"，实质上就是把对方的妇女据为己有，再生下来的孩子就成有穷氏的了。因此，失家就是失国，失国就是失去妻室统治。失去妻室统治，使夏族面临着被消灭的危险。从这个意义上讲，中国的朝代排列应该把夏代分做前夏和后夏，中间夹个"有穷"，就像前汉和后汉中间夹着个"新莽"一样。

羿的兴衰与妻室的得失

羿是东夷有穷氏的首领，素以善射而著名。帝俊曾赐给他红色的弓和带白色丝绳的箭，要他去帮助下国，拯救人民于水深火热之中。《山海经·海内经》说："帝俊赐羿彤弓素矰，以扶下国，羿是始去恤下地之百艰。"《楚辞·天问》所说的"冯珧利决"——

---

[1]. 引自《全上古三代秦汉三国六朝文》。

贝壳为饰的弓、精美的钩弦器,可能就是这种彤弓素矰了。

羿的最大功绩就是上射十日,为民除害。《山海经·海外东经》:"汤谷上有扶桑,十日所浴,在黑齿北。居水中,有大木,九日居下枝,一日居上枝。"《大荒东经》:"汤谷上有扶木,一日方至,一日方出,皆载于乌。"

但是到了帝尧之时,这十个太阳却一起出现,烧焦了草木禾稼。尧只好派后羿前来,射十日使不并出,并消灭掉其他一些害人虫,人民才得以安居生息。《淮南子·本经训》说:"逮至尧之时,十日并出,焦禾稼,杀草木,而民无所食。猰貐、凿齿、九婴、大风、封豨、修蛇,皆为民害。尧乃使羿诛凿齿于畴华之野,杀九婴于凶水之上,缴大风于青丘之泽,上射十日而下杀猰貐,断修蛇于洞庭,禽封豨于桑林。万民皆喜,置尧以为天子。于是天下广狭、险易、远近,始有道里。"《楚辞·招魂》所说"十日代出,流金铄石";《楚辞·天问》说"羿焉彃日,乌焉解羽"即指此事。

但这一个羿与上节所说的"革孽夏民"的羿不是一人,他不能从帝尧一直活到太康时代。羿是有穷氏之族的有名射手,此一氏族以善射出名,所以各代都有善射者名羿。《太平御览》卷八二引《帝王世纪》说:"羿,有穷氏……以世掌射故,于是加赐以弓矢,封之于鉏,为帝司射,历唐及虞夏。"因世代司射,所以《吕氏春秋·勿躬》说,黄帝时"夷羿作弓";《说文》:"彈(羿字别体),帝喾射官。"尧有射日之羿,在夏有革夏之羿,甚至西周时还有羿出现。《太平御览》卷八〇五引《随巢子》说:"幽厉之时,奚禄山坏,天赐玉玦于羿,遂以残其身,以此为福而祸。"

我们这里所讨论的羿,是夏代有穷氏之羿。他喜欢畋猎,"羿淫游以佚畋兮,又好射夫封狐"(《楚辞·离骚》)。他甚至射瞎了河伯一只眼睛又霸占了人家的老婆。《楚辞·天问》说:"帝降夷羿,革孽夏民,胡射夫河伯而妻彼雒嫔。"王逸注:"雒嫔,水神,谓宓妃也。传曰:河伯化为白龙,游于水旁,羿见射之,眇其左目……羿又梦与雒水神宓妃交接也。"羿如此淫佚畋猎,造成了家庭的不和,其妻嫦娥离他而去,就在这个时间。

但当时的一夫一妻制实为一夫多妻,后羿还有另一妻子"纯狐"在家主政。㫃耏这个后羿依然是不理国政家政,而且还信用伯明氏之逸子寒浞为相,寒浞勾搭纯狐,二人合谋,组织家众杀死了后羿。《路史·后纪十三上》说:"浞乃蒸取羿室纯狐,爰谋杀羿。"《离骚》说:"固乱流其鲜终兮,浞又贪夫厥家。"《天问》说:"浞娶纯狐,眩妻爰谋;何羿之射革,而交吞揆之?"交吞揆——众交合而吞灭。《左传·襄公四年》记此事最详:

> 后羿自鉏迁于穷石,因夏民以代夏政。恃其射也,不脩民事,而淫于原兽。弃武罗、伯困、熊髡、龙圉(杜注:四子皆羿之贤臣)而用寒浞。寒浞,伯明氏之逸子弟也,伯明后寒弃之。夷羿收之,信而使之,以为己相。浞行媚于内,而施赂于外,愚弄其民,而虞羿于田。树之诈慝,以取其国家,外内咸服。羿犹不悛,将归自田,家众杀而亨之,以食其子。其子不忍食诸,死于穷门。靡(杜注:夏遗臣)奔有鬲氏,浞因羿室。

从以上情况可以看出,所谓羿代夏政,无非是赶跑了太康,夺了他的家室,统治了他的民众。但此时的羿,疏远了自己原来与之结盟的部落:武罗、伯困、熊髡、龙圉,破坏了自己的家室(嫦娥出走),却信任由伯明氏脱离出来的寒浞。结果却让寒浞盗了自己的妻,并被寒浞结合夏族遗民杀死。

纵观夏代妻室之争，我们明显得可以看出，当时的一夫一妻制，其夫妻关系，还是相当松散的。丈夫可以轻易地抛开妻子，妻子一旦被夺，就得跟随了新的丈夫。在这里，没有烈女殉节，没有不嫁二夫。除了太康之妻，其他妇女被夺之后甚至连一点对原夫的怀念也看不出来。而太康之妻，她已经是五个儿子的母亲了，后羿没有霸占她大概是嫌其老丑，于是才去追求宓妃。所以，她只是在不招人爱的情况下才率其五子去等待自己的丈夫。这一切说明了什么呢？说明刚刚建立起来的一夫一妻制，它还摆脱不了对偶婚姻可以轻易离异的影响。

但是，这和对偶婚制的轻易离异又有所不同。对偶婚制夫妻离异的提出，由男方也可由女方，如禹与涂山氏，先由男方（《天问》："胡维嗜欲同味而快朝饱"——禹为什么和涂山氏不同道而图一时之欢的满足），后由女方（《汉书·武帝纪》注："涂山氏往，见禹方作熊，惭而去。"），王亥与有易氏，则完全由有易氏提出。而一夫一妻制的夫妻离异，主动权完全在男方，嫦娥出走系私奔，公开地提出离异怕是不许可的了。而另几个女子，她们简直是俘虏，是奴隶，是别人的战利品。她们没有自己的发言权，只有任人宰割，成为男子发泄性欲的工具。这一切，都是由于男权社会妇女地位的沦落所造成的。

外甥妻内侄婚制的产生

后羿死后，寒浞霸占了他的妻室，生下儿子浇和豷，浇灭夏之同姓国斟灌、斟寻，夏臣靡收二国遗民又灭寒浞立少康（夏后相之子），少康后又灭浇，少康子后杼灭豷，而作为后羿之族的有穷氏，从此灭亡。《左传·襄公四年》说：

> 浞因羿室，生浇及豷。恃其谗慝诈伪，而不德于民。使浇用师，灭斟灌及斟寻氏，处浇于过，处豷于戈。靡自有鬲氏，收二国之烬，以灭浞而立少康。少康灭浇于过，后杼灭豷于戈，有穷由是遂亡，失人故也。

自太康失国之后，其子（原说其弟）仲康也跟着失家——失去了国家统治权柄。仲康之子夏后相流落在外，投靠斟寻氏，结果也被浇所杀。相妻后缗怀孕而逃归娘家有仍氏，生下儿子少康来。《离骚》说："及少康之未家兮，留有虞之二姚。"《左传·哀公元年》说：

> 昔有过浇，杀斟灌以伐斟鄩，灭夏后相。后缗方娠，逃出自窦，归于有仍，生少康焉，为仍牧正。惎浇能戒之，浇使椒（杜注：浇臣）求之，逃奔有虞，为之庖正，以除其害。虞思于是妻之以二姚，而邑诸纶，有田一成。有众一旅，能布其德，而兆其谋，以收夏众，抚其官职，使女艾谍浇，使季杼诱豷，遂灭过戈，复禹之绩。

有仍，这是曾以二女引诱太康的部族（扬雄《宗正卿箴》："太康不恭，有仍二女。"）。太康之孙夏后相又与其女"后缗"结为夫妻，这种外甥妻内侄（但隔了一代）的做法，是新的一夫一妻制婚姻制度的产物。后缗在有仍生下少康而少康还被收养，也是氏族社会子从母家传统做法的继续。有虞氏与夏同姓，实际是禹的母家，他们曾以母族身份和启争夺过继承权，现在又以母族身份给少康以婚配。这也是一种外甥妻内侄的做法，不过所隔世系代数更多一些罢了。

外甥妻内侄，这是一夫一妻制度下的一种婚姻结合形式。但这种形式实际上却由来已久，它脱胎于氏族社会血缘家族之内。在氏族社会，以母系为纽带，组成血缘家族。家族内部，按班辈划分层次，层次之内兄妹成婚。于是形成了如下的血缘家族宗亲关系：

```
                    祖母
        ┌────────────┴────────────┐
    ┌───┴───┐                 ┌───┴───┐
    父      母                 父      母
    甲      甲                 乙      乙
    ┌───┬───┐                 ┌───┬───┐
    女   子                    女   子
    甲   甲                    乙   乙
    └────────────────────────────┘
```

在上表中，第二代兄妹（父甲、母甲、父乙、母乙）相互婚配，第三代子女（子甲、女甲、子乙、女乙）间相互婚配。设若子甲为父甲与母甲所生，女乙为父乙和母乙所生，他们二人又进行婚配，就会形成外甥妻内侄的现象。因为母甲与父乙为兄妹，父乙与子甲为舅甥关系，母甲与女乙为姑侄关系，子甲与女乙结合自然就是外甥妻内侄了。

但是，在血缘家庭之内，只是事实上存在有这种关系，而在表面上谁也断定不出这种关系。群婚杂交，谁能说子甲之父不是父乙、女乙之父不是父甲呢？如子甲之父为父乙，或女乙之父为父甲，则子甲与女乙婚配都会成为同父异母的兄妹婚，这样的话，外甥妻内侄的婚姻形式又不存在了。所以我们只能说，外甥妻内侄的婚制脱胎于血缘家族内部，真正成为一种婚姻形式出现，则必须在一夫一妻制婚姻之后。

一夫一妻制的婚姻实行之后，夫妻关系确定，禁止兄妹通婚，因此上列宗亲表只能以这样的关系出现：

```
              祖父母
    ┌───────────┼───────────┐
  父   母       父   母
  甲   甲       乙   乙
    └─────┘       └─────┘
       子            女
```

从此表可以看出，由于兄妹不能成婚，所以父甲、母乙均非第一代祖父母所生；第一代祖父母所生之母甲与父乙，则不得配为夫妻。第二代父甲与母甲、父乙与母乙各自结为夫妻，所生第三代子女如再行婚配，则形成外甥妻内侄的婚姻形式，因为父乙与子确定无疑的是舅甥关系；母甲与女确定无疑的是姑侄关系，女嫁于子，则成外甥妻内侄。

外甥妻内侄的婚姻形式确定于一夫一妻制之后，但姨表结亲的形式则是在血缘家族内就可确定了。回头再看血缘家族宗亲关系表，子甲与女乙婚配，子甲之母为母甲，女乙之母为母乙，母甲与母乙为亲姊妹，因此子甲与女乙的结合则是确定无疑的姨表结亲。

姨表结亲与外甥妻内侄的婚配形式同时出现于血缘家族之内，二者是一对双生子。但前者在当时就已被确定，后者到了一夫一妻制以后才被认识。而两种形式都一直流传到近代社会中来，这就是人们所说的两姨结亲与侄女随姑。甚至在新婚姻法颁布多年之后，它还没有被明令禁止。近年来优生优育的工作提到了议事日程上来，人们对这种近亲结婚的现象有了深刻认识，亲上撩亲的这一陋习才得以制止。

少康复国——女间谍的首次利用

寒浇打败了斟寻、斟灌，消灭夏后相。他自己又是怎样被别人打败了呢？《左传》所说，语焉不详。屈原在《楚辞》中，透漏出一点了信息：

　　浇身被服强圉兮，纵欲而不忍。日康娱而自忘兮，厥首用夫颠陨。（《离骚》）

　　惟浇在户，何求于嫂？何少康逐犬，而颠陨厥首？女歧缝裳，而馆同爰止。何顾叟厥首，而亲以逢殆？（《天问》）

《竹书纪年》沈约注文说得更详细：

　　少康使汝（《左传》作"女"）艾谍浇。初，浞娶纯狐氏，有子早死。其妇曰女岐（案，当作"歧"）寡居。浇强圉，往至其户，阳有所求，女岐（歧）为之缝裳，共舍而宿，汝艾夜使人袭断其首，乃女岐（歧）也。浇既多力又善走，艾乃畋猎，放犬逐兽，因噭浇颠陨，乃斩浇以归于少康。于是夏众灭浞，奉少康归于夏邑。

寒浇失败了，败就败在"婚外恋"上。他的妻子为谁？他与妻子的关系如何？史未明言。但他被少康派人狙击，几乎死在其嫂女歧的床上。

浇与女歧，叔嫂通奸。这在普那路亚婚制中，是公开的合"法"的行为；但到了一夫一妻制的夏代，这样做就有点越格了。由此推测浇与其妻室的关系一定不睦，甚至出现很大的裂缝。少康就是瞅准了这个空子，派女艾打入了他们内部，掌握动向，指点刀斧手穿墙越户去袭杀寒浇。然而事机不密，错把女歧杀死，使寒浇溜掉了。估计这次偷袭之后，女艾的间谍身份并没有暴露。她继续留下来，寻找机会。当得知寒浇外出时，她送信给了少康。少康率领人马以畋猎为由，埋伏在寒浇必经之路上，等寒浇到来，就放出猛犬咬杀了他。

女艾，她是我国最早的女间谍。在两国交兵中利用女间谍，这是华夏历史上的第一次。关于她的性别，《左传》称她为"女艾"，《竹书纪年》沈约注写作"汝艾"，似乎有不承认其为女性的意思。但从她的事迹上看，既然"谍浇"，而且探明浇与女歧私通住所，肯定为女性无疑。女艾为我国历史上第一个女间谍是不容置疑的。

夏桀的失国与妻室被盗

夏代的最后一个君主是夏桀。他的妻子妹喜是抢来的。《国语·晋语》说："昔夏桀伐有施，有施人以妹喜女焉，妹喜有宠，于是乎与伊尹比而亡夏。"

虽然是抢来的，但二人成亲之后，关系相处得还很不错。所以历史上留下了许多妹喜有宠的传说。《太平御览》卷八二引《帝王世纪》说：帝桀"日夜与妹喜及宫女饮酒，常置妹喜于膝上"。

但后来夏桀又抢来了新欢，妹喜遂又失宠。《太平御览》卷一三五引《纪年》说："后桀伐岷山，岷山女于桀二人，曰琬、曰琰。桀受（'受'字卷八二引作'爱'，正）二女，无子。刻其名于苕华之玉，苕是琬，华是琰，而弃其元妃于洛，曰末喜氏。末喜氏以与伊尹交，遂以闻（'间'误）夏。"

桀伐的"岷山"在《天问》里写作"蒙山"，岷、蒙同母，一声之转。《天问》说:"桀伐蒙山,何所得焉?妹喜何肆,汤何殛焉?"

按《竹书》所说,岷山二女琬、琰没有为夏桀生下儿子。妹喜生了没有呢?《竹书》没有说。既然在强调琬、琰无子的时候没有提妹喜,那就说明她是生了。妹喜,她虽然是抢来的,但确实已是夏桀的"家室"。

夏桀放弃"家室"妹喜而去迷恋琬、琰,就向自己的失去国权迈出了一步。

一方面是夏桀与"家室"开始了离异,另一方面汤又向夏派出了间谍,《孙子·用间篇》说:"昔殷之兴也,伊挚在夏。"伊挚即伊尹。

伊尹到夏去做间谍,与桀的家室妹喜勾结在一起,这完全是钻了他们夫妻不和的空子。桀与岷山二女打得火热,一旁冷落了妹喜,所以妹喜不甘寂寞,也要另寻新欢。看到伊尹,正是合适的对象,于是二人生活上结为配偶,政治上保持一致,共同来颠覆夏代政权。《国语》说:"妹喜有宠,于是乎与伊尹比而亡夏。"《竹书》说:"末喜氏以与伊尹交,遂以间夏。"

失去了家室,就失去了血亲集团对国家的统治。桀于是被汤赶走,丢掉了自己的江山。

派遣漂亮的男间谍去勾引敌国的女秘书,这是近代国际间谍战中所惯用的手段。但这手段的首先采用,追本求源,在中国就找到了商汤。他派伊尹去勾引敌方的妻室,从内部去动摇夏氏政权,堡垒最容易从内部攻破,结果达到了目的,取桀而代之,建立了商王朝。

纵观整个夏代,政权的得失,都与妻室的存在有关。究其原因,就在于血亲集团内部以母系为纽带,妻子,她牵动着整个血亲集团。

第六章
商王朝的世系与婚姻制度

商人最早的祖先——群婚时代的简狄

我国最早的诗歌总集《诗经》,是西周至春秋时代的作品。其中的《商颂》部分,出自商遗宋人之手。宋人在追溯他们民族的来源时说:"天命玄鸟,降而生商。"(《诗·商颂·玄鸟》)

"玄鸟生商",是一个神话故事。故事里说:一个叫作简狄("狄"字一作"易",一作"遏")的女人,吞下玄鸟丢下的卵,生出了一个儿子,繁衍出了商民族来。

这个故事源远流长,似乎产生于原始时代,因为商族以鸟为图腾,非后人可臆测。

简狄生下的儿子名叫"契"。《史记·殷本纪》说:"殷契,母曰简狄。"

"玄鸟生人"的传说颇属荒诞,说穿了不过是证明了一个事实,人类在原始社会群婚杂交阶段,知母不知父。所以,周人在说到自己民族的来历时也说:"厥初生民,时维姜嫄。"(《诗·大雅·生民》),甚至"圣人皆无父,感天而生。"(许慎《五经异义》引语)

由此我们可以得出结论，以父系为本体的商民族，诞生在一夫一妻制甚至对偶婚制以前。

但是，我们的后儒们总"想使人类免去这一'耻辱'"[1]。他们千方百计要给这些无父之人找出一个父亲来，而且还必须是一位英雄的父亲。于是，姜嫄、简狄、庆都、常仪一同被编排嫁给了帝喾；让后稷、契、尧、挚四人变成了同父异母兄弟。《世本·帝系篇》说："帝喾卜其四妃之子，皆有天下。元妃有邰氏之女，曰姜嫄，而生后稷；次妃有娀氏之女，曰简狄，而生契；次妃陈酆氏之女，曰庆都，而生帝尧；次妃陬訾氏之女，曰常仪，生帝挚。"[2]

但是，这个共同父亲帝喾，却是写作《玄鸟》的商遗宋民所未予承认的。这就引起了屈原的怀疑。他在《天问》里问道："简狄在台喾何宜？"——简狄在台无性生契，再出现一个丈夫喾是多么不合适啊！是的，既有丈夫在，你怎么能够证明妻子的怀孕不是由于男女结合而是别有原因？

《世本》是先秦重要典籍之一。司马迁写作《史记》，就采用了不少它的材料。但是，此书早已亡佚，我们今天看到的《世本》，均系后人辑录，未必就是它的庐山真面目。所以喾为契父之说产生于何时，尚难论定。然而屈原既这样提问，说明此说在战国时代已经广为流传了。

司马迁对于这个传说表现了自己的犹豫。他撰《殷本纪》，开头说"殷契"而不说"帝喾"，说明他不是把喾而是把契当成了商人的先祖。虽然如此，却又不敢忘记了这个先祖还有个并非生身之父的父亲。所以《殷本纪》又说："母曰简狄，有娀氏之女，

---

1. 《家庭、私有制和国家的起源》，第28页。
2. 《世本八种》。

为帝喾次妃。三人行浴，见玄鸟堕其卵，简狄取吞之，因孕生契。"

鉴于屈原的大胆怀疑与司马迁的犹豫不决，我们在考虑谁是商人的始祖时，应当置这位《玄鸟》之外的喾于不顾，而只考虑简狄与契。

但契是简狄的儿子，晚了一代，不应该是始祖。

商人的始祖是谁？商代甲骨卜辞里显出商人的始祖是"高祖夒"。

"高祖夒"是谁？前人多有揣猜。有说是帝俊，有说是帝喾，还有说是颛顼的、析的。但从他是商人始祖这一点上看，结合《玄鸟》，他既然不是帝喾，那就应该是简狄了。夒字之形象人侧立，一手上举至颚下，俯首作吞物状。为什么要作吞物状呢？前人所有考证，都不曾接触这个问题。在我想来，这与传说中的吞卵生商有关。夒为商人始祖，她就是简狄，因为处在混乱性交的状况下，以致没有固定的丈夫。吞卵生商，所以她的形象作捧物欲吞之状。几千年来，人们每想到商人的始祖，总是往男人身上去考虑，结果找来找去，也总找不到合适的人。如果打破父系观念，往母系结构上想一想，那就自然而然地会想到，商民族的始祖高祖夒，乃是女性的简狄。

附：夒字在甲骨文中的各种写法

先商前期的对偶婚制时期

简狄吞卵所生之子，就是商人的第一个先公"契"。

然而《玄鸟》故事只是说"天命玄鸟，降而生商"，并没有说"降而生契"呀！这个契是不是就是玄鸟生子呢？

是的，契就是神话中的玄鸟生子，因为契就是玄王。《诗·商颂·长发》说："有娀方将，帝立子生商。玄王桓拨……"玄王为有娀氏生子。《荀子·成相》说："契玄王，生昭明。"玄王就是契。丁山说："余谓玄王，得名于玄鸟，谓其本玄鸟之子也。"（《史董·新殷本纪附注》）玄鸟之子为玄王，玄王为契，契为简狄之子，为商人最早的先公。从父系的角度看，他是商人最早的祖先。

商人自上甲微始有报庙之制。他们的报前先公是谁，卜辞中有季、亥（王亥、高祖王亥——亥又作夒）、恒（王恒），但没有世系排列。《殷本纪》说："契卒，子昭明立。昭明卒，子相土立。相土卒，子昌若立。昌若卒，子曹圉立。曹圉卒，子冥立。冥卒，子振立。振卒，子微立。"《世本·帝系篇》说："契生昭明，昭明生相土，相土生昌若，昌若生曹圉，曹圉生根国，根国生冥，冥生核。"

《天问》没有排列商代先公的祖宗世系，但它除了问夒之外还问了商代其他几个先公："该秉季德厥父是臧……恒秉季德焉得夫朴牛……昏微遵迹有狄不宁……成汤东巡有莘爰极"，计季、该、恒、昏微、成汤五人。昏微，王国维以为上甲微（见《先公先王考》）；陈梦家析昏微为二人（《殷虚卜辞综述·先公旧臣》）。我觉得，王国维的话是对的，昏微与成汤对举，各是一人无疑。

昏微在该、恒之后，应是上甲微。

卜辞报前三公有季、亥、恒，这一点，与《天问》的季、该、恒完全契合。季、亥（该）和《本纪》里的冥、振，《世本》里的冥、核相当；而《本纪》与《世本》中的昭明、相土、昌若、曹圉（根国）则在卜辞与《天问》中都找不到踪迹，甚至《竹书纪年》《帝王世纪》里也找不到他们的名字。王国维虽曾说过卜辞里的"土"就是相土的话（《先公先王考》），但不久这话就为一片武乙卜辞"亳土"（《粹》20）所推翻。因为亳土就是亳社，若"宅殷土芒芒"（《诗·商颂·玄鸟》）的殷土。土就是社，与先公相土无干。因此，我疑心"昭明相土昌若曹圉"是一句典诰古语，与《尧典》"百姓昭明协和万邦"是一类的话。古人不慎，将其变做人名羼入《世本》；太史公不察，将其摭入《本纪》。

昭明、相土诸名字，见于先秦文献中：

> 《荀子·成相》："契玄王，生昭明，居于砥石迁于商。"
>
> 《世本·帝系篇》："契生昭明，昭明生相土，相土生昌若，昌若生曹圉，曹圉生根国，根国生冥。"
>
> 《世本·居篇》："契居蕃，昭明居砥石，昭明复迁商。"
>
> 《诗·商颂·长发》："相土烈烈，海外有截。"
>
> 《左传·襄公九年》："陶唐氏之火正阏伯居商丘，祀大火，而火纪时焉。相土因之，故商主大火。"
>
> 《世本·居篇》："相徙商邱，本颛顼之虚。"
>
> 《世本·作篇》："相土作乘马。"
>
> （《左传·定公四年》："取于相土之东都，以会王之东蒐。"此相土当在卫境，为夏后相之地，非商之相土，故不录。）

从以上材料看，昭明、相土诸名字，滥觞于春秋以后儒家著述中，距离卜辞已有六百多年的历史。卜辞是商人祭祖的记录，商人不知有昭、相，后儒焉知有他们？何况"惟殷先人，有册有典"（《书·周书·多士》），有册有典何以能数典忘祖？

鉴于以上情况，我认为，昭明、相土、昌若、曹圉（根国）不是商人先公，他们的出现，是春秋以后才有的事。

卜辞中有河、岳（嵞，又释羔）、凶（或曰夒）、夭（罗振玉释矢，丁山释吴。卜辞一作王夭），旧以为商之先公，但其实不是。商人祭祖，均按辈分先后依法进行，但祭祀他们就不是这样，时而岳、夭、山、凶（《续》1.49.4），时而土、凶、河、岳（《粹》23），次序不一，说明他们不是宗亲关系，可能是地祇、山灵、河伯之属。卜辞有"高祖河"（《摭续》2）一语，于省吾以为读作"高祖河"（《双剑誃殷契骈枝三编》）；陈梦家以为河岳与高祖相对，当读作"高祖、河"（《殷虚卜辞综述·先公旧臣》），《小屯南地甲骨》916："辛未贞：燊禾于高罤河"即是其证。河与高祖分属，仍然不是商先公。

所以说，河、岳、凶、夭，也不是商人的祖先。商人的报前先公有四个，即契（夋）、冥（季）、振（该、亥）、恒，共三世四公。

冥、振、恒之后，商人的先公是上甲、报乙、报丙、报丁、主壬、主癸，共六世。这个世系，已由甲骨卜辞中的周祭祀谱所证明，确定无疑。

从契到主癸，商朝建立之前，为先商时代。在这个历史阶段中，据《殷本纪》的记载，共有十三世先公；按我们的考订，较为确凿有其人的，则不过只有九世。

先商时代正与夏朝相当，契与夏禹同仕于舜，主癸之子成汤伐灭夏桀。因此，先商积年应与夏等。据陈梦家推测，夏积年约500年[1]，先商也当有500年的历史。先商500年含十三世先公，平均一代为38年有余。而商代积年550[2]，含十七世王，平均一代为32年多。两相比较，差别很大。而商代王世数是从甲骨卜辞中求得出来的，数目确凿。这就是说，先商的先公世数，是少了几世。

这漏掉的几世，说明当时的世系不清，一方面大约因为年代久远，后人对远祖缺乏记忆；另一方面，也是更重要的一方面，是因为婚姻制度。在契以前，商人还是无父杂交；到了王亥，仍没有越出对偶婚制的范畴。在这个范畴中，对偶之主妻又可以保有次要之夫，父子关系如何确定？父子关系不能确切证明，怎能使世系排列不出现混乱？因此，从世系混乱，反过来又证明先商前期，处在婚姻关系不牢固的对偶婚制时期。

先商时代的后期，从上甲微到主癸六世，世系排列，已由甲骨卜辞所证明，这是没有问题的。因此我们说，商民族在简狄之前，属于群婚杂交知母不知父阶段，但它已经进入了普那路亚制时期；从契到王亥的先商前期，则是实行对偶婚制；至上甲以后，他们才进入了一夫一妻制时代。

先商后期的一夫一妻制时期

商族自上甲微开始，进入一夫一妻制时代，父子关系明确，后人就据此关系，以十个天干甲、乙、丙、丁……为名，为他们

---

1. 《殷虚卜辞综述》，第214页。

2. 《殷虚卜辞综述》，第214页。

名以庙号，按天干的周期逐日祭祀。商人从此建立了完整的周祭制度，即甲日祭上甲、乙日祭报乙……此后各代人物，随死随排列庙号，参与受祭。这样的庙号排列，就成了时至今日还在流行的宗亲报庙制度。这种制度起自上甲，因此，《国语·鲁语》说："微能帅契，殷人报焉"，"报"，就是这种报庙排列名次以便逐日祭祀的报庙制度。

商人的报庙先公是：上甲、报乙、报丙、报丁、示壬、示癸、示壬妻妣庚、示癸妻妣甲。

从上甲到报丁的排列，逐日论次，整齐划一，与后世祭祀的参差不齐大为不同，因此说，这样的祀谱并非它的原始面貌，显然是后人所追赠编排。但从示壬、示癸开始，祀谱中即有他们的妻子出现，叫作妣庚、妣甲。庚甲是参差不齐的，不像是后人编排，因此，她们以及她们的丈夫示壬、示癸的庙号，应视为时人所赠，传之后人。

不管是时人所赠传之后人，还是后人所追赠，从上甲微开始的商人既有了如此严密的报庙制度，说明他们的父子关系是绝对确定了的。父子关系的绝对确定，完全是由于夫妻关系的确定而来，因此应该说，商人自上甲微开始，完全进入了一夫一妻制的文明时代。

但是，此时此刻商人的一夫一妻制，如前所述，并非真正的一夫一妻，而只不过是一妻只许一夫，一夫可以多妻。一夫多妻，但从此时的商人报庙制度上，还没有表现出来，因为此时的追谥先人，只追谥直系，不涉及旁系；只追谥生母，不涉及他母。所以我们今天看到的商人报庙系统，只见一父一子，只见一夫一妻，仿佛他们六世都是单传，这是不可能的。

商人自成汤建国后，兄弟相继为王，其后人有了周祭先王的制度。周祭的范围，涉及所有及位先王，所以有兄弟多人先后为王而后依次受祭的情况，如祖丁之子阳甲、盘庚、小辛、小乙。先王的生母，也同样在列表祭祀，于是又有同父异母之兄弟各有一母受祭的情况，如祖丁之子有四人为王，祖丁之妻就有妣甲、妣乙、妣庚、妣癸四人受祭。一人有四妻，这就揭示了商代一夫一妻制的本质，是一妻只有一夫，不是一夫只有一妻。

商人的周祭制度，还不足以说明他们一夫一妻制的全部实质，因为这里所入祀的王妻，只是儿王的生母，并不是先王之妻的全部。那些未曾生儿或生儿未王的妻，不知还有多少！如在商代卜辞中，武丁之妻，入祀者只有妣戊、妣辛、妣癸三人，而其妇（卜辞作"帚"）名之多，却有六十四个[1]。妇即是妻。当然，这六十四个妇名之中，属于武丁自己的妻子，只能是其中的一部分。因为武丁时期，伯父、叔父通称为父，合称多父；那么兄妇、弟妇何尝不可以通称为妇而合称多妇。但是也不可能六十多个都是兄妇、弟妇，武丁兄弟见于卜辞者有兄甲、兄丁、兄戊、兄己、兄庚五人，以六兄弟而六十四妇，各人占妻都在十个左右。武丁本人当然不会少于此数。因此，商王多妻，则是明显存在的事实。"任何一个时代的统治思想始终都不过是统治阶级的思想。"[2] 商王如此，商代一夫一妻制的实质为一夫多妻制则可想见。

族内婚制遗俗的开始摆脱

氏族社会族内婚制带来的后代发育不良的缺点，在氏族社会

---

1. 胡厚宣：《甲骨学商史论丛·殷代婚姻家族宗法生育制度考》。
2. 《共产党宣言》，人民出版社1964年版，第43页。

就已被认识到了，于是才有族外婚（普那路亚、对偶婚）制的广为流行。但是由于习惯势力，或者由于个人情爱的纠缠难割，在中国历史上很长一段时间内，族内婚制的遗俗都不曾被人摆脱，尽管"男女同姓，其生不蕃"，然而也仍然是"晋公子，姬出也"。[1]（晋为姬姓之国）因为"同姓不婚，恶不殖也"[2]，在一夫多妻的时代，特别是帝王之家，同姓不殖仍有其他异姓妻在，让异姓妻去生子，让同姓妻只作妻，这又何妨？

于是在商代武丁兄弟诸妻中，有妇周、妇楚之类的异姓妻，也有妇好之类的同姓妻。

为什么说妇好为武丁兄弟的同姓妻呢？因为据商人习惯，妇某之某字从女，都是表示此人为女姓，所从之女字，与本字无干。所以妇妌、妇娘、又可写作妇井、妇良。依此为例，则妇好实为妇子。

周人习惯，男子有姓但不加于名上；女子则有姓必称，如某姬、某姜之类。这也是一夫一妻制形成的习惯吧！男子生活于本族内，坐家娶妻，同姓之间，称名不须再道姓；女子入聘夫家，外姓之人，以姓代名。这习惯一直保持到近现代，多少妇女都是以张氏、李氏称之。

商代也有这种习惯。胡厚宣说：武丁卜辞中的诸帚（即妇），"有名嫀帚周帚楚帚杞帚婞帚妹帚庞者，嫀周楚杞姜来庞皆其姓，亦即所自来之国族"[3]。妇好为妇子，子则子姓。商为玄鸟生子，兴于唐虞，帝舜"赐姓子姓"[4]，妇子嫁于子姓商王为妻，是同姓

---

1. 《左传·僖公二十三年》。

2. 《国语·晋语》。

3. 《甲骨学商史论丛·殷代婚姻家族宗法生育制度考》。

4. 《史记·殷本纪》，《集解》：礼纬曰："祖以玄鸟生子也。"

而婚之例。

　　这就解开了一个谜，为什么妇好在武丁时期，具有那么大的权力。她，拥有大量的财富，举世闻名的"妇好偶方彝"就是她的私产；无需证明，与"妇好偶方彝"同墓出土的"司母辛大方鼎"（重117.5公斤）也是她的财物。武丁之配有"妣辛"，这应该就是她的谥号。她，拥有自己的军队，《英国所藏甲骨集》150正说："辛巳卜，囗，贞：登妇好三千，登旅万，乎伐羌？"她还指挥当时的三大将领之一的沚戬去征伐巴方，《殷契粹编》1230说："壬申卜，争，贞：令妇好从沚戬伐巴方。受出又。"甲骨卜辞中，卜问妇好分娩生子的次数最多，有疾、有祸的次数也十分频繁。她经常举行攘灾之祭于父乙，因此我疑心她是商王小乙的女儿。如果这样，她就是时王武丁之妹，兄妹成婚，保持了血缘家族兄妹班辈婚的遗俗。

　　商民族到了帝乙时代，好像才开始摆脱这种原始的遗俗。《易·泰》说："帝乙归妹，以祉元吉。"王弼注："妇人谓嫁曰归。"帝乙外嫁其妹，也就是不再留家做班辈婚，是大福大吉之事。《易·渐》："女归吉。"《易·归妹》："彖曰：归妹，天地之大义也。天地不交而万物不兴。归妹，人之终始也。"而且更进一步指出："帝乙归妹，其君之袂，不如其娣之袂良"——其君帝乙对妹的恩爱，不如其陪嫁女弟对姊的恩爱有利。《易·杂卦》："归妹，女之终也。"女儿终身大事是出嫁。至此，商人才开始摆脱了族内婚的遗俗。

商代帝王传位制度与婚姻进化的关系

商代的帝王传位情况，《史记·殷本纪》所记，与甲骨卜辞就有出入。甲骨卜辞出于当时的商人之手，《史记》晚于它一千多年，撷拾杂说，难免讹误。我曾根据卜辞，订正商代帝王传位情况，列表如下。其具体考证，可参看拙作《从商代的先公和帝王世系说到他的传位制度》（载《史学月刊》1985年第6期），兹不赘述。

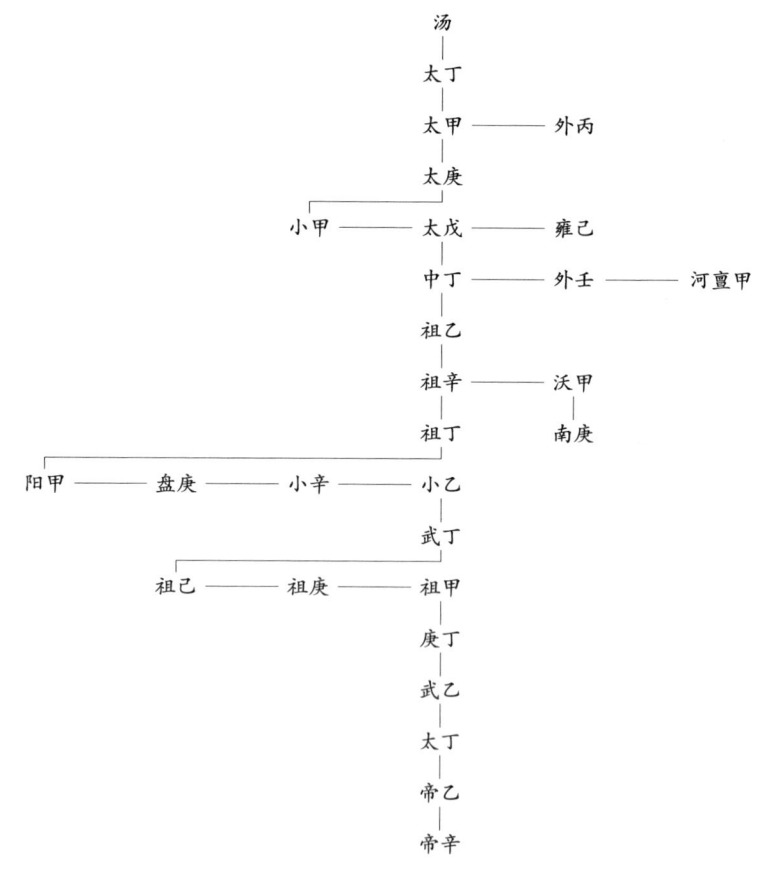

```
                        汤
                        │
                        太丁
                        │
                        太甲 ──── 外丙
                        │
                        太庚
                        │
          小甲 ──────── 太戊 ──── 雍己
                        │
                        中丁 ──── 外壬 ──── 河亶甲
                        │
                        祖乙
                        │
                        祖辛 ──── 沃甲
                        │         │
                        祖丁       南庚
                        │
   阳甲 ──── 盘庚 ──── 小辛 ──── 小乙
                                   │
                                   武丁
                                   │
          祖己 ──── 祖庚 ──────── 祖甲
                                   │
                                   庚丁
                                   │
                                   武乙
                                   │
                                   太丁
                                   │
                                   帝乙
                                   │
                                   帝辛
```

（表中上下贯线者，为父子关系。左右贯以横线者，为兄弟关系，左者为兄，右者为弟。及位先后，以父子、兄弟为序）

在此需要说明几点：

1. 先商时期，商人没有建国称王，不存在传位问题。2. 自汤至于祖甲，是商代的早、中期。是时传位制度，用兄终弟及之制，无弟而后传子。早期自汤至于南庚，弟死后传兄之子；中期自阳甲至于祖甲，弟死后传弟之子。3. 晚期祖甲之后，商之传位制度，完全由父死子继代替了兄终弟及。

以上几点说明了什么呢？

人类在史前文化阶段的蒙昧时代，不管是血缘家族还是普那路亚家庭，人们都是知其有兄弟不知有父子。即使到了对偶家庭的野蛮时代，父子关系还依然很模糊和淡薄。所以易洛魁人的男人死了以后，其遗物可以由他的同胞兄弟分享；氏族中的酋长死了以后，其职位也往往选举他的兄弟来继任[1]。只有到了一夫一妻制的家庭建立之后，财产职位的父死子继才有了可能。商代是一夫一妻制的文明社会，但它从野蛮时代而来，思想意识中还存在着许多旧时代的观念。所以表现在王位继承上，就是群婚时代的兄终弟及，辅以文明社会的父死子继。然而时代是要进步的，一夫一妻制的日益巩固，逐渐促进了父死子继制度的加强。所以在商代传位的兄终弟及之中，先是由早期的弟传兄子，而后变为中期的弟传弟子，晚期兄终弟及之制完全被父死子继所代替，完成了一夫一妻制度下父子继统法的建立。从这里我们可以看到一夫一妻制的文明社会愈发展，宗法制度中的父子观念就愈明确。而这一切，均依婚姻关系的转变而转变。因此说，婚姻制度，是一切宗法制度的根源。

1.《家庭、私有制和国家的起源》，第81—83页。

商代宗法溯源

摩尔根在考察到易洛魁人的家庭关系时，"他发现，易洛魁人奉行着一种同他们的实际的家庭关系相矛盾的亲属制度。在易洛魁人中间盛行的，是一种双方可以轻易离异的个体婚制，摩尔根把它称为'对偶家庭'。因此，这种夫妻的子女，是众所周知和大家公认的：对谁应该用父亲、母亲、儿子、女儿、兄弟、姊妹等称呼，是不会有疑问的。但是，这些称呼的实际使用，却与此矛盾，易洛魁人的男子，不仅把自己亲生的子女称为自己的儿子和女儿，而且把他兄弟的子女也称为自己的儿子和女儿，而他们都称他为父亲。另一方面，他把自己姊妹的子女称为自己的外甥和外甥女，他们称他为舅父。相反地，易洛魁人的女子，把自己姊妹的子女和她自己亲生的子女都称为自己的儿子和女儿，而他们都称她为母亲"。

商代社会的宗法制度，却与易洛魁人的亲属制度，有着惊人的相似之处。

试以商王武丁而论：

易洛魁人称自己父亲的兄弟为父亲；武丁称自己父亲小乙的兄弟阳甲、盘庚、小辛为"父"。《殷虚文字乙编》2523说：

不唯父甲（阳甲），唯父甲；不唯父庚（盘庚），唯父庚；不唯父辛（小辛），唯父辛；不唯父乙（小乙）。

伯父阳甲、盘庚、小辛和父亲小乙一样，统称之为"父"。

易洛魁人称自己母亲的姊妹为母亲。武丁所称的母就包括自己生母以外的人。武丁时代，宾组卜辞中，武丁诸母有母丙、母丁、母戊、母己、母庚、母壬、母癸。此七人中，只有小乙之配母庚，才有可能是武丁的生母。其他六人，或者是小乙之配、武丁之"庶母"（商无嫡妾之制，无以名也，姑妄称之），甚或为武丁"伯父""叔父"之配即武丁的"伯母""叔母"。不管哪种情况，总之是武丁尚有生母之外的母。这是与易洛魁人称母之姊妹为母相似的地方。

易洛魁人把自己兄弟的子女也称为自己的儿子和女儿。武丁呢？卜辞所见，武丁时代有子渔、子宋、子弓、子美等五十三人[1]，这些人都是武丁的子女吗？不见得。因为在没有什么医疗技术的三千多年前的商代，纵使多妻制度能使武丁诸妻生下一百个子女来，要想养成五十三个也是不可能的。这五十三个"子"之中，肯定还有武丁的兄弟的子女在。卜辞无侄、姪字，那些侄、姪都跑到哪里去了？我想就是跑到"子"中去了。商代的子、侄地位是平等的，只有这样才能有弟王死后传位于兄之子的事情发生。因此说，子、侄平等，商人与易洛魁人一样，是把自己的兄弟的子女也称作自己的子女的。

特别值得注意的是，居住在黑龙江下游地区和库页岛北、中部的吉里亚克人，他们的宗法制度，与商人宗法制度几乎完全一样。1892年旧历10月14日的《俄罗斯新闻》上，有这样一篇报道，它说：

> 吉里亚克人不仅把自己的生父叫作父亲，而且把自己生父的一切兄弟也叫作父亲，把生父的兄弟的妻子和自己母亲的姊妹全都叫作母亲，把所有这些"父亲"和"母亲"的子女统统叫作自己的兄弟和姊妹。

---

1. 《甲骨学商史论丛·殷代婚姻家族宗法生育制度考》。

把父亲的兄弟也叫作父亲，把父亲兄弟的妻子也叫作母亲。这两点，商人和吉里亚克人是完全一致的。只有把自己母亲的姊妹也叫作母亲以及把这些人的子女统统叫作自己的兄弟姊妹这两点，目前尚不能从商代宗法里得到证实。但是也没有发现相反的证据。

现将近代与商代亲属称谓比较如下：

商代的亲属称谓与易洛魁人的亲属称谓相像。易洛魁人的特殊称谓来源于普那路亚婚姻制度，商代的特殊称谓也必然来之于兄弟共妻、姊妹共夫。由于共妻，所以父、叔不分，得以通称为父；子、侄不分，得以通称为子；由于共夫，所以母、婶地位平等，可以通称为母。而这种特殊称谓的存在，使我们确凿地知道，商世之先，是实行过兄弟共妻、姊妹共夫即普那路亚婚制的。

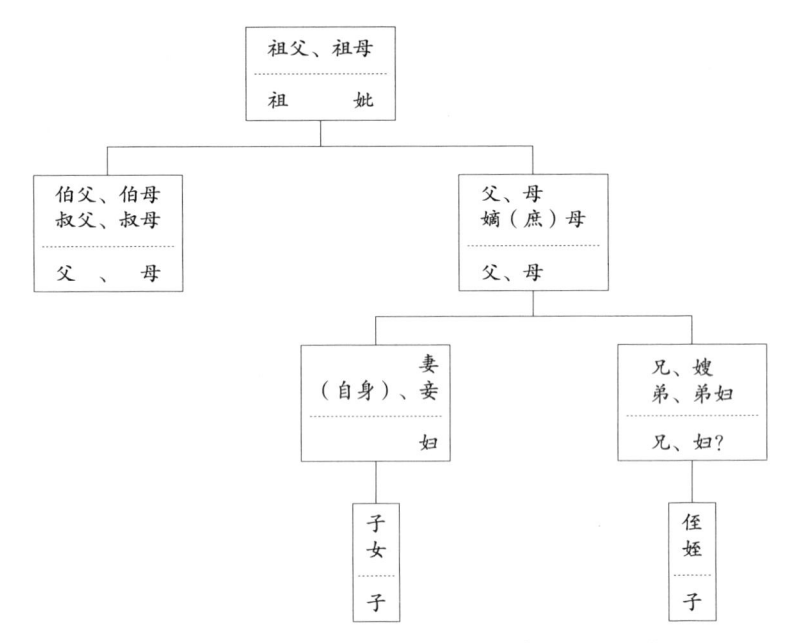

```
                    ┌─────────────┐
                    │  祖父、祖母  │
                    │ ─────────── │
                    │  祖    妣    │
                    └──────┬──────┘
         ┌─────────────────┴─────────────────┐
┌────────────────┐                  ┌────────────────┐
│ 伯父、伯母      │                  │  父、母         │
│ 叔父、叔母      │                  │  嫡（庶）母     │
│ ────────────── │                  │ ────────────── │
│  父  、  母    │                  │  父、母         │
└────────────────┘                  └────────┬───────┘
                              ┌──────────────┴──────────────┐
                    ┌────────────────┐           ┌────────────────┐
                    │     妻         │           │  兄、嫂         │
                    │ (自身)、妾     │           │  弟、弟妇       │
                    │ ────────────── │           │ ────────────── │
                    │       妇       │           │  兄、妇？       │
                    └────────┬───────┘           └────────┬───────┘
                    ┌────────────────┐           ┌────────────────┐
                    │   子           │           │  侄            │
                    │   女           │           │  姪            │
                    │ ────────────── │           │ ────────────── │
                    │    子          │           │    子          │
                    └────────────────┘           └────────────────┘
```

（表中虚线上为近代亲属称谓，虚线下为商代亲属称谓）

第七章
商代妇女的社会地位[1]

妇女的宗法地位

商人的祖先是谁?《诗·商颂·玄鸟》说:"天命玄鸟,降而生商。"是一个名叫简狄的女人,吞了玄鸟遗下的卵才生了儿子,商民族由此发展而来。甲骨文里,商人的祖先王亥,又可以写作"王夒",亥字上面加一个鸟头,说明商人是鸟的子孙。从鸟到商,经历了一个从神(图腾)到人的质的突变。而促成这一突变的重要因素,则是简狄。

简狄,她是商人的第一个祖先。这祖先是个女人,说明妇女在商人的宗法系统中,具有崇高的地位。

到了西周以后,氏族社会中妇女地位的独立性被降低了。儒家学者想使人类免去知母不知有父的"耻辱",就无中生有地给古史中的妇女始祖配上夫主。于是,商人的祖先简狄、周人的祖

---

[1] 在此需要声明:本章内容,由于文献材料缺乏,考证事项多从卜辞中的贵族妇女入手。但贵族妇女在贵族社会中的地位高低,与平民妇女在平民社会中地位高低应成正比,所以以点代面,略作表述。

先姜嫄，一同被嫁给了帝喾。(《大戴礼·帝系》："帝喾……上妃，有邰氏之女也，曰姜嫄……次妃，有娀氏之女也，曰简狄。")《诗经》明明说："厥初生民，时维姜嫄"(《大雅·生民》)、"天命玄鸟，降而生商"。在姜嫄、简狄之前，根本就没有什么周人、商人存在，还说什么帝喾？

但不管如何，社会是进入父系时代了。姜嫄、简狄为有夫之妇，是妇女地位下降的一个标记。实际上，在此以前的商代妇女，其宗法地位，亦早已让于男子了。商王祭祀自己的祖先，以父系高、曾、祖、父为线而不以母系外高祖母、外曾祖母、外祖母、母为线就说明了这个问题。王室制度如此，王室以外也是这样。易州出土的三句兵上，记载了一个家族的牒谱铭文：

大祖曰己。祖曰丁，祖曰乙，祖曰庚，祖曰丁，祖曰己，祖曰己。

祖曰乙。大父曰癸，大父曰癸。中父曰癸，父曰癸，父曰辛，父曰己。

大兄曰乙。兄曰戊，兄曰壬，兄曰癸，兄曰癸，兄曰丙。

商代甲骨卜辞中，还有一份祖谱，它记载了儿(倪)氏家族的牒谱如下：

儿先祖曰吹。吹子曰㱿。㱿子曰冥。冥子曰雀。雀子曰壶。壶弟曰伇，壶子曰丧。丧子曰戠。戠子曰俭。俭子曰邻。邻弟曰忻，忻子曰㱿。㱿子曰㖇。

这片卜辞，许多人认为是伪刻。我一直疑心它是一个叫方白(伯)的人的家谱，被商人夺走当作战利品保存了下来。所以它在钻凿、卜兆、辞间界线、字体、辞例等各方面，都与商人卜辞有所不同。

从以上数例看，商代社会的家庭，以父系为中心，男子处于主宰地位，妇女处于从属地位。子孙皆从男系而出，似乎与女系无关。

但事实也不尽然。如武丁晚期卜辞，《殷虚文字乙编》4856说：

> 妇俶子曰亶。

这就是说，亶不仅是他（她）父亲的子女，也是他（她）母亲妇俶的子女。此例说明，妇女在家庭里还有一定的宗法地位。

再者，商人敬祭自己的祖宗，固然是以父系血统历代先考为主，但他们也没有忘记了自己的历代先妣。除上甲至报丁四世的祖妣无考外，后世各王，只要继承王位，他就有母亲排入祀谱，永远享受后人祭祀，由此可以得知，就个人讲，商人看待自己的祖妣，和看待自己的祖考是一样的。

还有，周人祭祖，祖妣陪同祖考受祭。商人却不，商人祖先受祭，都有特定的祭日，妻子受祭，并不和丈夫同在一天。如示壬、妣庚夫妇，壬日祭示壬，庚日祭妣庚；示癸，妣甲夫妇，癸日祭示癸，甲日祭妣甲……所谓甲、乙、丙、丁这些排号，一家之中，诸祖、诸父为序排列，诸妣、诸母为序排列，男一组、女一组，互不混扰。从这里我们可以看出，商代妇女在家庭宗法中，有其一定的独立地位。

商代妇女死后是独立下葬的。这由1976年安阳小屯发掘的妇好墓可以为证。妇女不与丈夫合葬，也说明她们家庭地位还保留一点独特性。先周时期的妇女，似乎也是独立下葬的，夫妻合葬是以后的事。西周中期陕西宝鸡茹家庄 M_1、M_2，是夫、妾同时先葬，妻后葬合墓。西周晚期浚县辛村卫国墓地之 M_5、M_{17}，二墓并列，其大小、形制均相似，也像是夫妻合葬墓。夫妻合葬，甚至后死而合葬，说明周代妇女对男子的依附关系。

商代家庭中，重男轻女，女孩受到歧视。《殷虚文字乙编》7691+7731 说：

> 甲申卜，㱿，贞：妇好冥妎？王固曰：其唯丁冥妎，其唯庚冥，弘吉，三旬出（又）一日甲寅冥，不妎。唯女。

冥，即娩，生小孩。妎，即嘉，孩子的美称。相当于现代汉语中的"小乖乖"。这条卜辞说："甲申这一天，卜人㱿来占卜，问：妇好能生个小乖乖吗？商王武丁核实了占卜的结果，说：在丁日生下小乖乖，在庚日生下来，都是吉利的。三旬又一日甲寅这天生下来了，不是小乖乖，是个女娃娃。"

生个女娃娃就不是小乖乖了，这说明在商人的心目中，女孩不如男孩。所以胡厚宣说这一条卜辞，"关系着殷人重男轻女的问题"[1]。

商人虽重男轻女，但在家庭成员中，对儿子和女儿的称呼是一样的。商王武丁称自己的儿子为子渔、子美，称女儿也称子某。《殷虚文字乙编》2614+5961+6909 说：

> □□卜，㱿，贞：子昌冥妎。□□卜，㱿，贞：子昌冥不其妎。

子昌，是武丁之子。她要冥妎——要生小乖乖了，说明她是武丁的女儿。儿子、女儿都称子，说明商人在形式上还保存着氏族社会男女平等的习俗。

---

1. 胡厚宣：《殷代农作施肥说补证》，《文物》1963 年第 5 期。

从氏族社会到商代，妇女的宗法地位自然是每况愈下。她们由氏族的主干，下降为家庭的附庸，早先所拥有的宗法地位，转让给了男子。但是，这种转让并不彻底，妇女在家庭中还保有一定的地位，死后可以独立受到祭祀，还有一定的宗法权利。她们和周代妇女宗法地位比较，还是高的。

妇女的经济地位

商代妇女，有一定的财富。她们独立经营田产。《殷虚文字乙编》2028+3184 说：

己亥卜，争，贞：在姤田，业（有）足雨。

这条卜辞说："己亥这天，卜人争占卜，问：在姤的田地里，下足了雨吗？"

姤，是商王武丁时的诸妇。她有姤田，姤田上的收获，当然是属于姤的。《库方二氏所藏甲骨卜辞》308 说：

贞：姤受年。

这是说："问：姤获得丰收吗？"

姤时的商王武丁，而武丁有"我田"。《殷虚书契续编》5.29.1 说：

□□卜，古，贞：……我田业（有）来。

"我田"的收获，是属于"我"的。《殷契粹编》871 说：

乙丑卜，韦，贞：我受年。

我田与姤田不同。我指武丁，姤指武丁诸妇姤。武丁、妇姤各自独立，经营着自己的田产。

武丁的诸妇很多，她们之中，其他人也有自己的收获，说明那些人也有自己的田产。《殷契粹编》879 说：

> 甲寅卜，古，贞：妇妌受黍年。

周的土地制度是王有制，"溥天之下，莫非王土"（《诗·小雅·北山》）。商代土地是否王有，从卜辞里尚找不到强有力的证据。但从武丁为诸妇们的生产、收获频频卜问来看，土地的所有权，还是属于武丁的。妇姤、妇妌不过是对土地执行经营权罢了。

再说财产。商代是青铜时代。统治阶级拿青铜做食器，生前列鼎而食，死后用以殉葬。所以宝彝大鼎，成为财富与地位的象征。

在商代，妇女有自己的财富。我们已知的商代最大的鼎是司母戊鼎，重875公斤。这件巨型铜器，实在是世界青铜文化的奇迹。另外，仅次于司母戊鼎的司母辛大方鼎，通高0.80米，重117.5公斤，也是古代青铜文化的重要创造。这些稀世珍品，上面铸以"母戊""母辛"字样，说明它们是属于妇女所有。

如果说"母戊""母辛"是死后的名号，因此这些鼎器是他人所造，并非一个女人生前占有的话；那么与"司母辛"鼎同墓出土的有"妇好偶方彝"，妇好是生称，此彝则是妇好生前的财富了。偶方彝通长0.90米，通高0.60米，属于罕见的稀世大彝。此外，妇好墓出土青铜器近二百件，其中鼎器三十多件，玉石器五百多件，礼器、玉器之上，不少镌有"妇好""司母辛"之类的名字，证明了商代妇女是可以占有大量财富的。

但上述例子并不说明商代妇女的经济地位要比男子为高。因为商代财富的所有权，仍是操纵在男子手里。所谓母某、妇某者，固然是些女人的名字，但这种名字本身，就带有男性所有权的烙印。母者，后辈称前辈先人之妻为母，如"示壬母妣庚"（武丁卜辞，《殷虚文字甲编》460），就是"示壬妻妣庚"（武丁卜辞，《殷虚文字乙编》1916）。妇者，妻也。不管是母是妇，都不是氏族社会那种女娲、简狄、姜嫄式的独立的人身，而是某人的妻子，男子的附属物了。但若和后世的贵族妇女相比，无疑她们拥有更大的财产权利。

再说对奴隶的占有。在奴隶社会，奴隶主的统治地位，表现在对奴隶的占有上。商代妇女对奴隶有没有占有权呢？这从甲骨卜辞中，还找不到直接的答案。但是，我们从商代奴隶陪嫁一事上，可以看到一些端倪。

商代的奴隶陪嫁现象，早已见诸史册。先秦诸子所津津乐道的名臣伊尹，就是一个陪嫁的奴隶。伊尹之名，亦见于甲骨卜辞，说明他实有其人，并非虚构。商代的奴隶陪嫁现象，也曾见诸卜辞。武丁卜辞《殷虚文字乙编》826+2005+2137+2138+2168+2451+5431+7132+7160+7377 说：

丁巳卜，弃（媵）多宰于柄。丁巳卜，勿弃（媵）多宰于柄。

宰在商代是奴隶的专称，郭沫若早已论定（见《甲骨文字研究·释臣宰》）。"弃多宰"，就是陪送一批奴隶和主人姑娘一起出嫁。

陪送出去的奴隶，是不是都是家内奴隶？其中有没有生产奴隶？卜辞、文献都没有说明。但是，1."弃多宰"，陪送出去的奴隶不是少数而是一批；2.前曾论及妇女经营有个人的土地。从这两点上推测，陪嫁奴隶中，可能有生产奴隶。

当然，奴隶陪送出嫁，并不证明妇女可以占有奴隶。她们只不过能对奴隶行使使用权罢了。伊尹随有莘氏陪嫁成汤，就立即归了成汤所有，不就说明这个问题了吗？

总之，从对土地、财富、奴隶的占有三方面看，商代妇女，在社会经济生活中，皆有相当大的拥有权。

妇女的军事地位

商代的贵族妇女，有一定的军事地位。她们有权率领一支军队。《库方二氏所藏甲骨卜辞》310 说：

辛巳卜，囗，贞：登妇好三千，登旅万，乎伐羌。

妇好是武丁的诸妇，她又是一个军事将领。妇好墓出土一把青铜钺，上面铸有"妇好"字样，显示出她在军事方面的权威性。武丁准备讨伐羌人，就来调集（登、登）她的军队了。她的军队有多少呢？"登妇好三千，登旅万。"她有军旅万人，还有其他三千。这三千其他，是战车？是战马？还是兵器、辎重？从登字不同于登看，总不会是也指"旅"，一定是"旅"以外的东西，战车的可能性要大些。我们暂且称它作特种兵吧！在三千多年前的商国，妇好握有上万的兵力，上三千的特种兵，那简直是个货真价实的大军阀了。

商代贵族妇女的军队，绝不仅仅是徒具形式的仪仗队，而是硬碰硬的作战部队。妇好要率领她们攻打羌人，武丁则为她们占卜祝愿，要她们活捉敌人。《铁云藏龟》244.1 说：

贞：钺不其获。贞：乎妇好羍（执）。

钺是武丁的一员将官。这条卜辞卜问："钺能不能有所斩获？妇好能不能活捉敌人？"妇好的部队，要建立殊勋呢！

妇女还可以指挥别人的军队，担任联合部队的作战指挥官。《殷契粹编》1230 说：

> 壬申卜，争，贞：令妇好从沚馘伐巴方。受业又。

沚馘，是武丁时代与望乘、癸正化齐名的三大将之一。但在这时候，他也不得不接受一个妇女的节制、指挥。"令妇好从沚馘巴方"，就是要妇好率领沚馘讨伐巴方。"从"字在卜辞里，是率领的意思。

也不要以为妇女领兵只是临时措施。不，就是在平时，商代贵族妇女，也有从事军职驰骋沙场的。她们统率军马，进行畋猎，而畋猎在商代就是一种战争演习。《殷虚书契前编》2.45.1 说：

> 贞：乎妇妌田（畋）于公。

这是说，武丁之妇妇妌，要在公众地进行畋猎，练兵冲杀了。

商代妇女守土有责，也会担任地方守备职务。《殷虚书契菁华》6 说：

> 王固曰：业祟，其业来嬉。乞至九日辛卯，允业来嬉自北。
> 蚰、敏妯告曰：土方侵我田，十人。

这是说："商王武丁核实了占卜的结果，说是会有祸祟出现，是会有敌人来侵犯的。到了第九日辛卯这一天，果然有敌人的侵犯从北面来。蚰、敏妯报告说：'土方侵扰我们的畋猎区，抓去了十个人。'"

从这一条卜辞看，武丁的诸妇敏妯，曾经出镇边陲，担负御敌守土之责。

从对军队的统领、对作战的指挥、对畋猎的统率、对国土的守卫几方面看，商代的贵族妇女在国家军事活动中的地位是重要的。这重要，不仅是周代的贵族妇女所不可企及，就是后世封建社会的妇女都很难比得上。

妇女的政治地位

商代妇女在国家政治生活中的地位是重要的。周人指责商人说："古人有言曰：牝鸡无晨。牝鸡之晨，惟家之索。今商王受，惟妇言是用。"（《书·牧誓》）"惟妇言是用"，说明商代妇女（尽管只是个别人）在国家政治生活中有一定的发言权，起到过重要的作用。

她们在国家政治中，有过什么活动呢？

在商代，由于生产力的低下，科学不发达，人们崇尚迷信，神示左右着王权。因此，祭祀、占卜就成了商代的政治，卜人巫祝是商王朝的政治活动家。

在这些祭祀、占卜活动中：

1. 妇女参预了祭祀活动，甚至还可以担任主祭。《殷虚书契前编》1.38.2 说：

邲帚好于父乙。

邲是为祛除病灾而举行的祭祀（杨树达《卜辞琐记·邲帚好》）。这条卜辞说："妇好为父乙举行祭祀以祛除病灾。"妇好是主祭人。

2. 商人占卜，主要用龟甲兽骨。妇女参加龟甲兽骨的收集工作。

《殷虚书契续编》4.26.5 说：

> 妇井乞黾自□七、耳十五。

这是一条记事刻辞,它记载着:"武丁时的妇井,从事收集黾(龟的一种)的工作。她从□(人名,阙)那里取来了七只,从耳(人名)那里取来了十五只。"在这类刻辞里,"乞"是收取的意思(见胡厚宣《武丁时五种记事刻辞考》)。

占卜用的龟甲兽骨在使用前,要经过一定的手续,这个手续叫作"示"。"示"是什么?胡厚宣认为是祭龟(见《武丁时五种记事刻辞考》),陈梦家认为是钻龟(见《殷虚卜辞综述》)。不管是祭龟、钻龟,总之都是占卜之前的准备工作。

商代妇女,参加这种准备工作。《龟甲兽骨文字》1.18.2 说：

> 妇井示五屯。

这条卜辞说:"妇井示龟五对。"屯,表示一对、两个(《武丁时五种记事刻辞考》)。

妇女参加乞龟、示龟,服务于国家政治。

3.商代神示左右着王权,所以受命传达神示、祷告帝廷的巫祝,也就成了国家的政治要人。这些要人之中有妇女,如武丁时的女巫妚、嬅(《殷契佚存》1000)。她们在祈雨时可能被焚以祀天,那是一种残酷的牺牲;但在平时,却可以假借上帝的名义颐指气使呢!

从祭祀、占卜、作巫几方面看,商代妇女广泛地参预了国家的政治活动。商代妇女有没有直接进入政权机构,出将入相,担任政府的要职呢?有的。武丁卜辞《殷虚文字乙编》826+2137+2168 说：

>戊午卜，小臣不其妨？

这条卜辞问："小臣是不是生小孩？"这表示小臣是女性。

商代有小臣名妥（《殷契粹编》1275，康丁卜辞）。妥字从女，依卜辞惯例，从女之名皆为女，这又是一个担任小臣一职的女人。至少说明，商代在武丁、康丁两世，确有女人充当小臣之事。

小臣，是商代的臣正。春秋时代宋遗《叔尸镈》追述商事，称伊尹为少臣，少臣即小臣。陈梦家说："殷代晚期金文如《小臣邑斝》《小臣艅尊》《小臣𧽊卣》《小臣缶鼎》记王锡小臣而作器，此等小臣显然为殷王朝不小的臣正。"（《殷虚卜辞综述》）

妇女担任小臣，担任这"显然为殷王朝不小的臣正"，说明商代妇女担任了国家要职。参预祭祀、占卜，作巫祝、为小臣，商代贵族妇女广泛地参加了国家的政治活动，具有一定的政治地位。

然而，整个的国家统治机器，还是操纵在以父系为中心的男子手里。妇女参政，只不过能在国家机构中，取得一个服务机会罢了。可是，就是这样的一个服务机会，到了西周，就被完全剥夺了。因为"牝鸡司晨"，为周人所不允许。

商代，已经进入了父系时代。妇女的社会地位，早已落到了男子之下。但商代从母系氏族社会中来，妇女的社会地位，还没有一下沦落到底。所以在商代的政治、经济、思想领域中，都还保存了一些母系氏族社会的遗迹，至少贵族妇女还有一定的宗法、经济、军事、政治权利。这权利虽然已经不大，但仍远远居于周代及其以后历代妇女地位之上。从这一现象可以看出，人类自从进入私有制的阶级社会，妇女的社会地位是一步步地向下沦降的。

第八章
商代无嫡妾制度与生母入祀法

商代无嫡妾制度

　　嫡妾制度,是分封宗法制度中关键的一环。只有妻分嫡妾,才能子分嫡庶;有了子分嫡庶,才演绎出了一整套的分封宗法制度。因此,中国的嫡妾制度何时出现、商代有没有嫡妾制度,关系到中国分封宗法制度何时何地酝酿、产生的问题。这里拟根据商代帝王的妻、子关系对商代的宗法制度、有无嫡妾之制加以考查。

　　商王多妻,是众所周知的。众妻之间,有没有嫡妾之分?从卜辞里,我们只能看出她们之间有财产多寡、势力大小之差,却看不出地位高低、名分上下的不同。她们被统称为帚(妇),不论其他。

　　从商王对先王的祭祀,也看不出兄弟之间有什么嫡庶之别。陈梦家在《殷虚卜辞综述》里,对商王阳甲、盘庚兄弟辈受后代儿孙祭祀的情况,曾有精确的统计,今据以列表如下:

受祭者称谓＼受祭者名号＼致祭者辈分＼致祭者名号	阳甲	乙	丙	丁	戊	己	盘庚	小辛	壬	癸	(甲)	小乙
儿辈 武丁	父甲阳甲	父乙	父丙	父丁	父戊	父己	父庚	父辛	父壬	父癸	父甲	父乙
孙辈 祖庚祖甲	祖甲阳甲		祖丙		祖戊		祖庚盘庚	祖辛小辛				祖乙小乙
曾孙及其后辈	祖庚甲之后											

　　从上表看，商王武丁祭祀自己的父辈，受祭者共兄弟十二人。这十二人不可能为一母所生，但他们同样得到祭祀，一律平等，不分嫡出、庶出。但到了孙辈祖庚、祖甲祭祖辈，并没有再对这十二人普遍致祭，而是有所选择。选择的结果，是曾经登过王位的甲、庚、辛、乙入祭了，另外两个叔祖丙、戊也入祭了，丙、戊入祭的原因，大概是因为和祖庚祖甲之亲祖小乙同母所出，因血缘关系亲近而被选入祭。他们入祭的原因，不是因为嫡出之故。在儿辈武丁祭父辈，已不分嫡出庶出，到了孙辈祖庚、祖甲祭祖辈，再来分嫡出、庶出，不大可能。到了曾孙以下，祭祀曾、高祖，仅仅只祭了阳甲、盘庚、小辛、小乙，那是因为他们都登过王位。其他未登王位的，则被淘汰不祭。可见，祭与不祭，是按曾否登过王位、血缘远近来决定的，而不问嫡出、庶出。王国维说："故商人祀其先王，兄弟同礼，即先王兄弟之未立者，其礼亦同。是未尝有嫡庶之别也。"（《观堂集林·殷周制度论》）商代王子，既没有"嫡庶之别"，那么商代王后，也就没有嫡妾之分。

　　目前主张商代有嫡妾之制的议论，是从三方面来证明这个制度存在的。兹就其论证加以探讨。

　　一、从商代王位继统法证明商王子分嫡庶，推论商代有嫡妾之制。

持这种意见的，有范文澜的《中国通史》、王玉哲的《中国上古史纲》。范书说："如果说商朝以前无嫡庶之制，那么，夏帝和商先公世系，不是虚构便是他们都只生一个儿子（仅帝泄、冥有二子），这是讲不通的。商王婚姻是一夫一妻制，实际是多妻制，自汤至纣三十王，从无一人生过五个儿子（仅祖丁有四子），这也是讲不通的。正因为商有嫡庶的区别，嫡子继承王位，庶子不得继承（多妻制的嫡妻生子不多并非怪事），所以有兄弟最多不过四人的现象。"[1] 王书的论点、论据与范书同[2]，不再征引。

因为有"兄弟（笔者注，指及位兄弟）最多不过四人的现象"，就断定"嫡子继承王位，庶子不得继承"，不免武断。诚然，商代王位继承，曾用兄终弟及的继统法，但并不尽是兄终弟及之制，兄终后弟不能及位的原因，并不见得就是因为这些弟是庶弟。

商代王位的继承，有兄终弟及，如：大丁—外丙—〔仲壬〕，〔沃丁〕—大庚，小甲—雍己—大戊，中丁—外壬—戋甲，祖辛—沃甲，阳甲—盘庚—小辛—小乙，祖庚—祖甲，〔廪辛〕—康丁；也有父死子继，如：大乙—大丁，大甲—〔沃丁〕，祖乙—祖辛，武丁—祖庚；还有弟死后传兄之子，如：〔仲壬〕—大甲，戋甲—祖乙，南庚—阳甲；也有弟死后传弟之子：大庚—小甲，大戊—中丁，小乙—武丁，祖甲—〔廪辛〕，康丁—武乙；还有兄弟死后先传兄之子后传弟之子的：祖辛、沃甲—祖丁、南庚；到了商代后期，武乙—文丁—帝乙—帝辛，更完全以父死子继代替了兄终弟及。商代帝王的继统法是如此混乱，怎么能说商代王位继承都是兄终弟及呢？又怎么能说兄终后不能及位的弟都是庶弟呢？

---

1. 范文澜：《中国通史》第一册，人民出版社1978年版，第57页。

2. 王玉哲：《中国上古史纲》，上海人民出版社1959年版，第97页。

商代王位继承混乱，必须从商代帝王的职能研究入手，才能解开这个谜。商代帝王，以武丁为例，具有以下职能：

1. 组织农业生产。

商王武丁，是农业生产的组织者。他督率农田耕作——《殷虚文字甲编》3420+《殷虚书契后编》2.28.16："王往获藉，征往？"（王前去农作深翻土地，就去吗？）

他主持农作物种植——《殷虚文字乙编》6964："王立黍，受年？王勿立黍，弗其受年？"（王主持种黍，获得丰收吗？王不主持种黍，不能获得丰收吗？）

他号令农事收获——《殷虚书契前编》7.30.2："王大令众人曰叠田，其受年？十一月。"（王统一号令众人收割小麦，这样做会获得丰收吗？十一月。）

2. 指挥军队作战。

商王武丁，是对外战争的指挥者。他亲冒矢石，指挥作战——《殷虚文字乙编》6888+2615："王从望乘伐下危，受有又？"（王率领望乘去攻伐下危，可以得到祐护吗？）

3. 率领合围田猎。

商王武丁，是田猎活动的首领。他身体力行，参加田猎活动——《殷虚书契菁华》1："甲午，王往逐兕。"（甲午这天，王前往围猎逐兕。）

商代的田猎，不同于后世的游乐。商代田猎既是战争演习，又是生产活动。田猎的收获，可以补充畜牧收入的不足。譬如武丁时期一次田猎，擒获了三百四十八头野兽——《殷虚书契后编》2.41.12："丙戌卜王，陷？允擒三百又四十八。"（丙戌这天，王来占卜，设陷阱围猎好吗？结果擒获了三百四十八头野兽。）

一次围猎有这么大的收获，足能弥补畜牧收入的不足。但这种围猎是非常危险的活动，有时会碰到老虎——武丁卜辞《殷虚文字乙编》2908："允擒唯虎。"（结果擒获了老虎。）擒虎之事对于手中只有弓箭的商代人来说，无异是一种生命的赌博。所以后世商王每次田猎，总不忘占卜"王其田？往来亡灾？"（王是不是前去田猎？来往没有灾祸吗？）但商王武丁，对于这种危险的田猎生产，是事必躬亲的。

以上是以武丁为例，考查商代帝王的职能。从整个卜辞看，商代帝王，基本上都具备这种职能。甚至商代最后一个帝王纣，也还具备"资辨捷疾，闻见甚敏，材力过人，手格猛兽"（《史记·殷本纪》）的本领。他们和封建社会中某些孱弱的皇帝不同，而是组织生产、统率三军的领袖。谁没有这种组织生产、统率三军的能力，谁就不能引导本族人民取得生存斗争的胜利，谁就没有资格登上王位。因此，商代王位的继承，既要根据血统关系的延续，更要考虑个人能力的大小。那些虽系同一血统而能力太差的王储，势必要让位给另一同样血统的能力强者。这样一来，就造成了王位继统的混乱。但这只是在宗法系统上的混乱，在考虑个人领导能力这一点上，并不混乱。

商代帝王要有组织生产、统率三军的能力这一点明了后，就会逻辑地推测到，某些弟在兄终后不能及位，多由于个人能力的缺乏，或者兄之子已经具备了领导本族生存斗争的能力。及位与否，在于能力大小，不在于嫡出庶出。在旧文献上，商代中叶，不乏王位之争的记载，那应该就是能力强、弱者之间的争夺吧！如果在王位继承上只考虑嫡出庶出，那么在并非改朝换代的国事安定的商代中叶，王子一出娘胎就决定了将来是否该登王位，还有什么争夺呢？

二、从商代甲骨文中有"妾""妃"等字的出现，以证明商代有嫡妾之制。

商人在王位继承上，既不分嫡出、庶出，那么在婚姻关系上，就不会有什么嫡妾之别。李亚农在论述商人《一夫一妻制的确立》时，说妾就是女奴隶，她们由被奴役而转为被"亲之爱之"，最后被奴隶主当作"家族的成员看待"，"不但取得了当时主人的宠爱和信任，并且取得了奴隶主的后代儿孙的尊崇"（《李亚农史论集·殷代社会生活》）。这些论证的产生，是由妾字代表女奴隶这一概念引起的。其实，妾字在商代卜辞中，是妻字、母字的同义语，丝毫没有女奴隶的意思。如示壬之妻妣庚，在同一时期武丁卜辞中，就被称以妾、妻、母三种称呼：

《殷虚书契续编》1.6.1："示壬妾妣庚。"

《殷虚文字乙编》1916："示壬妻妣庚。"

《殷虚文字甲编》460："示壬母妣庚。"

可见，妾、妻、母三字同义，相当于后世的内人、太太、娘子。由妾字的出现说明商代有嫡妾之制是不确的。

吕振羽主张商代有嫡妾之制，提出的证据除《易》《诗》中出现的"娣""嫔"字（其所举例句均出自周人典籍，说的是周人的事，不足以论商代制度）外，又提出了一个"妃"字。[1] 甲骨文中有个"妃"字，但是，这个"妃"字从女从巳，与从女从己的妃字不是一回事。甲骨文著作中仅仅因为巳、己之今形相近才把它隶定为"妃"字的。而且，这个妃字都是帚（妇）名，因帚为妇人，所以帚名之字从女，如帚井、帚良就又写作帚妌、帚娘。按照这个惯例，帚妃之妃字从女从巳就是帚巳。妃是巳字，它与后妃之妃毫不相干，不能说明商代有嫡妾制度。

---

1. 吕振羽：《殷周时代的中国社会》，生活·读书·新知三联书店1962年版，第106页。

吕书所举的三条卜辞（《前》，五，一二，三；《前》，六，五，六；《前》，六，六，三）中的妃字都不是妃而是好字。这个好是妇好，她位高权重，威名赫赫，谁也不能说她是一个妃妾。这个好字的出现不能证明商代有嫡妾制度。

三、从商代祭祀中先王配偶未能全部入祀，证明商人有嫡妾之制。

从甲骨卜辞里，既看不出商人在王位继承上之嫡出庶出；从甲骨文字上，也找不出商人夫妻关系中母、妻与妾的区别。这样，商代无嫡妾制度应该说没有疑问了。但是，由于商人周祭祀谱的出现，使这个已经被王国维解决了的问题，重新又复杂化起来。

周祭祀谱，是商王对先祖、先妣轮流致祭的顺序。商人以日干为名号，他们对于自己的祖、妣，轮流在祖妣名号之日致祭（即甲日祭甲，乙日祭乙……），这叫作周祭。周祭祀谱中，先王的妻子，只有少数列入祀谱受祭。于是大家纷纷把那些列入祀谱受祭的妻叫作"法定配偶"（陈梦家《殷虚卜辞综述》），推测她们都是"正妻"、嫡妾；而把那些不曾列入祀谱受祭的妻，叫作"非法定配偶"，推测她们都是"副妻"、妾。这样一来，商代有嫡妾制度的议论就形成了。郭沫若主编《中国史稿》说：

> 被列入这种祀典的先妣，基本上只限于直系先王的配偶，而且在直系先王的配偶中也只有一人或几人有资格受到祭祀。这种先妣，显然是先王的正妻。商代前期先妣的区别正、庶，应该是出于后王的安排。

以是否出现于祀谱作为区别正妻、副妻的标志，理由是不充分的。特别是说"商代前期先妣的区别正、庶，应该是出于后王的安排"，这非常理所能许可。

为了说明商王先妣哪些人能够入祀，不入祀的并不就是庶妻，我们将商代先公、帝王及其入祀配偶表列于后。表中位于一个方框之内者，为夫妻关系；上下两个方框以直线相连者，为父子关系；两方框平列相并者，为兄弟（同父不一定同母）关系；括以〔 〕号的帝王名字，为旧文献中所有而卜辞中未见者。

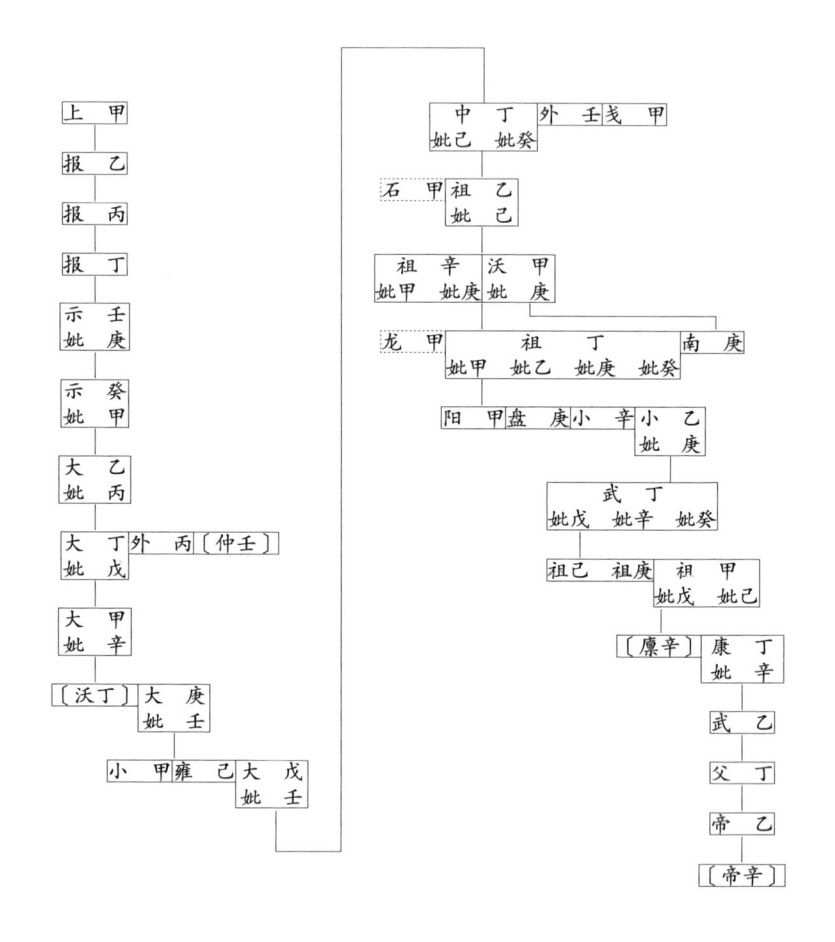

从表中可以看出：

自上甲至于报丁，由于年代久远，殆无信史，他们的配偶名号，未能传之后王，所以无法列入祀谱。

自武乙至于帝辛，距商代亡国之年甚近，他们的配偶，或在亡国之前尚未去世（帝王夫妻年龄相差悬殊是常有的事），或尚不及列入祀谱。

自示壬至于康丁，十五代二十九王，凡是有儿子继承王位的，就一定有妻子列入祀谱；凡是没有儿子继承王位的，就一定没有妻子列入祀谱。《中国史稿》说的"被列入这种祀典的先妣，基本上只限于直系先王的配偶"是不确切的，因为沃甲并非直系先王，但却有配偶妣庚列入祀谱。有无妻子列入祀谱，在于有无儿子继承王位，不在于本人是否是直系先王。当然，凡直系先王都有儿子继承王位，所以他们都有妻子列入祀谱。这一现象，就足以驳倒那些把入祀配偶看作"法定配偶"看作"正妻"的旧说。如果那样的话，就必然要得出这样的结论：不能入祀则不为"法定配偶"、不为"正妻"，而那些因无子为王而无妻入祀的商代帝王，一律都是一生未娶"法定配偶"、未娶"正妻"的鳏夫，这是不可能的。

商代的生母入祀法

从上节表中可以看出，商王祀谱中，凡有子为王就有妻入祀，凡有妻入祀就有子为王，这是商代帝王祀谱的通例。造成这种通例的原因，是儿子要祭祀自己的生身之母，因而凡有子为王的王妻，均被儿王列入祀谱，成了入祀配偶。说得更明确一点，那就是说：入祀配偶，均系登位儿王的生母。这就是商代祀法中的"生母入祀法"，因为从数目上来说，那入祀配偶与登位儿王的数目，往往是一致的。

入祀配偶与登位儿王数目的比较如下：

1. 一母入祀，一子为王：

示壬妻妣庚——子示癸

示癸妻妣甲——子大乙

大丁妻妣戊——子大甲

沃甲妻妣庚——子南庚

小乙妻妣庚——子武丁

康丁妻妣辛——子武乙

2. 一母入祀，数子为王：

大乙妻妣丙——子大丁、外丙、〔仲壬〕

大甲妻妣辛——子〔沃丁〕、大庚

大庚妻妣壬——子小甲、雍己、大戊

大戊妻妣壬——子中丁、外壬、戋甲

祖乙妻妣己——子祖辛、沃甲

一母生数子，所以有一母入祀数子为王的现象。

3. 几母入祀，几子为王：

祖丁妻妣甲、妣乙、妣庚、妣癸——子阳甲、盘庚、小辛、小乙

武丁妻妣戊、妣辛、妣癸——子祖己、祖庚、祖甲

祖甲妻妣戊、妣己——子〔廪辛〕、康丁

祖己即孝己，旧文献所载，多以为未立而卒。但卜辞中他被列入祀谱，与其他诸王同样受到后王祭祀。因此，祖己应该和祖庚、祖甲一样被视为商代一王。

以上几个儿子为王，就有几个母后入祀；那入祀的母后，应该分别是这些儿王的生母。

4. 两母入祀，一子为王：

中丁妻妣己、妣癸——子祖乙

祖辛妻妣甲、妣庚——子祖丁

这两项例证，应该是商有嫡妾之制的最有力的证据。因为一

子二母，必有一母非生母；非生母而能入祀，其不为嫡母而何？但是，这在商代十六世祀谱中只占两例。特别是，这两例发生在中丁之后的九世之乱中，就不能不使人怀疑到它的可靠性。《史记·殷本纪》说："自中丁以来，废适而更立诸弟子，弟子或争相代立，比九世乱。"因此，我认为祖乙、祖丁应各有一个兄弟登上过王位；登上了王位就把自己母亲的庙主请进了宗庙，把自己母亲的名号排入了祀谱。但不久他们本人却被别人赶下了台，不为后王所祭祀。于是他们本人被摒弃于周祭祀谱之外，使自己的母亲成了无子为王（实际上是无子入祀）的入祀母后了。

这样推测的根据是：商王武丁，特祭自己的先祖，其中被祭的，有石甲、龙甲。《殷虚文字乙编》5327说：

辛亥卜翌用于下乙。

辛亥卜帝往一羊牝祖壬。

辛亥卜兴祖庚。

庚戌卜侑岁〔　〕下乙。

辛亥卜兴祖庚。

己酉卜車牛于石甲。

己酉卜侑岁于祖乙。

《殷虚文字乙编》4507说：

辛丑卜其御中母己。

癸卯子卜御龙甲。

石甲、龙甲之名，在《殷本纪》和祀谱中都没有出现过。但石甲和祖壬（外壬）、祖乙、祖庚（南庚）、下乙（指小乙）同版受祭，龙甲和中母己（武丁之母辈）同版受祭，他们的地位，应不亚于一般先王。论其时代，石甲要早于龙甲，他们应在外壬之后祖乙与祖丁三世之间；而这三世，恰恰就空着二甲两位。因此，石甲应在祖乙之世，龙甲应在祖丁之世（日本学者岛邦男在《殷虚卜辞综类》中也把龙甲排在沃甲、祖丁之间，与本文排法一致）。他们是登过王位又被废黜的王，因废黜而未被后人列入祀谱，并被摒弃于商代帝王世系之外。

由于以上原因，所以中丁、祖辛之妻、子入祀情况应为：

中丁妻妣己、妣癸——子石甲、祖乙

祖辛妻妣甲、妣庚——子龙甲、祖丁

这情况，与几母入祀、几子为王的情况也属相同，应列入该项例证之中。

从以上情况看，商代哪些王妻能够入祀，完全在于该人有没有儿子为王。这就形成了我的看法：商代王妻的入祀法是"儿王生母入祀法"。生母入祀说的成立，揭开了商代宗法制度的一个谜底，那就是，所谓入祀配偶，不过是登位儿王的生母，并不是什么"法定配偶""正妻"之类。至于到了商代后期武乙、文丁、帝乙、帝辛之世，王位继承完全变为父传子制，这时的婚姻制度，有没有出现嫡妾之分的变化，则因卜辞史料缺乏，不敢强作解释。但是到了周初，嫡妾制度、嫡庶之分却以一个完整的宗法体系出现了。

文献中的嫡妾材料质疑

关于商代嫡妾之制，文献材料不多。《史记·殷本纪》说："帝乙长子曰微子启，启母贱，不得嗣。少子辛，辛母正后，辛为嗣。"

一贱一正，说明商代有嫡妾之制。

《吕氏春秋·当务》说："纣之同母三人，其长曰微子启，其次曰中衍，其次曰受德。受德乃纣也，甚少矣。纣母之生微子启与中衍也，尚为妾，已而为妻而生纣。纣之父、纣之母欲置微子启以为太子，太史据法而争之曰：有妻之子，而不可置妾之子。纣故为后。用法若此，不若无法。"纣母先妾后妻，俨然有一套嫡妾制度。

《太平御览》卷八三引《帝王世纪》说："帝乙有二妃。正妃生三子，长曰微子启，中曰微仲行，小曰受。庶妃生箕子，年次启，皆贤。初，启母之生启及行也，尚为妾。及立为后，乃生辛。帝乙以启贤且长，欲以启为太子。史据法争之，帝乙乃立辛为太子。"此一资料与《吕氏春秋》如出一辙，但不幸露出了马脚，既然帝乙只有二妃，箕子之母为妾，启之母生启之时也为妾，生启之时二妃都为妾，谁人为嫡呢？

纣以少子继承王位，本没有什么奇怪。立少不立长，许多古代民族都有这种先例。"芈姓有乱，必季实立，楚之常也。"（《左传·昭公十三年》）楚人早有立少子的传统。周人何尝不曾如此，古公亶父之后，就立过少子季历；武王有兄伯邑考，他的践位，也并非长子。其他民族可以立少子，商人何以不能如此？况且纣又是一个很有本领的人，他"资辨捷疾，闻见甚敏，材力过人，手格猛兽"（《史记·殷本纪》），甚至"能倒曳九牛，抚梁易柱"（《太平御览》卷八三引《帝王世纪》）。这正符合本章一节所说商代帝王所应具备的条件：组织生产，统率三军，有身体力行的能力。

纣以少子继王位，合乎立少不立长的宗法制度，与嫡妾之分应无关系，因为最讲究立嫡立长的周人，在此时此刻，尚未建立嫡妾之制,遑论商人?最典型的例子,就是武王姬发,他有兄弟十五人,分封十五个国家。[1] 十五人非一母所生,《史记·管蔡世家》说:"武王同母兄弟十人。母曰太姒,文王正妃也。其长子曰伯邑考,次曰武王发,次曰管叔鲜,次曰周公旦,次曰蔡叔度,次曰曹叔振铎,次曰成叔武,次曰霍叔处,次曰康叔封,次曰冉季载。"《左传·定公四年》:"武王之母弟八人。"母弟,即同母兄弟。其他武王异母兄弟所封之国,尚有毛、聃、雍、滕、毕、原、酆、郇。既然在周初分封时异母兄弟亦可受封,就说明当时还没有嫡妾制度。当然,因为大姒系武王生母,所以受到格外的尊敬,后人才称为"正妃",当时并不如此。从这一点来说,商末也不会分正妃、庶出。纣王以少子继王位,是传少子制的结果,不是嫡妾的变化。丁山说:"余谓纣之立,非因嫡子。殷之宗法,王位继承,多季之子。康丁以后,变为单传,未必尽为独子。颇疑殷之末叶,已废'兄终弟及'制度,改为'父终子及',子所及者,仍为季子,非如周人'立嫡以长不以贤',故微子虽为元子,不得嗣帝乙。"[2] 微子为元子而不为庶,至少到了东晋梅赜之时,人们还相信此说。伪《古文尚书·微子之命》说:"王若曰:猷,殷王元子……"

---

1. 《左传·昭公二十八年》:"昔武王克商,光有天下,其兄弟之国者,十有五人。"

2. 《新殷本纪·附注》,载教育部第五服务团研究所编辑:《史董》,三台文华社1940年版。

第九章
从殷道亲亲到周初封建

"殷道亲亲"

古人言："殷道亲亲。"[1]

亲亲的对象是谁？《礼记·中庸》说："亲亲则诸父昆弟不怨。"亲亲的对象是"诸父昆弟"。

亲亲的方式是什么？《礼记·中庸》说："尊其位，重其禄，同其好恶，所以劝亲亲也。"尊位重禄，即给以官位与俸禄，是亲亲的方式。

总的看来，所谓"亲亲"，就是给诸父（叔辈）昆弟以高官厚禄，组成血亲统治集团。

这样说，"亲亲"的就不仅是殷人了，夏人何尝不是如此。本书第五章《夏代——父系血亲统治下的国家》，说的就是夏道亲亲的事。

商代的"亲亲"，由于有了甲骨卜辞，使我们找到了更多的例证。

---

1. 《史记·梁孝王世家》褚先生补载窦太后语。

胡厚宣在《殷代封建制度考》[1]中曾有论证。他指出："封建制度（案：指分封制度）起源于何时，以真实文献之不足，难得而徵之。然由卜辞观之，至少在殷高宗武丁之世，已有封国之事实。则古人以封建制度源于三皇五帝之世者，虽属无稽，然即为封建制度实为周公之所独创者亦难遽信。"

胡厚宣于文中分章详述"诸妇之封""诸子之封""功臣之封"……论证方法，多以人名与地名之一致而认定该地为该人之封。方法是否妥当另当别论，但商代诸妇诸子地位显赫、垄断国家政务，确为不可置疑之事实。这就是人们所说的"殷道亲亲"。

甲骨卜辞中除有诸妇、诸子参与军国大事的大量记载外，尚记有王族、多子族、三族、五族参与师旅征伐：

王族——

　　令𢦏氏王族从〔卣〕芎叶王事，六〔月〕。（《殷虚书契前编》7、38、2，武丁卜辞）

　　乎王族征从彔……勿乎王族从彔？

　　雀弗其乎王族来……雀弗其乎王族来？

（《殷虚文字乙编》5311+5807+5876，武丁卜辞）

多子族——

　　叀多子族令从卣芎叶王事？（《殷虚书契后编》2、38、1，武丁卜辞）

　　令多子族眾犬侯璞周叶王〔事〕？……令多子族从犬眾卣芎叶王事？（《殷虚书契前编》5、7、5+6、51、7，武丁卜辞）

---

1. 载《甲骨学商史论丛》初集上册。齐鲁大学国学研究所专刊之一，1944年版。

令多子族从犬侯璞周叶王事？（《殷虚书契续编》5、2、2，武丁卜辞）

三族——

令三族〔从〕沚戜〔伐〕土〔方〕？（《殷虚文字甲编》948，武丁卜辞）

五族——

王其令五族戍夅？（《殷契粹编》1149，康丁卜辞）

王叀夙令五族伐羌？（《殷虚书契后编》2、42、6，康丁卜辞）

征即征；叶王事即勤于王事。以上卜辞，都是有关于师旅之事，可见王族、子族在国家统治中的地位的重要，亦为殷代血亲统治之一证。

血亲关系的解缝——商代臣宰的出现

由氏族社会发展而来的文明国家，一开始并没有（它也不愿想到）摆脱开氏族亲属血缘关系的束缚，总是表现为血亲集团的统治。夏代如此，商代也一样。但随着历史的发展，国家政事烦琐对人才的需要，就会有一些非统治阶级血统的成员，逐步参加到统治集团中来。他们是臣宰，即原来的奴隶[1]，《书·费誓》说："马牛其风，臣妾逋逃。"伪《孔传》："役人贱者，男曰臣，女曰妾。"《书·费誓》又说："窃牛马，诱臣妾。"伪《孔传》：

---

1. 说详郭沫若《甲骨文字研究·释臣宰》，科学出版社1962年版。

"军人盗窃马牛，诱偷奴婢。"臣妾数与牛马并举。但后来这些臣逐步跻身于社会上层，使清一色的氏族血亲统治，变成了异姓别宗的国家专政，把历史向前推进了一步。恩格斯说："以血族团体为基础的旧社会，由于新形成的社会各阶级的冲突而被炸毁；组成为国家的新社会取而代之，而国家的基层单位已经不是血族团体，而是地区团体了。"[1]而后世官吏的入仕之路，也即由此而打开。

在我国历史上，这个打破血亲统治的第一个奴隶出身的官吏，应是伊尹。

伊尹，他是一个奴隶。《孟子·万章》说："伊尹耕于有莘之野。"《墨子·尚贤》说："昔伊尹为莘氏女师仆。"他后来做了有莘氏的陪嫁之臣媵于成汤，《吕氏春秋·本味》说："有侁（莘）氏喜，以伊尹为媵送女。"在成汤那里，他被"汤举，任以国政"（《史记·殷本纪》），并担任了"小臣"的官职。《楚辞·天问》说："成汤东巡，有莘爰极；何乞彼小臣，而吉妃是得。水滨之木，得彼小子，夫何恶之，媵有莘之妇。"商代的小臣，是不小的臣正，所以他死后甚至可以附祭于先王上甲，《战后南北所见甲骨录·明义士旧藏甲骨文字》说："上甲岁伊宾。"（廪辛康丁卜辞）以一名奴隶而能达到如此显赫的地位，说明了殷道亲亲的血亲统治已经开始解缝，它允许血亲关系以外的人参加进这个集团中来。

在文献记载与甲骨卜辞中，商代还有许多其他的臣正、武官，如武丁时期的三大将望乘、沚㦰、癸定化，这些人与商王的血统关系如何不得而知，历史记载明确与商王没有血统关系的臣正，还有一个奴隶出身的傅说。《史记·殷本纪》说："武丁夜梦得圣人，

---

[1] 《家庭、私有制和国家的起源》，序言第2页。

名曰说。以梦所见视群臣百吏，皆非也。于是乃使百工营求之野，得说于傅险中。是时说为胥靡，筑于傅险。见于武丁，武丁曰是也。得而与之语，果圣人。举以为相，殷国大治。故遂以傅险姓之，号曰傅说。"

"是时说为胥靡"，他是一个刑人，连自己的姓氏都没有，是一个奴隶无疑，以一个犯罪奴隶而得举为相，说明血亲统治的锁链已可以打开。但这个傅说在甲骨卜辞里却没有出现，是否为一传说人物，目前尚不宜下结论。

周初封建

本章一节曾引证胡厚宣的论证说，中国分封制度源于何时？认为源于三皇五帝之说，多属无稽；认为周公所独创，亦难遽信；而武丁之世，已有封国之事实。

三皇五帝之世，为氏族社会，国家未建立，生产不发达，穴居野处，渔猎采集，不会有分封建国之事，当无疑义。

武丁之世是否封国？人名同于地名是偶合还是封地？目前因材料缺乏，尚难定论。我们只能从武丁卜问妇某之田一类的卜辞里，探知妇女有自理之田，其他推论，尚欠确凿证据。而商之季世王纣，兄弟之中微子、中衍、箕子均未封国；纣亡之时，也没有与国前来"为虐"救驾，后代史官也没有指责有哪个与国不来"为虐"救驾，说明商王纣没有与国，商代尚无分封建国之事实。

周人之分封始于何年？史无明徵。《礼记·乐记》说："武王克殷，反商。未及下车，而封黄帝之后于蓟，封帝尧之后于祝，封帝舜之后于陈；下车而封夏后氏之后于杞，投殷之后于宋。"

所封之国，均为旧国。因此，这是一种复旧之封，不是重新而分的分封。

重新而分的分封，当始于武王。《左传·昭公二十八年》说："昔武王克商，光有天下，其兄弟之国者，十有五人；姬姓之国者，四十人。皆举亲也。"但这一条材料不尽可靠，这兄弟十五人，不全为武王时所封。孔颖达《左传正义》说："由武王克商，得封建诸国归功于武王耳！此十五国或有在后封者，非武王之时尽得封也。《尚书·康诰》之篇，周公营洛之年始封康叔于卫，《洛诰》之篇，周公致政之年始封伯禽于鲁，明知武王之时，兄弟未尽封也。"

分封之事，不全属武王，故有人以此事尽数周公。《左传·僖公二十四年》说："昔周公吊二叔之不咸，故封建亲戚，以蕃屏周：管、蔡、郕、霍、鲁、卫、毛、聃、郜、雍、曹、滕、毕、原、酆、郇，文之昭也；邘、晋、应、韩，武之穆也；凡、蒋、邢、茅、胙、祭，周公之胤也。"孔颖达《正义》说："伯仲叔季，长幼之次也。故通谓国衰为叔世，将亡为季世。昔周公伤彼夏殷二国，叔世疏其亲戚，令使宗族之不同心以相匡辅至于灭亡，故封立亲戚为诸侯之君，以为蕃篱屏蔽周室，言封此以下文、武、周公之子孙为二十六国也。此二十六国，武王克商之后，下及成康之世，乃可封建毕矣，非是一时封建，非尽周公所为。富辰尽以其事属周公者，以武王克殷周公为辅，又摄政制礼，成一代大法，虽非悉周公所为，皆是周公之法，故归之于周公耳！"

从以上引文中可以看出：1."夏殷二国，叔世疏其亲戚"，说明有夏有商之世，尚无分封建国之事；2."封立亲戚为诸侯之君"，分封的范围，是亲戚而不是功臣权贵；3.分封之事始于武王，下及成康，而周公成其制度。

分封的范围是"亲戚"，亲戚所指实为兄弟。《左传·昭公九年》说："文武成康之建母弟，以蕃屏周。"《昭公二十六年》："昔武王克殷[1]，成王靖四方，康王息民，并建母弟，以蕃屏周。亦曰吾无专享文武之功。"

　　分封建国的对象仅限于"母弟"，这是上古遗风的流传。氏族社会，知母不知父，所以兄弟关系特别相近，易洛魁人"男子去世后，他的物品在他的同胞兄弟和姊妹以及他的母亲的兄弟之间分配"[2]。进入父权制社会以后，妇女权利被剥夺，姊妹不再分有兄弟的财产，而兄弟之间的财产继承权仍被保留下来，于是有商代兄终弟及之制出现。商代后期，父子关系深入人心，兄终弟及之制才被父死子继所代替。周人的这种分封母弟的做法，也还是受了兄终弟及的影响。

由血亲统治带来的政治婚姻

　　有周一代，国家政权依然是血亲统治。周初封国，其一部分是复旧国，如"武王克殷，反商。未及下车，而封黄帝之后于蓟，封帝尧之后于祝，封帝舜之后于陈；下车而封夏后氏之后于杞，投殷之后于宋"（《礼记·乐记》）。一部分是承认原有的与国，如东夷族吕望之齐，西土之庸、蜀、羌、髳、微、卢、彭、濮。至于新封之国，则完全是兄弟之国、同姓之国。《左传·昭公二十八年》："昔武王克商，光有天下，其兄弟之国者，十有五人；

---

1. "武王"阮元校本作"成王"，校勘记云：石经、宋本、淳熙本等作"武王"。
2. 《摩尔根〈古代社会〉一书摘要》，第80—81页。

姬姓之国者，四十人。皆举亲也。"——"皆举亲也"，目的正是为了维护血亲统治。《左传·僖公二十四年》说："昔周公吊二叔之不咸，故封建亲戚。"亲戚就是血亲。

血亲统治最显著的特点，就是统治权力世代血亲相传。在这方面，不仅王位如此，卿、大夫、士的各级统治地位也是如此。"司马氏世典周史"（《史记·太史公自序》），连一个小小的史官也是世袭。

在这种血亲统治下，一般的奴隶出身的人，很难爬到上层统治阶级中来。

为了保证统治阶级的血亲后代永为统治阶级，也为了保证统治阶级的血统中不渗入被统治阶级的血缘成分，统治者在选择子女配偶及个人婚姻时，也就不得不十分慎重。诸侯国之主一定要配诸侯之女，诸侯之女也一定要出嫁诸侯国公卿。《诗·陈风·衡门》指斥陈僖公："岂其食鱼，必河之鲂，岂其取妻，必齐之姜。岂其食鱼，必河之鲤；岂其取妻，必宋之子。"[1]之所以"必齐之姜""必宋之子"，都是因为婚姻为传宗接代大事，必须慎重。《礼记·昏义》说："昏礼者，将合二姓之好。上以事宗庙，而下以继后世也。故君子重之。""之子于归，宜其室家"（《诗·周南·桃夭》），君子要求婚姻要有利于自己"室家"的血亲统治；在女方，目的也是为了有"子孙相继为王"（《战国策·触龙见赵太后》）。

在这样的情况下，统治阶级各诸侯国之间，逐渐结成了相互婚姻关系之网。《诗·卫风·硕人》叙述卫庄公夫人庄姜的社会关系时说："齐侯之子，卫侯之妻，东宫之妹，邢侯之姨，谭公

---

1. "必宋之子"，"子"，为子姓，商人为子姓，宋为商人之后，所以宋人之女为子姓，与齐人之女为姜姓同。

维私。"——她是齐侯的女儿，卫侯的妻子，齐东宫太子的妹妹，邢侯的妻妹（姊），谭公是她的姐（妹）丈。这就是说，齐侯的三个女儿，分别嫁给了卫侯、邢侯、谭公三人。齐、卫、邢、谭四国，组成了婚姻关系网。

这种风气由来已久，周代之初已是如此。《诗·大雅·大明》说："缵女维莘，长子维行。"这是说周人王季之妻子大任，将女儿嫁于莘国，而莘国又将自己的长女，嫁给了大任之子文王。

诸侯互为亲眷，周王室不能自成婚姻，也只有下嫁王女、娶妇于诸侯。《诗·召南·何彼秾矣》描写"平王（指文王）之孙"下嫁"齐侯之子"，《毛诗序》说："何彼秾矣，美王姬也。虽则王姬，亦下嫁于诸侯。"《诗·王风·扬之水》写周人怨戍于申，申即周平王母家。申侯以女嫁于幽王，生太子宜臼，幽王废宜臼，立嬖妾褒姒之子伯服为太子。申侯即攻幽王，杀之骊山下（见《史记·周本纪》）。这次战争，一方面是立嫡立庶之争，但对于母家申国来说，他们发动这次战争，也是为了维护他们子孙（女系子孙）的血亲统治。

因此说，周代上层社会的婚姻，实质上是一种维护血亲统治的政治婚姻。"夫婚姻，祸福之阶也。"（《国语·周语》）这是富辰告诫周襄王勿纳狄人之女为后的话，却一语道破了上层社会婚姻政治的天机。

嫡妾制度与嫡长子继承制

为了使奴隶主阶级的血亲统治永远巩固，于是出现了诸侯之间政治婚姻的结合。然而，一夫多妻制下的家庭关系却给这种结合打开了缺口，因为两性关系毕竟是人类感情的产物，它不可能完全接受这种政治婚姻的制约。如果奴隶主爱上了年轻貌美的女奴隶，并且与之生出一个儿子来，这个半贵族血统的儿子就会在继承权问题上与纯贵族血统的儿子（即政治婚姻生子）发生冲突。为了保证纯贵族血统的儿子继承王位，于是就有嫡妾制度产生。

嫡妾制度与对偶婚制中的主妻、非主妻不同。主妻与非主妻之分只是表现在两性关系的频繁与否上，嫡妾制度则主要表现在子女的继承权问题上。当然，由此也会表现出子女以及个人政治地位的不同。因此可以说，是为了在继承权问题上子分嫡庶，才引出在政治地位上的妻分嫡妾。至于说到两性关系的频繁与否，那在区分嫡妾的标准上不占任何地位。丈夫再喜欢妾，妾仍然是妾；丈夫与嫡即便长期不同居，嫡也永远是嫡。嫡妾之分完全在于宗法上的明媒正娶，而正娶之妇则往往是地位高的贵族之女。

中国人在宗法上妻分嫡妾，估计约在周代之初。周文王有子几人？《诗·大雅·思齐》说："大姒嗣徽音，则百斯男。"《毛传》："大姒，文王之妃也。大姒十子，众妾则宜百子也。"以"百子"来解释"百斯男"，颇不可信。因为古人医疗条件欠缺，文王又长时期被囚于羑里，一人拥有百子，可能性不大。古者白、百、伯三字通用，"则百斯男"应为"则伯斯男"，斯男封伯之意。文王之子除伯邑考早卒外，其他都有封国。封国之中，八为大姒之子，八为他妻之子。从他妻之子亦可封国这一点看，说明他们不被看作妾生之子，所以当时还不存在嫡妾制度。

文王之后，武王之子被封国者，只有四国。周公之子封国者，只有六国。《左传·僖公二十四年》："昔周公吊二叔之不咸，故封建亲戚，以蕃屏周……邗、晋、应、韩，武之穆也；凡、蒋、邢、茅、胙、祭，周公之胤也。"武王、周公，生子何止五人、七人，他们比文王之子封国数字的减少，想来就是为了嫡庶问题。周制，妾所生子为庶孽，庶孽不能越过嫡子继承爵位。周幽王时，废太子宜臼而立褒姒之子伯服，"以孽代宗"，周人曾作诗《白华》来讽刺他[1]。武王、周公的儿子不能尽封，大概就是嫡妾制度使庶孽不得受封之故。

有周一代，不见庶子得封之事。《史记·郑世家》记载周宣王封其庶弟友于郑，是谓郑桓公；但《年表》又称郑桓公为宣王"母弟"，《汉书·地理志》《郑诗谱》从之；《左传·僖公二十四年》："（郑）又有厉宣之亲"，泷川资言《史记会注考证》云："以厉王之子而兼云宣王，桓公明是宣王母弟。"郑桓公非庶子，知庶孽不得受封。

为什么庶子不能受封？因为在当时人心目中，受群婚制只认母系血统影响，认为只有同母才为兄弟。异母不为兄弟，怎配受封。《国语·晋语》载，重耳欲娶其异母兄弟之子妇为妻，司空季子就说："同姓（同母所生。姓，生也）为兄弟……今子于子圉（其异母兄弟之子），道路之人也。"不出自同母，则为道路之人；庶子不与嫡子同母，道路之人，焉可得封？因此《公羊传·隐公七年》就说："其称弟何？母弟称弟，母兄称兄。"何休《解诂》说："母弟，同母弟；母兄，同母兄。"

那么，同母异父兄弟算不算兄弟呢？算的。《左传·成公十一年》："声伯之母不聘。穆姜曰：吾不以妾为姒。生声伯而出之，嫁于齐管于奚，生二子而寡，以归声伯。声伯以其外弟为大夫，而嫁其外妹于施孝叔。"声伯是鲁宣公的侄子，其母被出，嫁于管姓，所生之子，声伯均待之如弟妹，给异母弟以高官——大夫，

---

1. 见《诗·小雅·鱼藻·白华》毛诗序。

给异母妹以聘嫁，俨然是一位至亲的兄长。所以，在周代，同父异母不为兄弟，同母异父倒是至亲兄弟。

夏商二代，没有嫡妾制度，不涉及庶子受封。分封之事，源自周初，其后方有嫡妾。《左传·僖公二十四年》："昔周公吊二叔之不咸，故封建亲戚。"杜预注："吊，伤也；咸，同也。周公伤夏殷之叔世疏其亲戚以至灭亡，故广封其兄弟。"由此可见，夏殷无分封之事。没有分封，就没有那么多的诸侯之间的政治婚姻。夏桀伐岷山得二美女，殷纣伐有苏氏得妲己，所得都是该部落之女，不一定就是该部落首领的女儿，抢亲抢来的妻，还分什么嫡妾？周幽王不同，他有申国之诸侯女为妻，抢来的褒姒就只能是妾了。

嫡庶之制的建立，主要是为了保证血亲集团的永远统治。但是为了嫡子之间的息争王位，又需要建立嫡长子继承制。王国维在《殷周制度论》一文中说："周人制度之大异于商者，一曰立子立嫡之制，由是而生宗法及丧服之制，并由是而有封建子弟之制，君天子臣诸侯之制。二曰庙数之制。三曰同姓不婚之制。此数者，皆周之所以纲纪天下……"周人之初，立子不一定要立嫡长子，所以王国维又说："三世兄弟之名先后骈列，无上下贵贱之别，是故大王之立王季也，文王之舍伯邑考而立武王也，周公之继武王而摄政称王也。"然而周公之后，制度大定，传国则非长子不可。王国维又说："由传子之制而嫡庶之制生焉。夫舍弟而传子者，所以息争也……然使于诸子之中可以任择一人而立之，而此子又可任立其欲立者，则其争益甚，反不如商之兄弟以长幼相及者犹有次第矣。故有传子之法，而嫡庶之法亦与之俱生。"[1] 从此，立

---

1. 王国维：《观堂集林》第二册，中华书局1959年版。

子以贵不以长，立适（嫡）以长不以贤，成了封建继承法的精髓，源远流长，统治中国几千年。谁违背它，它就给谁碰钉子，连封建王权也不放过。周幽王废嫡立庶，遭到杀身之祸；晋献公杀申生，招致国内大乱；刘邦不满意嫡子，常欲立妾子如意，但大臣纷争，他最后还是无可奈何。至于历代兄弟相争，弟夺王位之事，虽充斥于中国封建社会，但当弟弟的要篡夺兄位，无一不需采取非常手段。

嫡长子继统法的逐步完善

商代王位的继承，有兄终弟及之制。先周是否如此，已不可考。周大王立王季、文王舍伯邑考而立武王，这些都是立少子而非兄终弟及。晚商之世，康丁以下，完全是父死子继，已无弟及可言。所以武王辞世后，虽成王年少，周公摄政而不践帝祚，开创了兄终弟不及的先例。但这一做法，并未从制度上把它肯定下来，所以鲁考公死后，其弟熙立；厉公死后，其弟具立；真公卒，其弟敖立……春秋时代，鲁庄公无嫡嗣，临终问嗣于弟叔牙，叔牙就举荐庄公之弟庆父，并且说："一继一及，鲁之常也。"（《史记·鲁世家》）既已为"常"，说明西周之世，弟及不为非法。宋宣公有太子与夷，然而病中却决定由其弟和继位，并且说："父死子继，兄死弟及，天下通义也。"（《史记·宋世家》）由此而得到"君子"的赞赏，认为宣公"知人"。然而到了春秋以后，这种继承法似乎逐渐行不通了，所以庆父几经曲折，还是被赶下了台。

"立适（嫡）以长不以贤"，周公以前，尚无此法度。《礼记·檀弓》在谈到公仪仲子立长立幼问题时说："伯子曰：仲子亦犹行古之道也，昔者文王舍伯邑考而立武王，微子舍其孙腯而立衍也，夫仲子亦犹行古之道也。"

古之道可以舍长而立少子，西周之道则不可。《国语·周语》说："鲁武公以括与戏见王，王立戏。樊仲山父谏曰：'不可立也……夫下事上，少事长，所以为顺也。今天子立诸侯而建其少，是教逆也。……'王卒立之。鲁侯归而卒，及鲁人杀懿公而立伯御。三十二年春，宣王伐鲁，立孝公，诸侯从是而不睦。"鲁武公领着他的长子括（即伯御）和次子戏去见周宣王，宣王立其次子戏为鲁国太子。卿士樊仲山父认为，弃长立少，是教逆不顺。鲁武公死，次子戏立，结果鲁人杀了戏（懿公）而复立伯御。周宣王伐伯御再立戏之弟称，遭到各国诸侯反对，从此不亲于周室。

立嫡以长不以少，在西周时期，已经制度化。谁违背它，谁就将遭到大家的反对，连周天子也不例外。

嫡长子继承制到了东周，更是日益完善。《左传·昭公二十六年》，周王子朝谈到嫡长子制时说："昔先王之命曰：'王后无适，则择立长，年钧以德，德钧以卜。'王不立爱，公卿无私，古之制也。"《左传·襄公三十一年》："六月辛巳，公薨于楚宫……立胡女敬归（襄公妾）之子子野……九月癸巳，（子野）卒。……己亥……立敬归之娣齐归之子公子裯。穆叔不欲，曰：太子死，有母弟则立之，无则长立，年钧择贤，义钧则卜，古之道也。非适（嫡）嗣，何必娣之子？"这一个"古之道"，把统治阶级的等级观念完全渗透进了嫡妾制度、传子制度中去：先王去世，应由纯贵族血统的嫡子继承王位；嫡子死，应由嫡妻从嫁之女弟所生之子（当然也是纯贵族血统）补充。如果没有这样的纯贵族血统的母弟，那只好从众妾所生之子中去选择，谁年长就当选，年龄相同就从中选择贤者，贤能相同就由占卜来决定。胡女敬归系襄公之妾,她不是嫡妻,由她的儿子继承王位,在血统上只是半贵族式的血统承继,所以她的儿子死了,就毋需乎再去找她的"娣"齐归之子,只是从任一个妾所生子中找一个年长者罢了。到了这个时候,渗透着等级观念的嫡长子继承制已经全部完善,阶级的烙印打到了宗法制度之上。

但也有例外的情况。卫襄公夫人姜氏无子,襄公宠妾婤姶生孟絷与元。絷年长而足不良,结果就以元为继嗣。这显然违背了"王后无嫡则择立长"的原则。但也许这种违例是考虑到"弱足者居(只能居家),侯主社稷、临祭祀,奉民人,事鬼神,从会朝,又焉得居"(《左传·昭公七年》)。

楚是一个落后于中原的民族。当初他们只知立爱不知立嫡,无爱则不知当如何。所以楚共王就别出心裁有了新招。《左传·昭公十三年》说:"初,共王无冢适(嫡子),有宠子五人,无适立焉。乃大有事于群望(大祀星辰山川之神),而祈曰:'请神择于五人者,使主社稷。'乃遍以璧见于群望,曰:'当璧而拜者,神所立也,谁敢违之?'既乃与巴姬密埋璧于大室之庭,使五人齐而长入拜。"但神灵开了他的玩笑,使其一子跨璧而拜,一子肘加璧上,一子当璧。后来就闹出了群子争立、自相残杀的闹剧来。

但是,嫡长子继统法是建立在嫡妾制之上的,而嫡妾制度从一开始,就是政治婚姻与爱情婚姻矛盾的产物。人是感情动物,两性的感情往往以年轻貌美而不是以政治地位为转移。一旦老王爱上了小妾,就会想方设法让妾所生子来取代嫡子,给王位继承带来争夺与混乱:一方面王权大于一切,它要灭嫡而立庶;一方面宗法又要干涉王权,它要保护嫡子继统法。这就形成了宗法与王权的矛盾斗争,每次斗争都以武力强夺而告终。春秋以前,周幽王黜申后废太子宜臼，强立嬖妾褒姒之子伯服，结果被申后之父申侯杀死，仍立申后之子继位。春秋以后，此类事情就更多了起来，晋献公逼杀太子申生而立庶子奚齐，招致晋国内乱几十年，对于统治者来说，真是一场血的教训。因此在立嫡立长问题上，各国诸侯一向都给予高度的重视。嫡长与次庶之间，在日常的衣服器用上也给以区别。齐僖公爱其弟之子公孙无知，使无知"衣服礼秩如适"，僖公之子襄公即位，就立即予以黜免，说明了嫡长制度的不容漠视。

第十章
周代社会妇女地位的沦落

从妇女参政到牝鸡无晨

有周一代,妇女地位急遽下落,这是一夫一妻制以后父权巩固的结果,也是"女性的具有世界历史意义的失败"[1]。周人建国之初,也还给妇女以一定的地位,使历史上留下了她们的名字。大王古公亶父之妻大姜,曾经协助大王勘探定居岐下之地,以供周民族的蕃衍发展。《诗·大雅·绵》说:"古公亶父,来朝走马,率西水浒,至于岐下,爰及姜女,聿来胥宇。"毛传:"姜女,大姜也。"郑笺:"于是与其妃大姜自来相可居者,著大姜之贤知也。"古公子王季娶妇大任,也是一位贤能的妇人。《诗·大雅·大明》说:"挚仲氏任,自彼殷商,来嫁于周,曰嫔于京,乃及王季,维德之行。"郑笺说:"挚国中女曰大任,从殷商之畿内嫁为妇于周之京,配王季而与之共行仁义之德,同志意也。"大任生子文王,文王配妇大姒。这一桩婚姻在周民族开国史《诗·大雅·大明》

1.《家庭、私有制和国家的起源》,第52页。

上，曾经被大肆渲染："天监在下，有命既集，文王初载，天作之合，在洽之阳，在渭之涘。文王嘉止，大邦有子，大邦有子，俔天之妹，文王厥祥，亲迎于渭，造舟为梁，不显其光。有命自天，命此文王，于周于京，缵女维莘，长子维行，笃生武王。"从大姜、大任到大姒，在周民族开国史诗《诗·大雅·思齐》上，被连续性地记载了下来："思齐大任，文王之母，思媚周姜，京室之妇，大姒嗣徽音，则百斯男。"毛诗序说："《思齐》，文王所以圣也。"她们在周人建国史上所起的重要作用，得到了充分的肯定。"刑于寡妻，至于兄弟，以御于家邦"——"文王以礼法接待其妻，至于宗族，以此又能为政，治于家邦也。"（《郑笺》）

周人建国之前有妇女参政，从孔子的话中也能看出端倪。《论语·泰伯》说："武王曰：予有乱臣十人。孔子曰：才难，不其然乎！唐虞之际，于斯为盛，有妇人焉，九人而已。"武王的十位治（乱，治也）国大臣中，九个是男子，一个是妇女。这个妇女是谁，有人认为是武王母太姒，有人认为是武王妻邑姜。顾炎武是反对这种说法的。《日知录》卷七《有妇人焉》说：

> "予有乱臣十人，同心同德。"此陈师誓众之言。所谓十人，皆身在戎行者。而太姒、邑姜，自在宫壶之内，必不从军旅之事，亦必不并数之，以足十臣之数也。古人有言曰："牝鸡无晨，牝鸡之晨，惟家之索。"方且以用妇人为纣罪矣，乃周之功业必借于妇人乎？此理之不可通，或文字传写之误。阙疑可也。

顾炎武的话是经不起推敲的。首先，"予有乱臣十人"的话，不出于"陈师誓众之言"，它首见于《论语》及《左传·襄公二十八年》，两处都没有提到"军旅之事"。晋人梅赜作伪《古文尚书》，才将此话撅入《泰誓》，使之成为"陈师誓众之言"。顾炎武以伪古文立说，一开始就将自己置于被动的境地。况且，即令是"陈师誓众之言"，商人妇好可以领兵作战，周人之妇为什么一定会拘于"宫壶之内"？何况《论语》明言"有妇人焉"，怎能把她们排出乱臣十人之外？至于说到"牝鸡无晨"，以一妇人之鸣与九男子相比，也不能算是"牝鸡之晨"。此理通甚，非传写之误，不必"厥疑"。

只是到了武王之后，这一切才全都变了。西周从建国到东迁，留下姓名的妇女只有几个：《左传·昭公元年》："当武王邑姜方震大叔……"，《太平御览》卷一三五引《帝王世纪》："武王纳太公之女曰邑姜，脩教于内，生太子诵。"这只是说明武王妻邑姜生下孩子而已，邑姜并没有任何其他的政绩。宣王妻"元妃献后生子，不恒期月而生"（《太平御览》卷一三五）；宣王妻姜后曾谏宣王晏朝失礼（《列女传》）。所出两书都不是先秦之作，流传成文，可靠性极差，而且所记载的两个妇女，也都不是从政的人才。只有幽王妻褒姒是出名的，但却是个时人眼中坏了江山的女人祸水。

从先周的妇女亲政到有周的妇女脱离国家政治，为什么会出现这样剧烈的转变？历史原因是私有制的发展造成父权巩固和母权衰落，但其近因，却是殷纣宠妲己而误国失国。所以，武王伐纣的誓师檄文就说："古人有言曰：'牝鸡无晨，牝鸡之晨，惟家之索。'今商王受，惟妇言是用。"（《书·牧誓》）这当然只是一种借口，因为如前所言，武王之曾祖母大姜、祖母大任、母大姒，都曾协助其夫参谋军国大事，"古人有言"，何以她们都不曾招致"惟家之索"？但妲己误国这个严重事实，使周人得出了片面的教训。"哲夫成城，哲妇倾城"（《诗·大雅·瞻卬》），似乎成了他们的一句名言。宣王之弟郑桓公为周司徒，问周王室将卑，史伯就指出："周法不昭，而妇言是行。"（《国语·郑语》）可见有周一代，妇女不许参政，是有约法规定的。"妇无公事，休其蚕织。"（《诗·大雅·瞻卬》）她们的工作，被限制在"蚕织"之内，不能干预政事，"女正位乎内，男正位乎外"（《易·家人》），谁让女子参预政事，谁自己就要大倒其霉。春秋前期，郑国的大夫祭仲专权，国君郑伯密令他的女婿雍纠去除掉他，雍纠走漏消息给妻子雍姬，雍姬又把消息告诉了父亲。结果祭仲提前动手杀了雍纠。郑伯感叹说："谋及妇人，宜其死也。"（《左传·桓公十五年》）去和女人商量大事，活该掉了脑袋啊！妇人不能干政，干政就会坏事。所以她们要被排除于国家政事之外。她们的活动范围，也被限制在寝门之中。春秋后期，鲁国大夫季康子曾和他的堂祖母公父穆伯之妻敬姜有过一段对话，《国语·鲁语》说：

> 公父文伯之母（即敬姜）如季氏，康子在其朝，与之言，弗应；从之及寝门，弗应而入。康子辞于朝而入见，曰："肥（康子名）也不得闻命，无乃罪乎？"曰："子弗闻乎？天子及诸侯，合民事于外朝；合神事于内朝；自卿以下，合官职于外朝，合家事于内朝；寝门之内，妇人治其业焉。上下同之。夫外朝，子将业君之官职焉；内朝，子将庇季氏之政焉，皆非吾所敢言也。

妇人之业在寝门之内，政事家事皆非所敢言。这些话虽出于春秋后期一个妇人之口，但它不只是一时的现象，而是有周以来国家制度的规定。后来，越王勾践卧薪尝胆，就曾和夫人明确规定："自今日以后，内政无出，外政无入。内有辱，是子也；外有辱，是我也。吾见子于此止矣。"这一出门，夫人送勾践，足不出寝

门内屏。(《国语·吴语》)

男女之别,不仅明确于生前,甚至延续于死后。《礼记·檀弓》:"卫人之祔也离之",孔颖达《正义》说:"离之谓以一物隔二棺之间于椁中也。"夫妇男女生前有别内外,男不入、女不出;死后棺木之间也要隔离开来,界限分明如此,也实在太过分了。

妇女干政

牝鸡不能司晨,女人不能参政,一夫一妻制的封建政治,总想把妇女排除在国家政事之外,使她们丧失自己的独立人权,附着在男子身上。但是,正因为这种附着,又给了她们义务和机会,要她们关心自己在男子心目中的地位,过问子女在家族中的权力和影响。这种关心与过问,却还会影响国家政局的变化,左右国家事务的进程。于是她们还是要干涉政务,甚至越俎代庖,把握朝廷,牝鸡照旧又司起晨来。

有周一代,妇女干政,其具体途径,有下列几种:

一种是靠自己的媚色,取悦于丈夫,干涉朝政,以争取自己以及其儿子的权位。如褒姒惑周幽王,使废太子宜臼,立其子伯服为太子。《史记·周本纪》说,周幽王"三年,幽王嬖爱褒姒。褒姒生子伯服,幽王欲废太子。太子母申侯女,而为后。后幽王得褒姒,爱之,欲废申后,并去太子宜臼,以褒姒为后,以伯服为太子"。晋献公之妾骊姬,联络大夫梁五、嬖五,谮诬献公诸公子,而立其子奚齐为太子。《左传·庄公二十八年》说:"晋伐骊戎,骊戎男(男爵)女以骊姬。归,生奚齐。其娣生卓子。骊姬嬖,欲立其子,赂外嬖梁五、与东关嬖五……二五(即梁五、嬖五）卒与骊姬谮群公子，而立奚齐。"宋平公怀疑自己的太子将为乱，是夫人（太子庶母弃）出来作证才迫太子自杀，而后庶母之子方得为太子（事见《左传·襄公二十六年》）。更有甚者，陈哀公有太子偃师，但他偏爱二妃，自己有废疾不能视事，就把二妃之子公子留托付给弟弟公子招、公子过。结果招与过杀太子偃师立公子留，陈哀公也被逼忧愤自杀。（事见《左传·昭公八年》）这一幕悲剧中虽没有二妃出来主其事，但哀公偏爱二妃之子也多是因二妃媚力所致。

也有借个人与君王的夫妻关系，为自己的国家讲情讨饶，干涉政务的。如《左传·庄公十五年》，秦人掳晋惠公，本想用之为牺牲，是因为穆公夫人穆姬（惠公异母姊）讲情，才放了他。《吕氏春秋·精谕》说，齐桓公合诸侯，卫侯后至，桓公欲伐卫，退朝见其妃子卫姬。卫姬发现桓公有伐卫之意，连忙替自己卫国的国君请罪，桓公就打消了伐卫的念头。

至于利用自己与国君的夫妻关系，出来为他人讲情论理，因而干涉了朝政的，为数也还不少。《左传·成公十四年》，晋国将卫国出奔之臣孙林父送归，卫定公要拒绝接纳，夫人定姜提出批评，定公就接纳了孙林父，还恢复了他的官职："春，卫侯如晋，晋侯强见孙林父焉。定公不可。夏，卫侯既归，晋侯使郤犨送孙林父而见之。卫侯欲辞，定姜曰：'不可。是先君宗卿之嗣也；大国又以为请，不许，将亡。虽恶之，不犹愈于亡乎？君其忍之。安民而宥宗卿，不亦可乎？'卫侯见而复之。"齐湣王有病，让医士文挚前来诊治。文挚激湣王，使其一怒而起，疾病消释。可是由于激怒于王，王要生烹文挚。"太子与王后急争之而不能得"（《吕氏春秋·至忠》），妇女又一次冲出寝门，干涉朝政。《战国策·中山策》记载，中山国美人阴简，就多次施加压力，刁难国相司马熹；《史记·张仪列传》记载，楚怀王美人郑袖蛊惑怀王放走张仪。这些都是为了邀宠图幸，当然也是妇女干涉朝政之一例。

利用母子关系来干涉朝政，更是司空见惯。《左传·隐公元年》，郑庄公之母爱少子段，"为之请制"，庄公不许。《左传·僖公三十三年》，晋人败秦师，获其三帅百里孟明视、西乞术、白乙丙，晋襄公嫡母文嬴（秦穆公的女儿）就出来讲情，释放了这三个人。名将先轸气得不顾而唾，但也无可奈何。《左传·成公十六年》，鲁成公之母穆姜通于宣伯，想把鲁大夫季文子、孟献子除掉而夺占他们的私室。鲁定公说要出去打仗，等仗打完回来再办，穆姜就威胁说："你如果不答应，你的两个庶弟也可以做国君了。"这是威胁要废掉他。《左传·桓公三年》，芮国的国君多嬖妾，他的母亲就赶跑了他，"芮伯万之母芮姜，恶芮伯之多宠人也。故逐之，出居于魏。"干涉政事到了废除国君的地步，可谓登峰造极了。《战国策·燕策二》载：燕（昭）王将令其弟（"疑即燕昭王之弟襄安君。权之战之后，襄安君曾为质于齐。"——郭人民《战国策校注系年》）为质于齐，太后闻之大怒。妇女对于朝政的影响，连燕王也害怕三分。

由于弱主年幼，母后专政南面统治的事，在战国时代，更屡有发生。《战国策·宋策》说："君日长矣，自知政，则公（大尹，太后之子）无事。公不如令楚贺君之孝，则君不夺太后之事矣。"《战国策·魏策三》曾说："今夫韩氏以一女子承一弱主"，吴师道补云："愚按，是时秦宣太后、赵惠文后、齐君王后皆专政，韩亦然也。"

纵观以上妇女干政，我们发现，这些牝鸡之晨，并不是什么惟家之索。她们坏了什么大事呢？穆姬怂恿秦穆公释放晋惠公，文嬴要求晋襄公放回秦三帅，卫姬要求齐桓公放弃伐卫，这些都是有利于和平的好事；定姜劝卫定公接纳亡臣归国，齐后劝齐湣王勿杀医士,这些都是有利于国内安定的好事;即使有些权势妇女不明事理,但只要当权男子明智,也都没有铸成大错;至于嫡庶争位造成的凶杀惨剧,那是嫡妾制度造成的必然结果,不是妇女干政应负的责任。再回头看看那些不仅干政而且是代政、执政的妇女,秦宣太后有过淫乱之举,但国事被治理得井井有条;赵威后新用事而爱少子(反对长安君为质,事见《战国策·赵策四》),但她知岁重于王、知亲贤者远小人(事见《战国策·齐策四》齐王使使者问赵威后)。秦有宣后,国势不因之而减;赵有威后,国运不因之而危,牝晨之说,不过是表现了阶级社会夫权独占的统治意识,在事实上是找不到根据的。《左传·闵公二年》记载,狄人入卫,卫懿公死难。宋人迎立卫宣公夫人宣姜生子申为国君,是为戴公。戴公之妹许穆夫人"闵卫之亡,伤许之小,力不能救,思归唁其兄"(《毛诗序》),创作了那有名的诗作《载驰》,表现出一个妇女对自己国家存亡的关心。《左传·成公十五年》记载,晋国伯宗被三郤所杀,"初,伯宗每朝,其妻必戒之曰:盗憎主人,民恶其上,子好直言,必及于难。"后人杜预评价说:"虽妇人之言不可废";《战国策·齐策》:"襄王卒,子建立为齐王。君王后事秦谨,与诸侯信,以故建立四十有余年不受兵。"这不等于说牝鸡之晨比雄鸡更管用吗?

封建等级制度下的嫡妾之分

有周一代,妇女地位彻底降低。其显著特征,表现在嫡妾制下的家庭地位上。

古人在对偶婚制之下,男子除有主要之妻外,尚可允许有次要之妻；女子除有主要之夫外，亦可允许保有次要之夫。进入一夫一妻制，女子保有次要之夫的权利被剥夺，男子却仍然要保留着这项权利，这就形成了当时的一夫多妻制。多妻的来源，可以是多娶，也可以是一娶多妻。后者就是我国的媵妾制度，即在男女婚姻之中，女子出嫁，由女子之女弟、女侄陪同，一起嫁给男方。《诗·大雅·韩奕》说："韩侯取妻，汾王之甥，蹶父之子。……诸娣从之，祁祁如云，韩侯顾之，烂其盈门。"既然有如云之多，可见陪同一起出嫁者中，除"诸娣"外，还当有"诸侄"甚至其他众妾——女奴隶。《郑笺》说："媵者必娣侄从之，独言娣者，举其贵者……"《毛传》说："如云，言众多也。诸侯一取九女，二国媵之。诸娣，众妾也。"

诸娣从媵之制中，还可以有这样一种规定：若娣年幼，可以不和嫡姊同时出嫁，待年于自己家中，年长后方于归过门，到姊家为媵。《左传·隐公七年》："王三月，叔姬归于纪。"杜注："叔姬，伯姬之娣也。至是归者，待年于父母国，不与嫡俱行，故书。"其姊伯姬归于纪，在隐公二年十月，从姊嫁到娣媵，中间相隔四年又半。

在祁祁如云的从媵者之中，有嫡妻之娣、侄，也有原来的女奴隶。女奴隶从媵之后，虽能与男主人发生两性关系，但却始终处于奴隶的地位，担负着侍奉男女主人的工作。

除从媵女奴隶可以为妾之外，另外还有一部分买来之妾。《左传·昭公元年》："故《志》曰：买妾不知其姓则卜之。"既云《志》曰，可见买妾情况之普遍。

不管是陪送的女奴隶还是买来之妾，主人对她们，都有生杀予夺之权。甚至老主人死后，小主人也有这个权力。《左传·宣公十五年》："初，魏武子有嬖妾，无子。武子疾，命颗（魏武子之子）曰：'必嫁是。'疾病则曰：'必以为殉。'及卒，颗嫁之。曰：'疾病则乱，吾从其治也。'"《礼记·檀弓》说："陈乾昔寝疾，属其兄弟，而命其子尊己。曰：'如我死，则必大为我棺，使吾二婢子夹我。'陈乾昔死，其子曰：'以殉葬，非礼也。况又同棺乎！'弗果杀。"以上两次拟议中的殉葬，虽然都由于开明的儿子反对而不曾成为事实，但也可知春秋以来以妾殉葬之事是并不少见的。1974—1975 年，在陕西宝鸡茹家庄，考古工作者发掘了两座西周中期墓，[1] 其中 M_1 甲室与乙室同穴，椁室相连，显然是同时埋葬；M_2 后葬。M_1 之乙室与 M_2 都是双棺，像是夫妻；M_1 之甲室为单棺，随葬品也少，可能是殉葬之妾。[2] 从媵之妾，无子则需殉葬。这制度沿用了很久，《史记·秦始皇本纪》说："二世曰：'先帝后宫非有子者，出焉不宜。'皆令从死，死者甚众。"她们的生命，都操纵在其子辈主人手里。

诸妾从媵之制，文献记载，见于西周。《诗·豳风·七月》说："女心伤悲，殆及公子同归。"何为"归"？归指女子出嫁。采桑女子怕陪同"公子"——女主人一起出嫁，这才伤心了起来。她的伤心，说明了媵妾所受的非人待遇。

所谓媵妾，她在家庭关系中是奴隶，在夫妻关系中也不是次妻。妻妾之间，是统治与被统治的关系，不是长次关系。《战国策·燕策》说了一个故事：丈夫外出远归，妻子有异志，置药酒令妾进奉丈夫。妾知道那是毒酒，私念道："吾以此饮吾主父，则杀吾主父；以此事告吾主父，则逐吾主母。与杀吾主父、逐吾主母者，

---

1. 宝鸡茹家庄西周墓发掘队：《陕西省宝鸡市茹家庄西周墓发掘简报》，《文物》1973 年第 4 期。

2. 也有怀疑甲室非殉葬之妾，恐系他墓打入了乙室。此说详见中国社会科学院考古研究所编：《新中国的考古发现和研究》，文物出版社 1984 年版，第 258 页。

宁俾颠而覆之。"妾称妻为主母，是奴隶与主人的关系。

妾无人格，无家庭地位，她们为人任意买卖，人身不能保证。《左传·昭公元年》："买妾不知其姓则卜之。"妾而可买，且会不知其姓，可见人格地位之低下。买来之后，还可以卖去。《礼记·檀弓》记载了一则兄弟讨论卖庶母的故事："子柳之母死，子硕请具。子柳曰：何以哉？子硕曰：请粥（鬻）庶弟之母。子柳曰：如之何其粥人之母以葬其母也！"为了买自己母亲的葬具，就要卖掉庶母，作为一个妾，生下之子为庶子，自己还是没有地位。

妻妾关系，更是主奴关系。妾之一切行动，均需听命于妻，甚至连与主人发生两性关系，也需受嫡妻限制。《左传·襄公二十一年》："初，叔向之母（嫡）妒叔虎之母（妾）美而不使。"杜注："不使见叔向父。"

有周一代，嫡妾之分，界限非常严格。《吕氏春秋·慎势》说："先王之法……立适子不使庶孽疑焉。疑生争，争生乱。是故诸侯失位则天下乱，大夫无等则朝廷乱，妻妾不分则家室乱，适孽无别则宗族乱。"嫡妾制度，已经成为封建等级制度之一环，是轻易动不得的。周幽王"弃聘后（申后）而立内妾（褒姒）"（《国语·郑语》），导致了杀身之祸，成为血的教训。春秋时期，诸侯多次盟会，都议决将"无以妾为妻"，立为禁条。《公羊传·僖公三年》："秋，齐侯、宋公、江人、黄人会于阳谷……桓公曰：无障谷（断川谷专水利），无贮粟（凶年囤积），无易树子（废嫡长子而立他），无以妾为妻。"《谷梁传·僖公九年》："九月，戊辰，诸侯盟于葵丘。……葵丘之会，陈牲而不杀，读书加于牲上，壹明天子之禁。曰：毋雍泉，毋讫籴，毋易树子，毋以妾为妻，毋使妇人与国事。"此次盟会，齐桓公将这些禁条明为天子之禁，当时会起到很大的威慑作用。

但这一条却恰恰刺中了齐人自己。《春秋·僖公八年》："秋，七月，禘于大庙。用致夫人。"夫人是哀姜，乃齐桓公妹，鲁庄公妻，通于庄公弟庆父，制造鲁国内争大乱，后被齐所杀。对哀姜进行禘祭致用是非礼的，为什么？《左传》说："秋，禘而致哀姜焉，非礼也。凡夫人不薨于寝，不殡于庙，不赴于同，不祔于姑，则弗致也。"

然而《公羊传》却认为，鲁人禘祭用致非礼，并不在于"不薨于庙"，重要的原因，是以妾为妻："用者何？用者不宜用也。致者何？致者不宜致也。禘用致夫人，非礼也。夫人何以不称姜氏？贬。曷为贬，讥以妾为妻也。其言以妾为妻奈何？盖胁于齐媵女之先至者也。"原来庄公本欲以楚女为嫡，齐女为媵，而齐人先以媵至，胁鲁庄公娶以为夫人。结果大家就不承认这个嫡妻，孔子作《春秋》不称其为姜氏，《公羊传》更指斥其为"媵女之先至者"。

不得以妾为妻，楚公子结就比较谨慎。《国语·楚语》说："司马子期（公子结）欲以其妾为内子（卿之嫡妻为内子），访之左史倚相，曰：'吾有妾而愿，欲笄之，其可乎？'"左史倚相告以"进退周旋，唯道是从"的道理，于是"子期乃止"。春秋末年，鲁哀公也碰过这种钉子，《左传·哀公二十四年》说："公子荆之母嬖，将以为夫人。使宗人衅夏献其礼。对曰：'无之。'公怒曰：'女（汝）为宗司，立夫人，国之大礼也，何故无之？'对曰：'周公及武公娶于薛，孝惠娶于商，自桓以下娶于齐，此礼也则有；若以妾为夫人，则固无其礼也。'公卒立之，而以荆为太子，国人始恶之。"一国之尊的鲁哀公，为了自己的偏爱，要改变一个嬖妾的地位，尚且遭到宗人（礼官）的拒绝，遭到国人的反对，封建等级制度下嫡妾制的森严，于此可以想见。

嫡妾之分，地位迥异。她们在生前如此，甚之死后的葬礼仪式都有区别，不得僭越。《左传·昭公二年》："晋少姜（晋平公之妾）卒，公（鲁昭公）如晋，及河，晋侯使士文伯来辞，曰：'非伉俪也，请君无辱。'公还。"晋平公的宠妾少姜去世，平公为其行夫人（诸侯之正妻）之丧礼，于是鲁昭公就按夫人之丧的礼数前往吊丧。晋平公虽然在国内提高少姜的身份，但在诸侯之间还不敢那样做，所以连忙拒绝说："这不是与我正式匹配的人。请你不要屈驾前来。"鲁昭公这才回去了。第二年，郑游吉前来送葬，晋大夫梁丙也说他太过分了。因为按晋文襄之制，夫人之丧，也不过大夫送葬，而现在死的是妾，却让卿来送葬，这连嫡夫人的丧礼规格都超过了，实在有伤古制。

妾无人格，没有宗法地位。她所生子女，均称庶孽，没有资格承继家庭中的财产、权利和地位。侥幸嫡夫人无子，庶子承继为嫡，其生身之母，仍然改变不了婢妾身份。如卫国庄公之妻庄姜无子，庄公又娶陈女，陈女之娣戴妫有子，此子承继庄姜，而戴妫仍然为妾。《左传·隐公三年》，鲁隐公之母声子去世，因为她是妾，所以"不赴于诸侯，不反哭于寝，不祔于姑，故不曰薨。不称夫人（诸侯正妻之称），故不言葬。不书姓（夫人则书姓），为公故，曰君氏"。这一连串的"不"，都是为了一个原因，声子是妾不是嫡妻，虽然儿子已经成了国君。《春秋·襄公四年》，襄公之母定姒（实为定公之妾）卒，在称呼上用了正妻之名，称夫人、用姓、称小君（"七月戊子，夫人姒氏薨……八月辛亥，葬我小君定姒"），但《左传》记载："秋，定姒薨。不殡于庙（不以殡过庙）、无槽、不虞（不设虞祭，使不得反哭）。"为什么要这样？还不是因为她虽是君王之母，后人写《春秋》可以在名分上予以提高，但时人搞丧礼却坚持了嫡妾有别的原则。战国后期，秦孝文王后华阳夫人无子，取孝文王子异人为继。异人之母为夏姬（孝文王妾），但他登极为王以后，尊"王后为华阳太后"（《战国策·秦策五》），并没有把自己母亲推举到太后宝座上去。原因在哪里，就在于夏姬是妾，嫡妾界限分明，是不允许任何人（包括君王之母）逾越的。

《左传·僖公二十三年》记载，赵衰随晋公子重耳出亡于狄，狄人以叔隗妻赵衰，生子赵盾。《左传·僖公二十四年》记载，重耳归国为文公，以其女妻赵衰。该女请求迎回叔隗与赵盾，并以叔隗为嫡，自己居于其下；以赵盾为嫡长子，令己子居其下。这种甘为人下的作风，一方面说明了文公之女态度谦让，遵礼守制；另一方面也说明，礼制本身也要求你嫡妾分明，不能僭越。

但当时的郑国却有僭越之例。《左传·僖公二十二年》："郑文夫人芈氏、姜氏，劳楚子于柯泽。"杜注："芈氏，楚女；姜氏，齐女也。"以两夫人乃是二嫡，二嫡则不分主次，于礼不合。但以夫人劳楚子，也是不合礼的。莫非郑人对当时的"礼"一向就蔑视吗？

楚国的嫡妾制度也有不分明处。楚平王与郹阳封人之女生太子建。建既为太子，其母则为嫡。后来平王为建娶妻嬴氏，见女美而自娶之，绌建之母，以嬴氏为夫人（《左传·昭公十九年》），生子壬为太子。但这个新"夫人""太子"的地位却是臣下所不承认的。《左传·昭公二十六年》载，楚平王卒，令尹子常就提出太子壬病弱，"其母非适也"。子西却又说，"王有适嗣，不可乱也"。一个认为嬴氏非嫡，所生子壬不当继位；一个认为壬为适嗣，那么嬴氏当然就是正妻。为什么会出现这种分歧呢？关键在于当时没有明确规定，嫡妻被黜，后继者是否自然补缺成为正妻。

父权制下的妇女社会地位

多妻制下丈夫与妻妾的关系,是君臣关系,统治与被统治的关系。《战国策·燕策》记录苏代的话说:"万乘之主,不制于人臣;十乘之家,不制于众人;匹夫徒步之士,不制于妻妾。"丈夫要统治妻妾,就像君王统治人臣一样,相互地位是绝对不同的。

有周以来,男女地位不同,界限分明。《左传》记载了这样一则故事,《庄公二十四年》:"哀姜至,(鲁庄)公使宗妇(同宗大夫之妇)觌用币,非礼也。御孙曰:'男贽,大者玉帛,小者禽鸟,以章物也;女贽,不过榛、栗、枣、脩,以告虔也。今男女同贽,是无别也。男女之别,国之大节也,而由夫人乱之,无乃不可乎!"(《国语·鲁语》亦有此记载)哀姜嫁于庄公为妻,因系嫡妻称夫人,就要为全国妇女做出榜样。当时的规定,初次见面所拿见面礼,"公侯伯子男执玉,诸侯世子附庸孤卿执帛。卿执羔,大夫执雁,士执雉"(杜注)。这样做,是为了用物来说明人的身份。而妇女所执,不过是些榛(小栗)、栗——取敬栗之意,枣——取早起之意,脩(干肉)——取自修之意。这实际是对女主人提出的要求,要她敬栗丈夫,早起,自修。今天宗妇见夫人哀姜,所贽不是榛、栗、枣、脩,却是"币"(即帛),这是妇女与男子一样,乱了国之大节。从这里可以看出,封建等级社会里的男女界限,是严格分明的。

男女之别又表现在妇女不得近于戎事上。古人说:"国之大事,在祀与戎。"(《左传·成公十三年》)而妇女却不得近于戎事。《左传·僖公二十二年》说:"郑文夫人芈氏、姜氏,劳楚子于柯泽。楚子使师缙示之俘馘。君子曰:非礼也。妇人送迎不出门,见兄弟不逾阈，戎事不迩女器。"在商代，妇好可以有自己的兵器与军队，可以指挥将士"从沚戛伐巴方"；而到了周代，让妇女看一看俘虏（截耳为馘）都不可以。制度之改变，可真算是大了。

自进入私有制父权社会以来，妇女成了男子淫欲的工具，她们有时会被当成玩物，有时被当作馈赠别人的礼品。"秦缪公时，戎彊大，秦缪公遗之女乐二八与良宰焉"（《吕氏春秋·壅塞》）；晋国"梗阳人有狱，魏戊不能断，以狱上。其大宗赂以女乐，魏子将受之"（《左传·昭公二十八年》）。女乐之外，更又有以美人送人行贿的，《国语·晋语》："（晋悼公）十二年，公伐郑，军于萧鱼。郑伯嘉（简公）来纳女、工、妾三十人，女乐二八，歌钟二肆，及宝镈，辂车十五乘。公锡魏绛女乐一八、歌钟一肆，曰：……请与子共乐之。"韦昭注："女，美女也。"《国语·越语》："越人饰美女八人，纳之太宰嚭。"甚至还可以拿自己的女儿去赎身行贿。晋惠公被秦人所俘，为了赎身，使其子"子圉"西质于秦，令其女"妾"（名字）宣事于秦为妾（《左传·僖公十七年》）。晋大夫"邢侯与雍子争田，雍子纳其女于叔鱼以求直"。为了求得一个是非公断，雍子竟将女儿送给了代理主事的人。这样的"求直"还有什么直的意义呢？所以韦昭注说："不直，故纳其女。"（《国语·晋语》）吴越争霸，越人失败，"勾践请盟，一介嫡女，执箕帚以晐姓于王宫……"（《国语·吴语》）——晐姓，即备庶姓。"请勾践女女于（吴）王，（越）大夫女女于（吴）大夫，（越）士女女于（吴）士。"（《国语·越语》）这不是婚姻礼送，而是"割地赔款"，所赔的是女人——在封建等级社会中没有人格地位只能供人淫欲的工具。《左传·定公四年》吴楚之战，"十一月……庚辰，吴入郢，以班处宫"。何谓以班处宫？杜预注："以尊卑班次处楚王宫室。"《谷梁传》说得更具体："君居其君之寝，而妻其君之妻；大夫居其大夫之寝，而妻其大夫之妻；盖有欲妻楚王之母者。"这是把两性关系当成了羞辱他人的举动，以炫耀他们战胜者的淫威。《左传·襄公二十六年》："卫人归卫姬于晋，乃释卫侯。"这样的"归"（原指女子出嫁），哪里还是出嫁，分明是卖女以赎身。

妇女被当作财产加以买卖，在私有制的父权社会是常有的事。越王勾践伐吴，与士卒约，不遵军令进退者，"身斩，妻子鬻"（《国语·吴语》）。妻子和儿女都可以加以买卖。卖了出去的，为人臣妾，有钱后还可以再赎回来。《吕氏春秋·察微》说："鲁国之法，鲁人为人臣妾于诸侯、有能赎之者，取其金于府。"

春秋时代诸侯相争，一国向另一国投降，往往将国中男女分为二队，系累而出，表示臣服。《左传·襄公二十五年》，晋齐交兵，齐人"男女以班，赂晋侯以宗器乐器"。班通辨，即分别。孔颖达疏："（刘）炫谓男女分别，示晋以恐惧服罪，非以为赂也。"《左传·哀公元年》，楚人伐蔡，"蔡人男女以辨，使疆于江汝之间而还"。杜注："辨，别也。男女各别，系累而出降。"这样的受降仪式，是把男人作为臣仆、女人作为人妾来表示投降的。

殉葬制度，于商代已有之。周人继承了这种作风，秦穆公以子车氏三良为殉，"秦人哀之，为作歌《黄鸟》之诗"（《史记·秦本纪》）。至宣太后，爱魏丑夫，欲以丑夫为殉（《战国策·秦策二》）。此后殉葬多为异性之人，大约是为了解决死后的性欲问题。这样一来，男权大于女权，殉葬的就多为女子了。《左传·昭公十三年》："夏五月，癸亥，（楚灵）王缢于芋尹申亥氏，申亥以其二女殉而葬之。"这次所殉，既非灵王之妾，又非生前恋人，拿两个事前没有丝毫瓜葛的女子殉葬，实足说明妇女地位的衰落。

还有一件值得探讨的事实，那就是"妇女无刑"。《左传·襄公十九年》载,齐灵公之子太子光(即后来的齐庄公)杀其父妾戎子,"尸诸朝。非礼也。妇人无刑,虽有刑,不在朝市"。所谓"无刑",杜注以为"无黥刖之刑";孔颖达疏:"妇人淫则闭之于宫,犯死不得不杀。而云妇人无刑,知其于五刑之中,无三等刑耳!三等墨、劓、刖也。三等之刑,墨轻刖重,故举其轻重而略其劓也。"原来妇女的无刑,只是无墨劓刖三刑。这样看来,妇女无刑并不是对她们的特殊照顾,而是把她们当成淫欲的工具看待,免其墨劓刖三刑,使其保持窈窕形象,这完全是从满足男子性欲美感出发,并不是为了对妇女特殊照顾。从这一点看来,妇女无刑绝不是妇女的光荣,反而是对她们人格的蔑视与污辱。

还有一种更为无稽的说法,认为女子貌美就会伤人,也就是后世所说的"妨夫"。《左传·成公二年》载:"楚之讨陈夏氏也,庄王欲纳夏姬,申公巫臣曰:'不可。君召诸侯,以讨罪也。今纳夏姬,贪其色也。'……王乃止。子反(公子侧)欲取之,巫臣曰:'是不祥人,也是夭子蛮(夏姬之兄郑灵公),杀御叔,弑灵侯(陈灵公),戮夏南(夏征舒),出孔仪,丧陈国,何不祥如是!人生实难,其有不获死乎?天下多美妇人,何必是?'"夏姬即子灵,是郑穆公之妾姚子所生之女,郑灵公(子蛮)的妹妹,嫁予陈大夫御叔为妻,生子夏征舒。御叔死后,她与陈灵公及其大夫孔宁、仪行父私通,征舒射杀陈灵公,孔宁、仪行父逃往楚国。楚人讨陈,杀夏征舒,灭陈为夏州。这本是男人之间的一场桃色械斗,然而却把一切责任全归在女人的"不祥"上。更令人奇怪的是,连夏姬哥哥郑灵公(死于郑国内争)、丈夫夏御叔(孔颖达《正义》谓其"自命尽而死,其死不由夏姬")的死,也要归罪于夏姬。伐郑之役后,"(楚庄)王以(夏姬)予连尹襄老,襄老死于邲,不获其尸。其子黑要烝(上淫曰烝,即通于父妻)焉。

巫臣使道焉,曰:'归,吾聘女。'"就是这个认为夏姬不祥的申公巫臣,现在自己又要来讨娶夏姬。后来他与夏姬叛楚逃往晋国,不知是爱其才色呢,还是乐其"不祥"!

入晋以后,申公巫臣又死于夏姬之前。他的死,也不是什么"不祥"所致,而是"自命尽而死"。但夏姬连"克"三夫,也就坐实了她的"不祥"罪名。而且这个"克"夫,又和"美"联系了起来。《左传·昭公二十八年》载:"初,叔向欲娶于申公巫臣氏,其母欲娶其党。叔向曰:'吾母多而庶鲜,吾惩舅氏矣!'其母曰:'子灵之妻,杀三夫、一君、一子,而亡一国两卿矣!可无惩乎?吾闻之,甚美必有甚恶。是,郑穆少妃姚子之子,子貉之妹也。子貉早死无后,而天钟美于是,将必以是大有败也。昔有仍氏生女黰黑而甚美,光可以鉴,名曰玄妻,乐正后夔取之,生伯封,实有豕心。贪惏无餍,忿颣无期,谓之封豕。有穷后羿灭之,夔是以不祀。且三代之亡,共子之废,皆是物也。女何以为哉?夫有尤物,足以移人,苟非德义,则必有祸。'"从此,美也成了女人的一大缺点,男人们的一切不幸统统归罪于是。

多妻制下的妇女家庭地位

一夫多妻制,是对妇女权利的严重侵害。因为两性活动是一对一的结合,爱情则是人类两性活动的产物,多妻制破坏了一对一的结合原则,是对爱情的破坏,也是对妇女权利的剥夺。

凡是有多妻制存在,妻妾相处的家庭生活就必然不和。这在古代占筮之书中屡有反映。《易·睽》说:"二女同居,其志不同行。"《易·革》说:"二女同居,其志不相得。"多妻制下的妻妾不和、勾心斗角，那几乎是日日皆有、处处可见的寻常小事。魏王赠楚怀王美人，怀王夫人郑袖善待之，骗她见怀王要掩鼻，然后告诉怀王，美人见你掩鼻是嫌你臭。怀王一怒，就把美人的鼻子割掉了（事见《战国策·楚策》）。人们谈论此事，都说郑袖阴险歹毒。但这如此歹毒，还不是为了一个唯一的爱，这是男子不用争取都会到手的权力，而多妻制下的女人却需要如此"歹毒"的前来争取，男女之不能平等，令人长叹！

尔虞我诈，勾心斗角，那是妻妾之间的常事，特别是当儿子们为地位权利继承发生争执纠葛的时候。周幽王时，曾发生褒姒（妾）排斥夫人申后的事；卫庄公时，也有"妾上僭，夫人失位"（《毛诗序·邶风·绿衣》）的事发生。在妻妾汹汹各不相让的情况下，伦理道德又要求妻子温顺服帖，《易·小畜》："妇贞厉"，王弼注："妇制其夫，臣制其君，虽贞近危，故曰妇贞厉也。"注文把夫妻关系比作君臣，不见得就是周人的意思，但周人要求多妻制下的妻子容忍温顺则是真的。"夫妻反目，不能正室也。"（《易·小畜》）这一方面是要求妻子容忍丈夫多妻，另一方面也还是为了防止妇女干涉丈夫。《诗·大雅·瞻卬》说："懿厥哲妇，为枭为鸱。妇有长舌，维厉之阶。乱匪降自天，生自妇人。匪教匪诲，时维妇寺。"作者把妇女看成了祸水，认为一切纲常法纪的破坏都是由于近昵（寺）于妇人所致。殊不知是夫权制下的"纲常法纪"压迫了妇女的人权，妇女才不得不起来与之斗争，这才破坏了那些"纲常法纪"。就以褒姒、卫庄公之妾而论，如果她们都是一妻一夫，大家何苦还去献媚邀宠呢？她们的近昵于丈夫，不是还会落下夫妻恩爱的美名吗？

"为枭为鸱"——多嘴长舌成了女人的一大罪状；"时维妇寺"——夫昵于妻也是女人的大不对；在夫权制下，女人们连天真的嬉笑也受到了指责，《易·家人》："妇子嘻嘻，终吝……妇子嘻嘻，失家节也。"家节要求妻子不苟言笑，限制了妇女的天性自由。

于是，在爱情的追求上，男女也处于不平等的地位上。《易·咸》："咸亨利贞，取女吉。……男下女，是以亨利贞，取女吉也。"意思是说，夫妇之义，必须男女互相感应（咸），方能亨通利于正道（贞）。婚姻之道，必须男先求女，然后女应于男，如此娶（取）女，方为吉利。《易·杂卦》："渐，女归待男行也。"韩康伯注："女从男也。"这就把男女互相追求的爱，变成了单方面的男子追女，而女子想男却不能追求。妇女在爱情上的主动权完全丧失。试看西周的民歌："野有死麕，白茅包之；有女怀春，吉士诱之。"（《诗·召南·野有死麕》）怀春之女只能等待吉士来诱而不能诱求吉士；"摽有梅，其实七兮，求我庶士，迨其吉兮……求我庶士，迨其今兮。"（《诗·召南·摽有梅》）求庶士抓紧时间，为什么自己不主动追求呢？

在对偶婚制下，男子可以有次要之妻，女子也可以有次要之夫。既有次要之夫的存在，就不会产生什么妇女贞操问题。到了一夫一妻制时代，妇女为男子所独占，贞操问题才开始出现。多妻制，它不要求丈夫对妻子的专一，却要求妻子对丈夫的忠诚。《易·恒》："妇人贞吉，从一而终也。"还有一种貌似公允的理论，《易·序卦》："夫妇之道，不可以不久也。故受之以恒。恒者，久也。"韩康伯注："夫妇之道，以恒为贵。"在多妻制度下，所谓的夫妇之道，当然是妻子对丈夫的恒，而不是丈夫对妻子的恒。如果一个女子多遇（结交）几个男子，占卜就会告诫人们，要大家都不敢去娶她。《易·姤》说："女壮，勿用取（娶）女。"王弼注："一女而遇五男为壮。至甚，故戒之曰：此女壮甚，勿用取（娶）此女也。"

这样的"夫妇之道",先是将妇女束缚于多妻制之下,继又对妇女在丈夫外出后而与他人通奸问题上倾注了注意力。《易·渐》说:"鸿渐于陆,夫征不复,妇孕不育,凶,利御寇,象曰:夫征不复,离群丑也;妇孕不育,失其道也;利用御寇,顺相保也。"——癞蛤蟆爬到了陆地上,丈夫外出不归,妻子(在家与人私通)怀了孕也养不出孩子来,这是很凶险的,这种女人可以用来对付抢亲的寇仇。卦象是这样的:丈夫在外不归,是遇到了邪恶的坏女人;妻子怀孕不育,是因为私通怀孕不合于夫妇之道;利用孕而不育之妇去抵御寇仇,是去掉邪恶以对付邪恶而保佑了家室相安。

从上面这段文字可以看出,西周时代,对妇女贞操问题虽没有严格的限制,但已经对无夫而孕的私通行为加以歧视了。他们开始要求妇女行动庄重,"妇丧其茀,勿逐,七日得"(《易·既济》)。有夫之妇丢失了头上的首饰(茀),不要随便去追讨,七日以后还能得到它。这是丈夫防范妻子外遇的一种措施。

为了防止女子外遇,男女之间,也构筑了一道无形的墙,这就是人们所说的"男女授受不亲"。授受不亲之说源于何时不得而知,但不晚于春秋时期。《孟子·离娄》说:"淳于髡曰:'男女授受不亲,礼与?'孟子曰:'礼也。'曰:'嫂溺则援之以手乎?'曰:'嫂溺不援,是豺狼也。男女授受不亲,礼也;嫂溺援之以手者,权也。'"既然孟子说这是"礼",说明这个规矩由来已久。

春秋时代,男女之别已经界限分明。《左传·襄公二十五年》郑师伐陈,黑夜突入陈城。陈侯扶其太子偃师出逃,遇大夫贾获驾车载其母、妻。陈侯乘车,贾获母、妻下车,相扶而奔。"公曰:'舍而母。'辞曰:'不祥。'与其妻扶其母以奔。"在这生命危机的关头,尚不忘男女之别,真可算是礼制的模范信徒了。

母权与父权的消长

人类自进入私有制的文明时代,由于妇女在经济生产中重要性的减低,导致了女性社会权利、家庭地位的急遽降落,男尊女卑、牝鸡无晨,一时成了该时代的真理。然而,在这一派"不平"声浪的冲击下,却还有一点不曾动摇,那就是,在对子女的关系上,父母双方,一直保持着平等地位。《书·舜典》:"帝乃殂落,百姓如丧考妣",帝尧之崩,既如父丧,也如母死,把尧比作母,并没有降低他的地位,因为父、母是平等的。

父母平等,他(她)们一直都是子女的君上。所以自古以来,官吏临民,都称作"民之父母"。《孟子·梁惠王》:"为民父母行政,不免于率兽而食人,恶在其为民父母也。"

子女对父母,从来一视同仁,养老送终,不得厚此薄彼。《诗·唐风·鸨羽》:"王事靡盬,不能蓺稷黍,父母何怙……王事靡盬,不能蓺黍稷,父母何食……王事靡盬,不能蓺稻粱,父母何尝!"《毛诗序》说:"不得养其父母而作是诗也。"《孟子·梁惠王》也说:"耕耨以养其父母。"又《滕文公》也说:"以养其父母",可见父与母在被子女的奉养上,待遇也是一致的。

孔子是看不起女人的,他曾说过"唯女子与小人为难养也"(《论语·阳货》)的话,但在对待父母的问题上,却还不敢表现出那样的大男子主义。《论语·为政》说:"孟武伯问孝,子曰:父母唯其疾之忧"——不能为非作歹,让父母为自己担心;但疾病可以除外,因为那不是人力所能控制了的。"父母在,不远游,游必有方。"(《论语·里仁》)父母在子女的心目中同样重要。《论语·里仁》记载:"子曰:父母之年,不可不知也。一则以喜，一则以惧。"《孟子·尽心》记载，"孟子曰：君子有三乐……父母俱存，兄弟无故，一乐也。"他们都希望父母长寿，颐养天年，把母亲与父亲一样尊敬。春秋时代，鲁僖公之母为庄公之妾成风，鲁僖公并不因此就瞧不起她，相反在公开的宴会上，还要为之祝福长寿。《诗·鲁颂·閟宫》说："鲁侯燕喜，令妻寿母。"这个母，并不指其嫡母哀姜，因为哀姜在僖公登极之前就死掉了。僖公生母虽为妾，照样受到儿子的尊敬。

在主择儿女婚姻大事上，父母也有着同等的权利。《诗·郑风·将仲子》描写一个怀春的少女，告诫自己的情人"无逾我里"时就说："岂敢爱之，畏我父母……父母之言，亦可畏也。"父母对子女的婚姻，是有着同等干涉权的。关于这方面，《孟子·万章》一文中，有一段对话：

> 万章问曰："《诗》云：'娶妻如之何？必告父母。'[1]信斯言也，宜莫如舜。舜之不告而娶，何也？"孟子曰："告则不得娶。男女居室，人之大伦也。如告，则废人之大伦，以怼父母，是以不告也。"万章曰："舜之不告而娶，则吾既得闻命矣。帝之妻舜而不告，何也？"曰："帝亦知告焉，则不得妻也。"

舜生于原始群婚时代，娶妻如何，是否告于父母，恐是后人臆说之词。但从春秋以至战国，娶妻必告父母，当是真的。《春秋·僖公三十一年》："冬，杞伯姬来求妇。"杜氏注："自为其子成昏。"做母亲的，竟代替儿子找起媳妇来了。《春秋·僖公二十五年》："宋荡伯姬来逆妇。"杜氏注："自为其子来逆。"

1.《诗·齐风·南山》："取妻如之何？必告父母。"

做母亲的这样越俎代庖,说明了她们在子女的婚姻上,是有着相当大的发言权的。《国语·鲁语》说:"商(子夏)闻之曰:古之嫁者,不及舅姑,谓之不幸。"对于媳妇来言,公公(舅)婆婆(姑)同样重要。

为什么会出现如此矛盾的现象,在妇女地位急遽降落的父权统治下的私有制社会,母权却能始终和父权匹敌,没有低落的趋势呢?这道理很简单,妇女权利被剥夺,是由于她们在物质生产中重要性的减低;而在人类自身的生产中,妇女却始终处在最关键的岗位上,是她们孕育、哺养了人类,人类怎能忘记她们?子女是她们养的,她们当然具有支配子女的权利。所以几千年来,尽管男尊女卑,尽管夫主妻奴,但儿子却不准不孝于母亲,母亲始终都是儿子的长上,不因儿为男而尊、为女而卑。这就告诉我们一个真理,所谓的男尊女卑、子奉母贵,二者都不是什么人为的结果,而是它们在物质生产、人类生产中地位轻重的反映。

但社会毕竟是父权统治的社会,男尊女卑反映到上层建筑中来,使儿子对母亲的态度上也沾染上了尊父卑母之风。《战国策·齐策》说:"章子之母启得罪其父,其父杀之而埋马栈之下。吾(齐威王)使章子将也,勉之曰:'夫子之强,全兵而还,必更葬将军之母。'对曰:'臣非不能更葬先妾也。臣之母启得罪臣之父,臣之父未教而死,夫不得父之教而更葬母,是欺死父也,故不敢。'"

母亲被父亲所杀,埋于马栈之下,父亲死后儿子还不敢改葬其母。这个故事说明,父权已远远高于母权之上。但《战国策》系横纵策士小说家言,所叙是否事实,我辈邈难断定。但至少说,男尊女卑、夫主妻奴的父权意识,已经反映到子辈思想中来了。

商周社会妇女地位之比较

商代进入父系社会，妇女地位开始降低；随着周代一夫一妻制的逐步完善，更带来了妇女地位的急遽降落。一低一落，悬殊是非常大的。现将二者比较如下：

1. 妇女的宗法地位

从父系宗法制度建立以来，人们联系自己的先祖，都是以男系为线，一辈一辈地数下去，如商人祭直系先祖，就作这样排列——

乙未酻盗品上甲十、报乙三、报丙三、报丁三、示壬三、示癸三、大乙十、大丁十、大甲十、大庚十……祖乙（《殷契粹编》112，庚甲卜辞）

至于子孙，当然不能像这样的排出具体名字，但以男系为干，也是如此。西周铭文中常见的"子子孙孙永宝用"，《诗·周南·螽斯》所说的"宜尔子孙绳绳兮"，这些"子孙"，都指男性。

在这种情况下，作为子女，都属父亲所有。母亲只有生养他们的义务，没有占有他们的权利。如果说，在商代卜辞中还偶有"妇某子曰某"（《殷虚文字乙编》4856）这样的句子，那么，在周人心目中，子女就不再属于母亲了。《左传·成公十一年》："声伯之母不聘。穆姜曰：吾不以妾为姒。生声伯而出之，嫁于齐管于奚。"无聘而淫奔的声伯之母被逐再嫁了，所生之子却留了下来，长大后依然是鲁国的宗室大臣。可见儿子不为母所有，全是父亲的私有物。

商人祭祖，以父系祖先为主线，但对他们历代的先妣，也给以独立的祭祀。周人祭祖，无特祭先妣之例。在他们的宗庙里，左昭右穆，没有妇女的专门地位。女人只有跟随丈夫一道，才能受到子孙的祭祀。

商代妇女独立下葬，西周中期已开始夫妻合葬，妇女对男子的附着性就更强了。

说到人的名字，周代妇女和商代妇女一样，她们都不用自己的名字。商代妇女称"帚（妇）某"，前者表示自己是个妇人，后者多为国族姓别。周人也有这种习惯。《春秋·文公四年》："夏，逆妇姜于齐。"三《传》所称均同。为什么称"妇"？《谷梁传》说："曰妇，有姑之辞也。"《春秋·宣公元年》："三月，遂以夫人妇姜至自齐。"《左传》："……尊夫人也。"《春秋·成公十四年》："九月，侨如以夫人妇姜氏至自齐。"《左传》："舍族，尊夫人也。"《左传·隐公八年》："四月，甲辰，郑公子忽如陈，逆妇妫。"

周代妇女除用"妇某"之类的叫法外，又有多种称呼。顾炎武说："古者男女异长，在室也称姓，冠之以序，叔隗、季隗之类是也。已嫁也，于国君则称姓，冠之以国，江芈、息妫之类是也。于大夫则称姓，冠之以大夫之氏，赵姬、卢蒲姜之类是也。在彼国之人称之，或冠以所自出之国若氏，骊姬、梁嬴之于晋，颜懿姬、鬷声姬之于齐是也。既卒也，称姓冠之以谥，成风、敬嬴之类是也。亦有无谥而仍其在室之称，仲子、少姜之类是也。"（《日知录》卷二三《氏族》条下附录《原姓篇》文）陈顾远补充此话说："不过当时除此情形外，并有以姓系夫谥者，郑之武姜、晋之怀嬴、宋之共姬、卫之庄姜是也；子产所云'当武王邑姜方震大叔……'以武王冠于邑姜之上，与此为同。且有以姓系于子者，则陈夏姬、宋景曹之类是也。"[1]

从以上称呼中可以看出，妇女不用自己的名字，可以称其国族姓别，冠以"妇"字或长幼之序；但冠以夫姓或夫谥者，都表示出了妇女对丈夫的依附。至于说到她们的名字，还是有的，《左传·僖公十七年》："（晋）惠公之在梁也，梁伯妻之。梁嬴孕过期，卜招父与其子卜之，其子曰：将生一男一女。招曰：然，男为人臣，女为人妾。故名男曰圉，女曰妾。"——晋惠公女儿的名字就叫作"妾"。虽然有名字，但一般在外不使用它。《战国策·魏策》有一则寓言说："宋人有学者，三年反而名其母。其母曰：'子学三年，反而名我者，何也？'其子曰：'吾所贤者，无过尧、舜，尧、舜名；吾所大者，无大天地，天地名。今母贤不过尧、舜，母大不过天地，是以名母也。'"

这当然是个虚构的故事。但故事里说明了一个问题，先秦妇女都是有名字的，但名字不许对外使用。于是，宋人"名母"——呼叫母亲的名字，也就成了一种寓言。

不能用自己的名字，只能用"妇"或"谥"冠以国族姓别来代替，这是对妇女人格的一种限制；至于在女人的国族姓别上加上丈夫的"姓"或"谥"用以代表女人的名字，那更是对妇女人格的一种降低了。

2. 妇女的经济地位

商代贵族妇女，有自己独立的田产。周代中原各国贵族妇女有无田产尚不得知，秦国像是有过的。《战国策·魏策》："芮宋欲绝秦赵之交，故令魏氏收秦太后之养地……"秦太后即宣太后，魏人给她养地，是为了讨好秦人。但她既然能在外国接受养地，

---

[1]. 陈顾远：《中国婚姻史》，上海文艺出版社1987年版，第190页。

她在本国有没有养地呢？

说到财产，周代妇女可能没有自己的独立财产。《诗经》《左传》里那些被出被弃的妇女，离家的时候都没有提出财产方面的纠纷。《吕氏春秋·遇合》篇讲了一个故事："人有为人妻者，人告其父母曰：'嫁不必生也。衣器之物，可外藏之。以备不生。'"不必生，即不一定能生。不生则窃衣器外藏，是想等将来离婚之后带走。从窃衣器外藏这件事情看，妇女在丈夫家中，是绝对没有属于自己的财产的。在商代，司母戊、司母辛一类的大型鼎器，都冠以妇女的名号；到了西周，重要的鼎器上，都换成了毛公、盂之类的男子名号了。女人的名字也偶尔在一些小型铜器上出现，但那是她们的男人替她们做的。宝鸡茹家庄西周夫妻墓出土的铜器上，有"强伯自作用器"的铭文，出自一号墓乙室；又有"强伯作井姬用器"的铭文，出自二号墓。[1] 显然，墓中的强伯是夫，井姬是妻，井姬用器要由"强伯作"，说明妻子无财产，她的一切用品，都是由丈夫做主购置自己才能用的，这与商代铜器上铸着的"妇好"二字比较，她们的地位是大大降低了。

3. 妇女的军事地位

商代妇好有自己的军队，本人可以领兵作战。周代妇女在这方面就太可怜了。她们什么也没有，而且凡是有关军旅的事，根本就不准女人接触。《左传·僖公二十二年》："郑文夫人芈氏、姜氏，劳楚子于柯泽。楚子使师缙示之俘馘。君子曰：非礼也。妇人送迎不出门，见兄弟不逾阈，戎事不迩女器。"

戎事不迩女器——军事不是女人该接近之物。连看一看俘馘（截耳之战俘）都被认为非礼，周代妇女在国家军事活动中还有什

---

[1]《新中国的考古发现和研究》，第258页。

么地位？

4. 妇女的政治地位

周人主张牝鸡无晨，妇女在政治上没有任何地位。个别妇女借助自己与丈夫、儿子的关系在政治上发挥一点作用，那还不是她们有了政治地位，而是她们占了她们丈夫、儿子的地位。这一些前面已经讲过，不再赘述。

通过以上几种比较，我们可以清楚地看到，从商代到周代，随着一夫一妻制的巩固，妇女地位是急遽地降落了。造成这现象的原因，无外乎生产力的发展。生产力愈发展，妇女在生产活动中的重要性愈以减弱，她们在社会中的地位，怎么能不随着降低了呢？

第十一章
周代的婚姻制度

中春之月，令会男女

周代婚姻男女结合，还保存着那种自由性交的原始遗风。《周礼·地官·媒氏》说："中春之月，令会男女；于是时也，奔者不禁。"此说是否可信？证之以史实，知道春秋时代的齐人，确曾如此。

《春秋·庄公二十三年》："夏，公如齐观社。"《左传》以为"非礼"；《公羊》指斥说："何以书？讥。何讥尔？诸侯越竟观社，非礼也。"《谷梁》说："常事曰视，非常曰观。观无事之辞也。以是为尸女也。"

"观社"是干什么？观社就是《周礼》所说"令会男女"。首先从时间上来说，《春秋》三传之"夏"，可作周历四月；周正建子，夏正建寅，《春秋》夏四月即为《周礼》二月中春。《国语·鲁语》记载此事曾说："土发而社，助时也。"韦昭注："土发，春分也。"春分在夏历二月中，正是中春之月。鲁庄公入齐观社与中春令会男女，在时间上是一致的。

"社"是什么？郭沫若开凿鸿蒙，认为社为男女通淫之所；

《谷梁》之尸女,"当即通淫之意"。[1]《左传·昭公十一年》:"孟僖子会邾庄公盟于祲祥,修好,礼也。泉丘人有女,梦以其帷幕孟氏之庙,遂奔僖子,其僚从之。盟于泉丘之社。曰:有子,无相弃也。"泉丘女与其僚(所从奔之邻女)盟于泉丘之社,相约"有子,无相弃"。在这个"社"里,她们与孟僖子搞过男女关系没有呢?如果没有,大家何必相约有子后如何如何;如果有,那不就证明社为男女通淫之所了吗?

春秋有社,即证明《周礼》的"令会男女,奔者不禁"。西周社会还保存着那种男女结合自由性交的原始遗风,确是事实。《诗经》中就有许多这样的诗篇,写男女相爱,无拘无束,如《郑风》之《山有扶苏》《狡童》《褰裳》《出其东门》《野有蔓草》《溱洧》……《卫风》之《木瓜》……在当时人看来,男女之间的爱情,并不是什么了不起的大事。《吕氏春秋·先识》说:"中山之俗,以昼为夜,以夜继日,男女切倚,固无休息。"高诱注:"切,磨。倚,近也。无休息,夜淫不足,续以昼日。"《战国策·齐策》写孟尝君舍人有与君之夫人相爱者,人告之,孟尝君曰:"睹貌而相悦者,人之情也。"孟尝君不加干涉。由此可见当时人对男女爱情的达观态度。

私奔通淫之事,在春秋以至战国,可算是司空见惯,恬不为怪。《左传·昭公四年》:"初,穆子去叔孙氏,及庚宗。遇妇人,使私为食而宿焉。"然后生下了私生子竖牛。《左传·昭公十九年》:"楚子(平王)之在蔡也,郹阳封人之女奔之,生太子建。"其后更以建为太子。连大名鼎鼎的孔圣人也是一个私生子,《史记·孔子世家》说:孔子父叔梁纥,"与颜氏女野合而

---

[1] 说详《甲骨文字研究·释祖妣》。

生孔子"。齐襄王的王后也是"无媒而嫁",《战国策·齐策》说:"齐闵王之遇杀,其子法章变姓名,为莒太史家庸夫。太史敫女,奇法章之状貌,以为非常人,怜而常窃衣食之,与私焉!"当然,任何时代、任何社会都会有淫乱私奔的事发生,但周代不同,淫乱私通所生之子,却得到了宗法、社会的承认,这说明私奔淫乱,在周人心目中,是一种非正常的行为,但其后代却不受到歧视。

在私通淫乱中,不大考虑出身、地位的差别。《国语·晋语》:"(晋献)公之优曰施,通于骊姬。"俳优通国君之爱姬,地位相差,可谓悬殊。《左传·庄公三十二年》,鲁庄公雩祭,"女公子观之,圉人荦自墙外与之戏"。这真是《红楼梦》里贾府焦大爱上了林妹妹。《左传·哀公十五年》:"卫孔圉取太子蒯聩之姊,生悝,孔氏之竖浑良夫,长而美。孔文子卒通于内。"一个仆人与公主私通,作为公主弟弟的太子蒯聩,还要与之盟约:"苟使我入获国,服冕乘轩,三死无与。"也不考虑他们之间的身份悬殊了。至于宣太后爱魏丑夫,更宣之于朝廷之上,出令于群臣之间,公开无隐私,说明当时的社会风尚,人虽分贵贱,淫媾之事则可不论等级。

战国初年,淫乱越轨之行可能已受到法律的约束。魏文侯时,李悝著《法经》,将"淫侈逾制"列入《杂律》(见《晋书·刑法志》)可为明证。但私相授受算不算"淫侈"?男女私奔为不为"逾制",因史无明文,目前尚不能得出确切的结论。

媒妁撮合与抢亲成婚

除了男女淫奔自由结合的婚姻形式以外,周代更多的是双方议婚。所谓议婚,即有媒妁牵针引线,议婚于双方父母,然后择吉成亲。《诗·豳风·伐柯》说："伐柯如何？匪斧不克；取（娶）妻如何？匪媒不得。"《战国策·燕策》说："周之俗，不自为取妻。且夫处女无媒，老且不嫁；舍媒而自衒，弊而不售。顺而无败，售而不弊者，唯媒而已矣。"正因为如此，所以斗伯比死了父亲，跟随母亲寄养于外祖之邧国。他无媒自合，淫于邧子之女，生子文。"邧夫人使弃诸梦（泽名）中。"（《左传·宣公四年》）鲁宣公之弟叔肸，无媒而合，生下声伯，宣公夫人穆姜却不承认这个媳妇是自己的姒娣。"声伯之母不聘，穆姜曰：'吾不以妾为姒（昆弟之妻相谓为姒）。'生声伯而出之（休出改嫁）。"（《左传·成公十一年》）齐太史敫之女私齐襄王，后来虽然即位为王后，其父仍然不予谅解，说"'女无媒而嫁者，非吾种也，污吾世矣。'终身不睹"（《战国策·齐策》）。《诗·卫风·氓》叙述一个女子告诉情人不能及时成婚的原因就说："匪我愆期，子无良媒。"

媒妁谋婚的对象，不是男女当事者双方，而是他（她）们的父母。《诗·齐风·南山》说："取妻如之何？必告父母……析薪如之何？匪斧不克；取妻如之何？匪媒不得。"正因其如此，孟子的学生万章就来问孟子："舜之不告而娶，何也？……帝之妻舜而不告，何也？"（《孟子·万章》）有"匪媒不得"加上个"必告父母"，就形成了一套长期的封建婚姻枷锁——父母之命、媒妁之言。当然，在包办婚姻中，偶尔也允许当事者提出个人意见。《左传·定公五年》："（楚昭）王将嫁季芈，季芈辞曰：'所以为女子，远丈夫也。钟建负我矣！'以妻钟建。"哥哥采纳了妹妹的意见，成就了这桩婚事。但整个社会上，青年男女的恋爱自由则被剥夺，而听凭父母与媒妁摆布。《孟子·滕文公》说："丈夫生而愿为之有室，女子生而愿为之有家。父母之心，人皆有之。不待父母之命媒妁之言，钻穴隙相窥，逾墙相从，则父母国人皆贱之。"

所谓"钻穴隙相窥，逾墙相从"，实际上就是青年男女的一种自由恋爱，这时已被社会视为非礼，受到了人们的嘲笑——父母、国人皆贱之。《诗·郑风·将仲子》里，就写出了一个热恋中的女子，由于害怕父母、兄弟、社会舆论的啧啧多言，而告诫自己情人的话："将仲子兮，无逾我里，无折我树杞。岂敢爱之，畏我父母。仲可怀也；父母之言，亦可畏也。将仲子兮，无逾我墙，无折我树桑。岂敢爱之，畏我诸兄。仲可怀也，诸兄之言，亦可畏也。将仲子兮，无逾我园，无折我树檀。岂敢爱之，畏人之多言。仲可怀也，人之多言，亦可畏也。"将仲子，即请我的二哥哥。

人类社会自从有了父母与媒妁的包办，青年男女从此丧失了恋爱的自由。婚姻不再是爱情的产物，而成了动物性欲本能的结合。洞房花烛夜，相逢不相识。《诗·唐风·绸缪》写一个男子在新婚之夜惊呼："今夕何夕，见此良人"，说明他与此女事前并不曾谋面，所以才有这种诧叹。他们的婚姻，如果不是抢亲，就必然出自这种媒妁与父母结合的包办制度。

由于媒妁之言与父母包办，婚姻双方就完全失去了幸福之感。他们像配种的牲畜一样被拉去交配，性行为已经不是爱情冲动的要求，而是宗族繁殖任务的完成。没有感情的婚姻对一个女子来说是一种加倍的折磨，因为她们要离开亲密的、有血缘关系的父母兄弟而远嫁于举目无亲的陌生之家。因此，新婚离家之后，女子多怀念父母兄弟，"思归宁而不得"（《毛诗序·邶风·泉水》），流露出无限的怨情。（见《诗·鄘风·蝃蝀》、又《卫风·竹竿》）有时女子走回娘家，也会被再要回来。《左传·隐公二年》："莒子娶于向，向姜不安莒而归。夏，莒人入向，以姜氏还。"

这种包办制度的产生，完全是等级世袭的封建私有制的政治需要。原始群婚时代，有男女而无夫妇，大家"期我乎桑中，要我乎上宫"，随心所欲，自然而然，不必劳动他人牵线搭桥。但到了一夫一妻制的封建等级社会，婚姻已不再是爱情感性的结合，而是传宗接代确保各级封建世袭统治的决定手段。因此，旷夫怨女再也不能苟欢求乐。双方要门当户对，形成政治结合。这就要求男女各人先把对方情况搞清楚，互相衡量家庭地位、出身（嫡出？庶出？）是否相当。这一切工作，均需有媒妁从中介绍，以达到相互了解的目的。又需告其父母，因为儿女的婚姻并不只关系到他们自己，而是关系到这个家族，"之子于归，宜其室家……之子于归，宜其家人。"（《诗·周南·桃夭》）

有需求就会有欺骗。人们需要媒妁，媒妁就会骗财欺人。《战国策·燕策》说："周地贱媒，为其两誉也。之男家曰'女美'，之女家曰'男富'。"媒人嘴里没有实话是古已有之的。

除父母之命媒妁之言与逾墙钻隙两种婚姻而外，还有一种婚姻是抢亲。敌国相争，可以掠夺对方之女。《国语·晋语》说："昔夏桀伐有施，有施人以妹喜女焉……殷辛伐有苏，有苏氏以妲己女焉……周幽王伐有褒，有褒人以褒姒女焉。"春秋以来，抢亲之风常吹不衰。《左传·庄公二十八年》说，晋献公之时，"晋伐骊戎，骊戎男（男爵），女以骊姬"。《左传·僖公二十三年》记载，晋公子重耳出亡奔狄，"狄人伐廧咎如，获其二女叔隗、季隗，纳诸公子。公子取季隗，生伯儵、叔刘；以叔隗妻赵衰，生盾"。

抢亲之中，有人抢未婚之女，也有人抢他人之妻。《左传·襄公二十二年》："郑游贩将归晋。未出竟，遭逆妻者，夺之以馆于邑。"这是抢正在出嫁中的妇女。《左传·桓公元年》："宋华父督见孔父之妻于路，目逆而送之，曰：'美而艳。'"《左传·桓公二年》:"春,宋督攻孔氏,杀孔父而取其妻。"这是杀人夺妻。《左传·昭公二十三年》:"楚太子建之母在郹,召吴人而启之。冬,十月甲申,吴太子诸樊入郹,取楚夫人与其宝器以归。"《吕氏春秋·察微》说:"吴公子光又率师与楚人战于鸡父,大败楚人……又反伐郹,得荆平王之夫人以归。"这是敌国交兵,抢夺已婚之妻。

这里有一个家人包办、个人选择、武力抢劫交相进行的婚姻例子。《左传·昭公元年》记载,郑国大夫徐吾犯的妹妹长得漂亮,公族子南(公孙楚)礼聘了她,而子南的从兄子晳(公孙黑)又把聘礼强行送去。徐吾犯无法拒绝,包办婚姻做不了主,由郑子产想办法,商得子南、子晳同意,让妹妹在他们两个中间自由选择。姑娘选中了子南,子晳不甘心,"既而櫜甲以见子南,欲杀之而取其妻"。自由选择又变成了武力抢劫。

家人包办、个人选择、武力抢劫,是周代社会的三种婚姻形式,不过在这里来了个综合进行罢了。

周代的婚姻制度

严格地讲,周代还没有法定的婚姻制度。《周礼》上所说的婚丧娶嫁之礼实非周公之礼,乃是战国人的伪托。《毛诗序·卫风·有狐》说:"古者国有凶荒,则杀礼而多昏,会男女之无夫家者,所以育人民也。"然而诗中的整个气氛,却丝毫没有"凶荒"的味儿,所以他们的多昏(婚),并不是因凶荒而杀(减)礼,而是压根儿还没有什么"礼",不产生减不减的问题。多婚育人民,反映出上古群婚的遗风与古代统治者希望子民蕃盛的人口思想。

但婚姻还是有一定形式的。《荀子·富国》说:"男女之合,夫妇之分,婚姻娉内送逆无礼。如是,则人有失合之忧,而有争色之祸矣。"

什么叫"娉内送逆"?那是由议婚到结婚的四种形式。娉即聘,扬倞注:"问名也。"《仪礼·士昏礼》贾公彦疏:"问名者将归卜其吉凶。"问名之聘是媒妁向女方致礼以相问,《左传·成公十一年》:"声伯之母不聘,穆姜曰:'吾不以妾为姒。'"杜预注:"不聘无媒礼。"这种聘问,是从议婚到订婚过程中的重要一环,《礼记·内则》说:"聘则为妻,奔则为妾。"声伯之母不聘而嫁,所以穆姜(鲁宣公之妻,鲁宣公与声伯之父叔肸为昆弟)就不愿认她做妯娌(姒)。

内即纳,也就是纳采。《仪礼·士昏礼》贾公彦疏:"纳采言纳者,以其始相采择,恐女家不许,故言纳。问名不言纳者,女氏已许,故不言纳也。"由此可见,订婚之礼是先纳采,后问名。纳采送礼用什么?《士昏礼》说:"昏礼,下达纳采,用雁。"所以纳采又称委禽。《左传·昭公元年》说:"郑徐吾犯之妹美,公孙楚聘之矣,公孙黑又使强委禽焉。"一个已经问名,一个又强委禽,说明了前者先行、后者后入。

再次是迎亲,即"逆"。周人实行的是族外婚,婚姻形式是女入男家。《诗·召南·鹊巢》说:"维鹊有巢,维鸠居之,之子于归,百两御之。"这里所说的是自己的女儿(鹊)要嫁出去,她在家里的空位置(巢)则由外来的新媳妇(鸠)占领。这新媳妇嫁到夫家来,要用许多的车辆来迎接。这就叫作"逆"。

女子嫁人有一定的陪嫁,其中包括媵妾、媵奴,也有一定的财产。《诗·卫风·氓》说:"以尔车来,以我贿迁。"贿迁,即把女子陪嫁财产送入夫家,这就是"送"。

除此之外，还有其他的规矩。

同姓不婚，这是族外婚的最基本的原则。因为周人已十分清楚，"男女同姓，其生不蕃"。在他们的婚姻中，最注意的是"男女辨姓"，即夫妇男女双方，必须分清不同姓才能结合。《左传·襄公二十五年》："齐棠公之妻，东郭偃之姊也。东郭偃臣崔武子。棠公死，偃御武子以吊焉，见棠姜而美之，使偃取之（为己取之）。偃曰：'男女辨姓。今君出自丁（齐丁公之后，姜姓），臣出自桓（齐桓公之后，同为姜姓），不可。'"

晋人系姬姓周人之后。周武王与妻邑姜生子太叔，封于唐，建立晋国。晋人姬姓，不当再与姬姓结婚。但晋献公不顾禁约，先娶于贾，贾为姬姓之国；又娶大戎狐姬；再娶骊戎之女骊姬姊妹（见《左传·僖公二十八年》）。凡此共有四姬。《左传·昭公元年》载，晋平公有疾，大夫叔向问郑子产这是什么病，郑子产大谈了一通星相为祟之说后又说："侨（子产）又闻之，内官不及同姓。其生不殖，美先尽矣，则相生疾，君子是以恶之。故《志》曰：'买妾不知其姓，则卜之。'违此二者，古之所慎也。男女辨姓，礼之大司也，今君内实有四姬焉。其无乃是也乎？若由是二者，弗可为也已。四姬有省，犹可；无则必生疾矣。"

郑子产在这里强调了一个问题：虽位及公侯，内官嫔妃可以成群列队，但也不能抛开同姓不婚的原则，让内官嫔妃之中，充有同姓之人。如果买女奴为妾不知其姓，也要用占卜来决定取舍，不能贸然娶来。晋平公不遵守这一原则，身为姬姓却拥有四位姬姓之妾，所以他才会有病。要想病好，只有断绝与四姬的关系，否则就要继续病下去。

不遵守"同姓不婚"这一原则的现象，任何时候都会有。《左传·襄公二十八年》，齐国卢蒲癸臣于庆舍子之，有宠，子之以其女妻之，"庆舍之士谓卢蒲癸曰：'男女辨姓，子不辟宗（卢蒲癸与庆舍都是姜姓而同宗），何也？'曰：'宗不余辟，余独焉辟之。'"意思是说：他自己送上门来。宗不辟我，我怎么单方面辟它？鲁昭公为姬姓，又娶姬姓之国吴人之女为妻。按当时的制度，其人该称昭姬。但姬姓之昭公又娶昭姬，于礼不合，所以孔子写《春秋》，称她为孟子，以其排行为名，不写姓，免得在人前出丑。《春秋·哀公十二年》："夏五月，甲辰，孟子卒。"《左传》则说："夏五月，昭夫人孟子卒。昭公娶于吴，故不书姓；死不赴（崩薨曰赴。因其不称夫人，不言薨，故曰不赴），故不称夫人（指孔子写《春秋》，不称夫人），不反哭（即反哭于寝。既葬而归，设虞祭于正寝），故不言葬小君（诸侯之妻称小君）。"就这样还不算完，《左传》又说："孔子与吊，适季氏。季氏不绖。放绖而拜。"这时的孔子早已辞官在家，他还要到季孙氏那里去吊丧。季孙氏因孟子身份问题不为之服丧，孔子也只好摘掉身上表示丧礼的绖麻而行跪拜之礼。后来，陈国的大夫为此问孔子，昭公是否知礼？孔子为君隐恶，说了违心的话，结果遭到陈大夫的批评，孔子最后也承认了错误。《论语·述而》说："陈司败（司败，官名）问：'昭公知礼乎？'孔子曰：'知礼。'孔子退，揖巫马期（巫马期，孔子弟子）而进之曰：'吾闻君子不党。君子（指孔子）亦党乎？君（昭公）取于吴为同姓，谓之吴孟子。君而知礼，孰不知礼？'巫马期以告。子曰：'丘也幸，苟有过，人必知之。'"

周人婚姻，不论辈分高低。媵妾之制中，侄女可以随姑出嫁，谓之曰"娣"。姑侄同嫁一人，也就不论什么辈分。晋文公重耳先与赵衰同娶于廧咎如之二女隗姓姊妹，文公要季隗，以叔隗妻赵衰（《左传·僖公二十三年》），又以己女复妻之。此女主动要求，迎回叔隗，以叔隗为嫡，自己甘心居其下（《左传·僖公二十四年》）。这是外甥女与姨母同嫁一人之例。《左传·昭公二十五年》："季公若之姊为小邾夫人，生宋元夫人。生子，以妻季平子。"公若为季平子庶叔，小邾夫人为平子庶姑。庶姑生宋元夫人，平子与宋元夫人，就是表兄妹关系。现在又以宋元夫人之所生而妻平子，明为表侄女嫁于外表叔之例。

诸妾从媵出嫁，有一条不成文的规定，嫁女之中，同胞姊妹只准有二人，不得为三。《国语·周语》记载，周共王游于泾上，有三女奔密康公。密康公母劝其勿纳，说："女三为粲……王御不参一族。夫粲，美之物也。众以美物归女（汝），而何德以堪之？王犹不堪，况尔小丑乎！小丑备物，终必亡。"

王御不参一族，就是说天子娶妇，不能把一父所生的三姊妹都娶过来。《史记·周本纪·集解》引韦昭注："御，妇官也。参，三也。一族，一父子也。故取侄娣以备三，不参一族之女也。"先秦时代的娶妻置媵，大都是妻一娣一，这就是受了不参一族的规定所限制；但密康公敢于公然违背这一规定，"康公不献"，也说明这规定仅是约定俗成的乡规民约，不具备什么法律的效力。

还有一个问题是夫妻合葬的问题。商代考古中，尚未发现夫妻合葬墓。《礼记·檀弓》说："季武子成寝。杜氏之葬在西阶之下，请合葬焉。许之。入宫而不敢哭。武子曰：'合葬非古也。自周公以来，未之有改也。吾许其大而不许其细，何居？'命之哭。"

合葬之事，是否源于周公，不可确考。但自西周以来，就有合葬之事出现。《诗·王风·大车》说："谷则异室，死则同穴。"《毛传》："谷，生。……生在于室则外内异，死则神合同为一也。"孔颖达《正义》："《内则》曰：'礼始于谨夫妇，（为）宫室，辨外内。男不入，女不出。'是礼也，生在于室则内外异，死所以得同穴者，死则神合，同而为一，故得同穴也。"

1974—1975年，考古工作者在陕西宝鸡市茹家庄，发掘了两座西周中期的合葬墓。其1号墓之乙室，出土刻有"強伯自作用器"之类铭文的铜器八件，可以判定其墓主就是強伯。其2号墓在1号墓东侧，它打破了1号墓的东北角，显出二墓有次序先后，并非一次所葬。二者棺椁葬具基本相同，后者又有刻有"強伯作井姬用器"一类铭文的铜器十件出土，可以判定墓主为強伯之妻井姬。二墓先后而为夫妇，是夫妇合葬之典型。[1]

河南浚县辛村，有一片卫国的墓地，时代相当于西周到东周初期。其中M_5与M_{17}并列，大小形制相似，可能也是夫妻合葬墓。[2] 《礼记·檀弓》说："孔子曰：卫人之祔也离之，鲁人之祔也合之，善夫。"郑玄注："祔谓合葬也。离之有以间其椁中。"孔颖达《正义》："离之谓以一物隔二棺之间于椁中也。所以然者，明合葬犹生时，男女须隔居处也。……鲁人则合并两棺置椁中，无别物隔之，言异生不须复隔，谷则异室，死则同穴。故善鲁之祔也。"

东周以来，夫妻合葬墓多了起来。春秋中期的辉县琉璃阁M_{55}与M_{80}，长治分水岭M_{269}与M_{270}，都是"两两并列，相距4.5—4.6米，应该都是夫妻合葬墓"。

战国晚期，合葬之风更盛。侯马乔村发现的奴隶殉葬墓，"共发掘二十余座，年代虽有早晚，大多属于战国晚期。一般都是夫妇并穴合葬"[3]。

---

1. 详见《陕西省宝鸡市茹家庄西周墓发掘简报》。

2. 详见《商周考古》，第192页。

3. 《新中国的考古发现和研究》，第298页。

夫妻合葬制度的产生，是一夫一妻制日益巩固的结果。原始社会群婚杂居，有男女媾和而无夫妻婚姻，当然不会有什么夫妻合葬。一夫一妻制建立之后，夫妻关系明确，合葬之事也就逐渐发生。春秋以来，父夺子妇、子烝父妻，聚麀乱伦，夫妇关系明确而不巩固，合葬之制也就难于全面建立。春秋末期，"外内乱、禽兽行则灭之"（《司马法·仁本》），乱伦之行受到谴责，夫妻关系得到巩固，合葬之事才得以逐步盛行。秦国相比中原较为落后，他们长期以来"父子无别，同室而居"（《史记·商君列传》）。在这种情况下，当然谈不上夫妇合葬之事。《战国策·秦策》载，秦宣太后欲以情人魏丑夫殉葬，既欲以情人殉葬，当然是不准备和丈夫合葬了。太后与先王不欲合葬，则合葬之制在秦国风行程度，也就可想而知了。

男子的再娶与妇女的被出

父权制下的一夫一妻制实为一夫多妻制，这是男子压迫妇女的一种手段。在这种情况下，妇女被要求"从一而终"，男子却可以一娶再娶。

这方面的例子是很多的。

《左传·隐公三年》："卫庄公娶于齐东宫得臣之妹，曰庄姜。美而无子，卫人所为赋《硕人》也。又娶于陈，曰厉妫……其娣戴妫。"有妇再娶妇，说明男子再娶的事是不受限制的。《史记·卫康叔世家》说："庄公五年，取齐女为夫人，好而无子。又娶陈女为夫人。"这是有妻可以再娶之证。但前人不承认这种事实，却拿一种并不存在的"礼数"来否定它。泷川资言《史记会注考证》说:"孔颖达曰:礼,诸侯不再娶,且庄姜仍在,《左传》惟言'又娶于陈',不言为夫人,《世家》非也。"拿孔颖达的"礼"来否定司马迁的话,未免失之武断;而拿《左传》来作证,《左传》明言"又娶",怎能因其"不言为夫人"而认定所娶非夫人呢?

春秋时代,诸侯再娶的事很多。《左传·庄公二十八年》:"晋献公娶于贾,无子。烝于齐姜(娶父之妾名齐姜),生秦穆夫人及太子申生。又娶二女于戎,大戎狐姬生重耳,小戎子生夷吾。晋伐骊戎,骊戎男(男爵)女以骊姬,归,生奚齐,其娣生卓子。"《左传·僖公十七年》:"齐侯(桓公)之夫人三:王姬、徐嬴、蔡姬,皆无子。齐侯好内,多内宠。内嬖如夫人者六人:长卫姬,生武孟;少卫姬,生惠公;郑姬,生孝公;葛嬴,生昭公;密姬,生懿公;宋华子,生公子雍。"如果说晋献公之多娶均为妾,那么,齐桓公之三娶可都是"夫人"啊!所谓"诸侯不再娶""不言为夫人"的礼又在哪里呢?另外还有,《左传·宣公三年》记载:"初,郑文公有贱妾曰燕姞……文公报郑子之妃曰陈妫(郑子,文公叔父,淫季父之妻曰报)……又娶于江……又娶于苏……"这是一娶再娶之证,怎能说"诸侯不再娶"呢?

孔颖达的话是这样说的:"凡嫁娶之礼,天子诸侯,一娶不改。其大夫以下,其妻或死或出,容得更娶。非此亦不得更娶。此为嫁娶之数,谓礼数也。《昭三年左传》子大叔谓梁丙张趯说朝聘之礼,张趯曰:'善哉,吾得闻此数。'是谓礼为数也。今宣王之末,妻无犯七出之罪,无故弃之更婚,王不能禁,是不能正其嫁娶之数。"查《左传·昭公三年》张趯的话,系针对子大叔"少姜有宠而死,齐必继室"而言。少姜死齐必继室,并不能得出少姜不死晋侯不能再娶的结论。况且,既说(卫)宣王之末可以弃妻更婚,也就说明当时没有不准再娶的礼。

有周一代，男子可以有妻再娶，虽没有明文认定其可，但也没有成法否定其行。孔颖达所说的"礼数"，怕是不存在的。

伴随着男子的多娶与再娶，出现了女子的被弃与被出。

正如在对偶婚居妇家制时男子随时会被赶出女子家门一样，一夫一妻制下的女子，也有随时被赶出丈夫家门的可能。西周的婚姻无成法，赶妻出门用不着制造什么借口。《诗·小雅·我行其野》就描写了一个被遗弃的女子："昏姻之故，言就尔居。尔不我畜，复我邦家……不思旧姻，求尔新特。"两人原来是有感情的，有了感情女子才到男子家来；但现在男子有了新欢（新特），就不念旧情把女子赶出了家门，赶回了娘家。

但是，这种妇女被赶出夫家与对偶婚下的男子被赶出妇家不同。对偶婚制下，人们没有多少剩余的财产，赶出就赶出罢了，被赶出者可以与人重新结合；一夫一妻制已进入私有制社会，财产是一个有关生计的大问题。妇女被从夫家赶了出来，没有财产，可怎么生活？

造成妇女被逐出的原因很多，但这原因，几乎完全在于男子方面。他们"不思旧姻，求尔新特"可以出妻，而男女双方不媒而合的妇女也要被逐。鲁宣公的弟弟叔肸不经聘礼与女子结合生下声伯，鲁宣公的夫人穆姜就不承认她为姒（妯娌），在她生下了核子以后出弃了她。《左传·成公十一年》说："声伯之母不聘。穆姜曰：'吾不以妾为姒。'生声伯而出之。嫁于齐管于奚。"

也有因丈夫去世女子被逐回娘家去的，《毛诗序·邶风·燕燕》说："《燕燕》，卫庄姜送归妾也。"《郑笺》："庄姜无子，陈女戴妫生子名完，庄姜以为己子。庄公薨，完立而州吁杀之。

戴妫于是大归，庄姜远送之于野。"

又有因其家出逃而被出的。《左传·哀公十一年》："初，（卫大叔）疾娶于宋子朝。……子朝出（出奔），孔文子使疾出其妻，而妻之（妻之以己女）。"

还有为开一个玩笑而被逐回娘家的。《左传·僖公三年》："齐侯（桓公）与蔡姬乘舟于囿，荡公。公惧，变色。禁之，不可。公怒，归之。未绝之也。蔡人嫁之。"

蔡姬是桓公夫人，无子。[1] 就为划船故意摇荡，桓公害怕而她还要摇，结果被出回家。蔡人也不客气，干脆改嫁了她。此事还引起了两国的战争，并波及诸侯各国。《左传·僖公四年》："春，齐侯以诸侯之师侵蔡，蔡溃。"

《左传·宣公十六年》："秋，郯伯姬来归，出也。"又《春秋·成公五年》："春，王正月，杞叔姬来归。"这两位妇女被逐而归的原因是什么，《左传》与《春秋》都没有说。不知是由于毫无理由还是理由不值一说。

自从进入了私有制的夫权社会，婚姻也成了压迫妇女的一种手段。她们是别人淫欲的工具，随时都有被遗弃的可能。夫妻之间，已无爱情可言。女人在婚前由媒妁定终身，婚后由丈夫决定去留。她们完全丧失了个人的人身自由，这是历史的悲剧。

被逐妇女，不能再回到夫家。《毛诗序·卫风·河广》："宋襄公母归于卫，思而不止。"《郑笺》："宋桓公夫人，卫文公之妹，生襄公而出。襄公即位，夫人思宋，义不可往。"被出之后，儿子做了国君，尚不得再回去，何况其他人。

被逐出夫家的妇女，在宗法上没有任何地位。《左传·文公

---

[1].《左传·僖公十七年》："齐侯之夫人三，王姬、徐嬴、蔡姬，皆无子。"

十二年》记载，鲁文公的同母姊妹叔姬（《谷梁》："其日子叔姬，贵也，公之母姊妹也。"）被丈夫杞伯所出，说："杞桓公来朝，始朝公也。且请绝叔姬，而无绝昏。公许之。二月，叔姬卒。不言杞，绝也。书叔姬，言非女也。"叔姬被杞伯所出，而鲁杞二国婚姻不绝，叔姬在娘家的地位之微不足道，也就可想而知。如果叔姬在娘家有些权势，也不会有自己被逐而其他姊妹可以续嫁之理。她被逐之后，既不算杞国之人，不得称"桓姬""杞姬"，更不得称"夫人"，也不算是鲁人之女了，所以只好称"叔姬"（女未嫁不书姓，书姬姓则为已嫁之女），这在宗法上不属于任何一家，用我们现代用语来说，她是被挂起来了。

这种被挂，等于宣布了妇女在宗法地位上的死刑。因此，先秦社会的妇女特别是贵族妇女，就最怕这一招。《战国纵横家书》写触龙说赵太后说："父母爱子，则为之计深远。媪（赵太后）之送燕后也，攀其踵，为之泣，念其远也，亦哀矣。已行，非弗思也。祭祀则祝之曰：'必勿使反（返）。'剀（岂）非计长久，子孙相继为王也哉？"赵太后祝其女燕后"勿使反（返）"，也就是怕被人家弃出送归。这一方面固然是为了让女儿给人家生儿抱孙以便子孙相继为王，但更主要的还是害怕女儿被出失去了夫家娘家双方的宗法地位。不然的话，返回娘家可以重新嫁人，何必害怕而又祭祀祷告呢？

男子出妇，古有"七出"之条。《仪礼·丧服疏》："七出者：无子，一也；淫泆，二也；不事舅姑，三也；口舌，四也；盗窃，五也；妒忌，六也；恶疾，七也。"这七出之条对于妇女的压迫已经够过分了，但检查周代出妻之例却往往都是超出于此"七条"之外者。周代男子出妻，并无成法，他们可以随心所欲，将玩腻了的妻子一脚踢开，不用找任何理由。这比有"七出"之条更为可怕，有"七出"之条妇女还可以据条力争，争取"七条"之外的一定权利。譬如男子别有新欢，总不能以此为理由将旧妻赶出家门吧！但在先秦就不行了，有新欢弃旧室成了名"正"言"顺"的事。因此说，从先秦的任意出妻到后世的"七出"之条，还应该说是争取妇女权利的一点"进步"。它一方面保证了男子对妇女的多种压迫，另一方面也保证了一点妇女在"七出"之条之外的相应权利。如果说，该妇女生子、贞操、孝公婆、沉默寡言、不盗窃、不妒忌、无恶疾，丈夫就不能由于别的原因而出休于她。所以说，"七出"之条的建立，较之任意出妻，还应该说是争取妇女权利的一点"进步"，一点令人闻之泪下的"进步"。

在当时，男子可以出妻，女子是否可以出夫呢？不能。因为父权社会，财产都在男子手中掌握着，家是人家的，只有人家出你，你怎能去出人家！

但自由离婚的权利还在保持着。《左传·成公十一年》："声伯以其外弟为大夫，而嫁其外妹于施孝叔。郤犫来聘，求妇于声伯。声伯夺施氏妇以与之。妇人曰：'鸟兽犹不失俪，子将若何？'曰：'吾不能死亡。'妇人遂行。生二子于郤氏。郤氏亡，晋人归之施氏。施氏逆诸河，沈其二子。妇人怒曰：'已不能庇其伉俪而亡之，又不能字人之孤而杀之，将何以终？'遂誓施氏。"誓施氏，即"约誓不复为之妇"，即从此离婚之意。

妇女的可以改嫁与对爱情的忠贞

先秦社会男子可以一娶再娶，妇女被出或夫死也可以再嫁。这在社会上不受歧视，《毛诗序·邶风·凯风》："卫之淫风流行，虽有七子之母,犹不能安其室。"郑笺:"不安其室,欲去嫁也。"《毛诗序》多牵强附会之说,此篇亦不例外。但不管《凯风》本意是否为美孝子之作,《毛诗序》却反映出了这样一个现实:妇女改嫁,并不羞耻。此风一直延续下来,司马相如娶寡妇卓文君,两汉后妃更多再醮之妇。直到汉末,此风不减。所以曹丕娶甄氏(袁绍之子袁熙之妻),甄氏后来还被公然封为皇后。

《左传·桓公十五年》,雍姬之夫欲谋杀其父:"雍姬知之,谓其母曰:'父与夫孰亲?'其母曰:'人尽夫也,父一而已,胡可比也?'"于是雍姬把情况告诉了自己的父亲,父亲就杀了她的丈夫。

"人尽夫也",反映出周代社会妇女的婚姻观。她们把无夫改嫁看成天理自然的事,不受任何羁绊。郑灵公的妹妹子灵,嫁陈大夫夏御叔;御叔死,又通于陈灵公及陈大夫孔宁、仪行父;楚人讨陈,楚庄王、公子侧都想娶她,结果她嫁给了楚连尹襄老;襄老死,又与襄老之子黑要相通;接着嫁给了申公巫臣;巫臣死,又嫁于晋大夫叔向。这样的一嫁再嫁,并没有人说她道德不好,只是说此人"克"夫而已。

春秋对于改嫁不加歧视,所以晋公子重耳出亡于狄,娶妻季隗,将行,告诉季隗,"待我二十五年,不来而后嫁"(《左传·僖公二十三年》)。这相约的时间是长了一点,但允许其妻在自己活着时改嫁,态度之开明则非中古封建时代伦理道德可比。

改嫁之人不受歧视,她们和别人一样可以封后,可以立子。齐大夫连称之从妹为襄公后宫,无宠而怨。公孙无知作乱,让她充当间谍,与其相约说:"捷,吾以女(汝)为夫人。"夫人,是诸侯正妻的封号。此事虽然只是相约而不见得就成事实,但相约就有成为事实的可能。晋文公之妾辰嬴曾嫁怀王,与文公生公子乐。晋襄公死，议立长君，大夫贾季就说："不如立公子乐。辰嬴嬖于二君，立其子，民必安之。"文公与怀王为叔侄二人，先后嫁给叔侄二人，不仅不是个缺点，"民必安之"，反而是个长处了。当然，此事在当时就遭到了别人反对，大夫赵孟说："辰嬴贱，班在九人，其子何震（威）之有？且为二嬖，淫也。"（见《左传·文公六年》）"淫"固然不好，但公子乐的不能当选及位，主要还不在于其母"二嬖"，而因为辰嬴不是"夫人"，"班在九人"——位置列在妃嫔中的第九个，"贱"也。

《吕氏春秋·遇合》介绍了一段寓言："人有为人妻者，人告其父母曰：'嫁不必生也。衣器之物，可外藏之，以备不生。'"这当然是个虚构的故事，但故事必有它的现实基础。女子出嫁不一定能生小孩，不一定能生小孩就往外偷衣物，以备不生之后，另外改嫁。这样的妇人也许没有，但从这个故事看，先秦社会妇女改嫁，绝不是一件令人羞辱的事。

《诗·鄘风·柏舟》写一个女子矢忠于他的意中人的故事："泛彼柏舟，在彼中河。髧彼两髦，实维我仪。之死矢靡它，母也天只，不谅人只。泛彼柏舟，在彼河侧。髧彼两髦，实维我特。之死矢靡慝，母也天只，不谅人只。"翻译成现代汉语就是："水面漂着的柏舟，荡漾在大河中流。前额上垂着短发，那才是我的配偶。从今到死心无他求。娘呀，爹呀，还不清楚我吗？水面漂着的柏舟，荡漾在大河一边。前额上垂着短发，那才是我的侣伴。从今到死心无他念。娘呀，爹呀，还不清楚我吗？"

这本是对于一个女子誓忠于其意中人的描写，却被后代儒家歪曲，把它说成是寡妇不愿改嫁的誓言。《毛诗序》说："《柏舟》，共姜自誓也。卫世子共伯蚤（早）死，其妻守义，父母欲夺而嫁之，誓而弗许，故作是诗以绝之。"但我们看一看原诗，哪有一字道及原夫已死或改嫁再醮之处？《毛诗序》的作者这样歪曲，正说明《诗经》没有寡妇不再改嫁之诗，周代社会，也没有寡妇不愿改嫁而大发誓言的必要。

在与妇女自由改嫁的同时，表现在问题的另一方面，是女性对爱情的尽忠，矢志不渝，直到效死报仇。

传说，帝舜南巡苍梧，病殁于湘沅九疑之间，娥皇女英追之而去，哭竹挥泪成斑，传为千古佳话。这是女子忠于爱情的最早典型，给后世妇女树立了美好的榜样。

但考查历史，春秋以前，很难找到这一类的具体例证。这不仅是由于历史文献的泯灭难求，更重要的则是有它的历史原因。人类社会刚刚由对偶婚制过渡到一夫一妻，夫妇关系基本上还是松散的，当然就少有那些坚贞不渝的夫妻关系。到后来就不同，一夫一妻制日益巩固，双方之间的感情当然深厚，"之死矢靡它"，为夫报仇、同归于尽的事例也就多了起来。

《左传·庄公十四年》载，楚文王灭息国，携息侯夫人息妫以归。"生堵敖及成王焉。未言。楚子问之，对曰：'吾一夫人，而事二夫，纵弗能死，其又奚言？'"息妫虽然已经重又生子育儿，但仍然还在怀念自己的前夫，只是因为是一个弱女人，才无可奈何地屈从下去。她以沉默不言表示对生活的抗议，显示出女性对爱情的执着不变。后来楚文王败于巴人，卒，"楚令尹子元（文王弟）欲蛊文夫人（即息妫），为馆于其宫侧，而辰万（动舞）焉。夫人闻之，泣曰：'先君以是舞也，习戎备也；今令尹不寻诸仇雠，而于未亡人之侧，不亦异乎！'"（《左传·庄公二十八年》）在别人向自己求爱的时候，她没有忘记自己的丈夫，虽然这是自己不满意的第二个丈夫。

只要不是男子变心离异，女子对丈夫，总还是专情的。

还有一个既忠于君王又忠于丈夫的例子。《左传·僖公二十二年》："晋太子圉为质于秦,将逃归。谓嬴氏(其妻怀嬴)曰:'与子归乎?'对曰:'子,晋太子,而辱于秦。子之欲归,不亦宜乎,寡君之使婢子侍执巾栉,以固子也。从子而归,弃君命也。不敢从,亦不敢言。'遂逃归。"这是一个陷于激烈的矛盾冲突中的女子,既奉君命监督人,所监督的又是自己的丈夫。丈夫欲潜归,她根据妻子的使命而不言于王,又根据王命而不与之俱去。两相折衷,实际上是两有所伤。但由此事看来,男女一旦结合,感情所至,监督者也会一半屈从于丈夫的。

还有一个为夫报仇的故事,至为壮烈。《左传·昭公十九年》:"秋,齐高发帅师伐莒,莒子奔纪鄣。使孙书伐之。初,莒有妇人莒子杀其夫,已为嫠妇。及老,托于纪鄣,纺焉以度而去之。及师至,则投诸外。或献诸子占(即孙书),子占使师夜缒而登。登者六十人,缒绝。师鼓噪,城上之人亦噪,莒共公惧,启西门而出。七月,丙子,齐师入纪。"

莒国的这位妇人可算是工于心计。国君莒共公杀了她的丈夫,她守寡孀居于纪鄣。齐人伐莒,莒共公逃奔也来到这里。她虽已年老但不忘夫仇,便根据城墙的高低来绩麻续成长绳,投于城外,供齐人使用。齐人据绳登城,莒共公再次出逃,她也算是为自己的丈夫报了仇。

还有一则与此相反的故事。楚平王为大夫时,"郧阳封人之女奔之,生太子建"。太子建长大后,平王为其娶亲,见新娘子漂亮就自己娶了她(见《左传·昭公十九年》)。当然,新娶的媳妇做了正宫夫人,太子出奔,太子建之母被冷落回到郧阳。《左传·昭公二十三年》,吴师伐楚,"楚太子建之母在郧,召吴人而启之。冬,十月,甲申,吴太子诸樊入郧,取楚夫人与其宝器以归"。打开城门召敌人进来，这是太子建之母对胡作非为的楚平王的报复。

自杀殉夫的事也有发生。《战国策·燕策》记载张仪的话说："昔赵王（赵襄子）以其姊为代王妻，欲并代，约与代王遇于句注之塞。乃令工人作为金斗，长其尾，令之可以击人。与代王饮，而阴告厨人曰：'即酒酣乐，进热歠，即因反斗击之。'于是酒酣乐，取热歠，厨人进斟羹，因反斗而击之，代王脑涂地。其姊闻之，摩笄（簪）以自刺也。故至今有摩笄之山，天下莫不闻。"夫妻之情大于兄弟之情，襄子之姊为夫自杀，表现了她对爱情的忠贞不渝。

婚姻关系的混乱——父夺子妇与子烝父妾

有周一代，上承原始群婚遗风，男女关系，不像后世那样严肃。《左传·宣公九年》："陈灵公与孔宁、仪行父通于夏姬，皆衷其衵服（贴身衣服），以戏于朝。……十年……陈灵公与孔宁、仪行父饮酒于夏氏。公谓行父曰：'征舒（夏姬之子）似女（汝）。'对曰：'亦似君。'"男女通奸淫乱之事，何代不有，但像这样君臣宣淫公然于朝，恐怕只有周代才有。

《毛诗序·鄘风·桑中》说："卫之公室淫乱，男女相奔，至于世族在位，相窃妻妾……"检察历史事实，卫公室确实如此，就以卫宣公为例来说，他烝于父妾，又纳子妇。《左传·桓公十六年》说："初，卫宣公烝于夷姜，生急子，属诸右公子。为之娶于齐而美，公取之，生寿及朔，属寿于左公子。夷姜缢。宣姜与公子朔构急子。公使诸齐，使盗待诸莘，将杀之。寿子告之，使行，不可。曰：'弃父之命，恶用子矣。有无父之国则可也。'及行，饮以酒。寿子载其旌以先，盗杀之。急子至，曰：'我之求也。此何罪？请杀我乎！'又杀之。"

这就是卫国淫乱的典型例子。夷姜，是卫宣公的庶母。宣公烝之（即与之成婚。上淫曰烝），生下了儿子"急子"（《史记》《诗经》均作"伋"）。急子长大，宣公为急子娶妻于齐，见齐女美貌就自己娶下了她，与她又生下儿子公子寿与公子朔。夷姜失宠上吊自杀。齐女宣姜与公子朔要害急子，宣公要急子出使于齐，背地里又派人在路上截杀他。公子寿将情况告诉哥哥，要他不要前去。但急子忠于父命，仍要前往。公子寿只好提前出发，冒充哥哥前去送死。哥哥后至，也亮明身份死于非命。这就是轰动一时的卫国公室的风流公案，据说，《诗·邶风》里的《匏有苦叶》《新台》《二子乘舟》都是讽刺这件事的。

宣公死后，其子朔即位，是为惠公。惠公年幼，宣公庶子公子顽（即惠公庶兄）烝于惠公之母宣姜。庶子通嫡母，在卫国又出现丑闻。但《左传》说，这件事是齐人强迫干的。闵公二年记载："齐人使昭伯（公子顽）烝于宣姜，不可，强之。"不管是公子顽不可还是齐人强之，总之是此事在历史上留下了污点。据说，《诗·鄘风》里的《墙有茨》《君子偕老》都是讽刺这件事的。

卫国传位至灵公，宫廷又有乱伦之事。《左传·昭公二十年》："公子朝通于襄夫人宣姜（灵公嫡母），惧而欲以作乱。"结果酿成一场大祸，灵公之兄公孟絷被杀，灵公也险些掉了脑袋。

卫灵公的夫人南子，是个淫荡的女人。她系宋国之女，与宋朝（即公子旧）关系暧昧（《左传·定公十三年》称宋朝为"夫人之党"）。灵公不加干涉，还给她提供方便。《左传·定公十四年》："卫侯为夫人南子召宋朝，会于洮，太子蒯聩献盂于齐，过宋野。野人歌之曰：'既定尔娄猪（娄猪：求子猪），盍归吾艾豭（艾：老。豭：公猪）。'太子羞之。"

兄弟通妻之事也有。卫大叔疾娶宋子朝，后来子朝出奔，孔文子就使大叔疾出其妻，而将自己女儿孔姞嫁给他。大叔外遇其原妻之娣，孔文子就将自己女儿孔姞夺回，将她嫁于疾之弟遗（见《左传·哀公十一年》）。遗妻孔姞，这种婚姻又回到普那路亚兄弟共妻的时代了。

晋国的婚姻关系也至为混乱。晋武公之子献公"烝于齐姜"（《左传·庄公二十八年》）——齐姜为武公之妾，是献公的庶母。献公之子惠公夷吾又通其嫡母，《左传·僖公十五年》说："晋侯烝于贾君。"——贾君是献公的原配夫人。晋文公重耳与惠公夷吾为同父异母兄弟，秦女怀嬴先嫁夷吾之子怀公子圉，后嫁重耳。叔父娶了侄子妻，本于礼不合，但司空季子解释说："同姓为兄弟（姓，生也；同姓即同母所生）……异姓则异德，异德则异类。异类虽近，男女相及，以生民也。……今子于子圉，道路之人也。"

不同母所生，则不为兄弟。重耳与夷吾不为兄弟，则重耳与子圉的叔侄关系也不能成立。于是重耳心安理得地娶了子圉的妻子，不受礼法责备。

晋国的赵婴是赵盾的异母弟弟。赵衰娶狄女叔隗，生盾（见《左传·僖公二十三年》），又以晋文公之女为妻，生原同、屏括、楼婴——原、屏、楼为三子封邑之名（事见《左传·僖公二十四年》）。赵盾之子赵朔娶晋成公之女为妻，是为赵庄姬。《左传·成公四年》："晋赵婴通于赵庄姬。"赵婴与赵盾异母，这一次的叔父淫侄媳与文公妻怀嬴的关系完全一样，但却不能因为异姓异德则异类得到原谅。《左传·成公五年》："春，原（同）、屏（括）

放诸齐。"此一"放"又惹恼了庄姬,《左传·成公八年》:"晋赵庄姬为赵婴之亡故,谮之于晋侯,曰:原、屏将为乱,栾郤为征。六月,晋讨赵同、赵括。武(赵盾与庄姬生子)从姬氏畜于公宫。"这次的发难使赵氏公族几于灭亡,只留下了赵武一根独苗儿。

其他姬姓之国的混乱情况有:

《左传·宣公三年》载:郑国的国君"文公报郑子之妃曰陈妫"。《汉律》:"淫季父之妻曰报",郑子即子仪,是郑文公的叔父。

《左传·襄公三十年》:"蔡景侯为太子般娶于楚,通焉。太子弑景侯。"

鲁人是周公的后代,礼制的约束当较他国为甚。但上淫下通之事也不绝于史。《史记·鲁周公世家》说:"惠公卒,长庶子息摄当国,行君事,是为隐公。初,惠公适夫人无子,公贱妾声子生子息。息长,为娶于宋,宋女至而好,惠公夺而自妻之。"但《左传》不作这样记载,它说:"惠公元妃孟子,孟子卒。继室以声子生隐公。宋武公生仲子,仲子生而有文在其手,曰为鲁夫人,故仲子归于我。""归于我","我"是谁呢?是惠公还是隐公?这里像是有意含糊其词。

鲁国的大夫宣伯(叔孙侨如),是庄公之弟叔牙的曾孙,"宣伯通于穆姜"(《左传·成公十六年》)。穆姜是成公之母,宣公之妻。她与宣伯是叔嫂关系。叔嫂通奸,这在先秦根本不当一回事儿。

鲁大夫季氏之家,也有上下相淫之事。《左传·哀公八年》说:"齐悼公之来也,季康子以其妹妻之。即位而逆之,季鲂侯通焉。"季鲂侯是季康子的叔父。这样的上下淫乱,已经倒退到了血缘家族的时代了。

宋人向以讲究仁义道德著称，襄公为了蠢猪式的仁义，几乎连性命也搭上了，但他们内部的淫乱也非绝无仅有。《左传·文公十六年》："公子鲍美而艳，襄夫人欲通之而不可。夫人助之施。……宋昭公将田孟诸，未至，夫人王姬使帅甸攻而杀之。"襄夫人为周襄王之姊，宋襄公妻，人称王姬。据泷川资言《史记会注考证》，这时候她已经"年盖进六十矣"。公子鲍是她的嫡亲孙儿，然而老树却欲开花，生此非分之想。但这个风流老太太毕竟也有她的可取之处，欲望不成，还没有反目成仇，而是帮助这个小孙儿布施恩义于国内，并除去国君昭公，让自己可爱的小孙儿登上了君主的宝座。

楚人远离中原，婚姻关系也免不了混乱。楚平王为太子建娶妇于秦，见秦女美而自娶之（见《左传·昭公十九年》）。甚至还有佯为糊涂借种生子之事。楚考烈王无子，赵人李园以其女弟进春申君黄歇，待其怀孕后，又转呈楚王。于是生子男，立为太子（详见《战国策·楚策》）。此事与吕不韦进怀孕之姬于秦质子异人生秦始皇嬴政一样，都属于只求两性结合不论血统真假的例子。在先秦婚姻关系混乱的情况下，是否有这样的普遍看法，即凡我妻生子均为我子，这一点，令人十分生疑。

为什么周代社会婚姻关系会如此混乱呢？

人类自进入私有制社会，一切行动都要受到国家利益的支配。婚姻不再是爱情的结合，而成了政治的搭配，世族联姻，宜其家室，结婚是为了传宗接代，巩固世袭血亲统治。"岂非计久长，有子孙相继为王也哉！"（《战国策·赵策》）至于当事人的个人感情，则很少予以考虑。

但两性关系毕竟只能是恋爱关系，强加于它的政治压力违背人类的自然感情，当然不会被当事者所接受。所以自有一夫一妻制以来，这种政治婚姻就经常在被亵渎着，偷香窃玉者有之，偷人养汉者有之。一部先秦史，从《诗经》到《左传》，都被这一类的风流韵事充斥着。这一方面是由于原始群婚的余风遗俗源远流长，另一方面，也是人类天性对强加于他们的政治压力的必然反抗。认识这些才有助于我们正确地认识先秦社会的婚姻史，不至于得出先秦人淫乱无行的错误结论。

第十二章
周代婚姻关系与国家政治

政治与婚姻的龃龉

人类自进入阶级社会，一切活动都要纳入政治的范畴。婚姻不再是单纯的男女两性结合，而被用来作为政治关系的保证。诸侯联姻，彼此互为藩篱，娶妻嫁女，往往是结同盟、取外援的一种手段。《左传·桓公十一年》："郑昭公之败北戎也，齐人将妻之。昭公辞，祭仲曰：'必取之。君多内宠，子无大援，将不立。三公子皆君也。'"娶妻的目的是取得齐国的"大援"，这简直不是结婚而是政治结盟。

但婚姻的结合往往不能保证政治上的同盟。《左传·庄公十年》说："蔡哀侯娶于陈，息侯亦娶焉。"——两国分别娶去姊妹两个，成为两姨之国。这本来形成了一种亲戚同盟，但却因一件小事导致了分裂。"息妫（息侯之妻）将归，过蔡。蔡侯曰：'吾姨也。'止而见之，弗宾（不礼敬）。息侯闻之，怒，使谓楚文王曰：'伐我，吾求救于蔡，而伐之。'楚子从之。秋九月，楚败蔡师于莘。以蔡侯献舞归。"蔡哀侯因不礼敬妻姨而导致丧师被俘献舞，当然不会甘心。《左传·庄公十四年》："蔡哀侯为莘故，绳（夸奖赞赏）息妫以语楚子。楚子如息，以食入享，遂灭息，以息妫归。"本来是结为联姻的友好之邦，却为一些鸡毛蒜皮的小事而导致国家败亡，婚姻政治的不可靠，于此可见一斑。

国家之间，靠婚姻联系来加强政治关系的稳定，是绝对靠不住的。秦晋两国，几乎世代通婚，但双方之间的战争，却是此起彼伏，几无宁日。而这就是人们常说的"秦晋之好"。

至于个人，婚姻关系也绝不能约束个人的行动。晋国太子圉为质于秦，将逃归。与他的妻子怀嬴商量，而怀嬴正是秦穆公派来监视他的人。怀嬴说："子，晋太子，而辱于秦。子之欲归，不亦宜乎！寡君之使婢子侍执巾栉，以固子也。从子而归，弃君命也。不敢从，亦不敢言。"（《左传·僖公二十二年》）于是她放跑了这个被质的太子，让他回国最后当了君主。晋公子重耳出亡于齐，齐桓公妻之。桓公死，孝公即位。重耳等从人欲行，"子犯知齐之不可以动"（《国语·晋语》），私谋于桑下。此事被采桑之妾闻知，重耳之妻则杀妾以灭口，放纵重耳等人归去（见《左传·僖公二十三年》）。靠婚姻来监督个人行动，仍然无济于事。

最典型的，要算是吴起杀妻求将的故事。《史记·孙子吴起列传》说："齐人攻鲁，鲁欲将吴起，吴起取齐女为妻，而鲁疑之。吴起于是欲就名，遂杀其妻，以明不与齐也。"为了个人能出名，不惜杀妻以求将，在他们的心目中，婚姻的价值能重几何呢？

卫国太子蒯聩被逐于外，欲回国就君位，求助于其姊伯姬。伯姬是孔文子的妻子，文子死后，她与仆人浑良夫通奸。《左传·哀公十五年》："孔氏之竖浑良夫长而美，孔文子卒，通于内。"太子蒯聩在外，伯姬使浑良夫与之通消息，筹谋方略。

"太子与之言曰：苟使我入获国，服冕乘轩，三死无与。与之盟。"——一旦我入国获得统治，许你服大夫之服，乘大夫之车，饶你犯三次死罪！但当蒯聩入国即位之后，却找了三个死罪借口杀了他。《左传·哀公十七年》："春，卫侯为虎幄于藉圃，成求令名者，而与之始食焉。太子请使良夫，良夫乘衷甸两牡，紫衣狐裘，至，袒裘不释剑而食。太子使牵以退，数之以三罪，而杀之。"他犯了哪三罪呢？一、紫衣；二、袒裘；三、不释剑。兔死狗烹，君王杀功臣，这是封建社会惯例，不足为怪。值得注意的是，浑良夫本是卫君亲姊的情夫，婚姻关系也没有能够保证使他得免于难。

尽管如此，人们却仍然热衷于用婚姻关系来搞政治。《战国策·秦策》载：孟尝君恶齐而入于魏，魏人讨好孟尝君，即把嫁于魏昭王且已生子的齐人之女休出送归。这是断绝政治关系的表示。秦人韩春听到这个消息，就建议秦昭王娶此齐女为妻，以便结成齐秦联盟而攻魏，"则魏，秦之县也已"。一件普普通通的离婚案，竟要被利用于诸侯国之间的战争，作为达到政治目的一种手段，这是伏羲女娲制男女婚嫁之礼时所始料不及的。

先秦社会，大国之间通过婚姻而结盟，往往尔虞我诈，彼此欺骗。《左传·昭公三年》，晋平公之宠妾齐女少姜丧亡，齐人为平公续娶，晋国派韩起到齐国来迎亲，"公孙虿为少姜之有宠也，以其子更公女，而嫁公子"。公孙虿，字子尾，他是齐国的公族，齐惠公的孙子，把自己的女儿冒充齐君之女嫁出去，无非是想借助晋国的力量，壮大自己的势力而已。但晋国人也不都是些傻瓜，有人知道了这件事，报告给晋宣子。"人谓宣子：子尾欺晋，晋胡受之？宣子曰：我欲得齐而远其宠，宠将来乎！"晋人将计就计，正欲得齐而疏远其宠臣，宠臣会自己来吗？这种装聋作哑，是要拉拢齐国重臣。

也有为防止对方政治结盟而拆散人家夫妻关系的。《左传·襄公十五年》，郑人杀堵女父，堵女父的族人堵狗娶妻于晋范氏，为了防止堵狗借范氏的力量而作乱，"十二月，郑人夺堵狗之妻而归诸范氏"。这样的强迫离婚，完全是为了拆散对方的军事同盟。

《左传·文公十四年》，夏五月，齐昭公卒，其子舍即位。昭公异母弟公子商人杀舍而立其异母兄公子元，舍母昭姬（在鲁人称"子叔姬"）为鲁女，鲁人使襄仲求告于周顷王，说："杀其子焉用其母"，请以王之尊荣求昭姬于齐。齐人恨鲁人恃王命以求女，扣押了鲁国派来宣达王命的迎女使臣单伯，并执子叔姬以耻辱鲁。只是由于单伯的不屈斗争，才在第二年的十二月放回了他与叔姬。当初齐鲁联姻，原指望结成政治上的同盟，没想到由于内部君位之争，使双方变成了冤家仇人。当年送去结亲成婚的女儿，竟被对方扣做了人质。婚姻不但没有保证了政治，政治反过来还破坏了婚姻。

人类一旦进入阶级社会，就要求婚姻从属于政治。但国家统治的政治斗争千变万化，男女婚姻即令朝三暮四，其变化之曲折，也不可能像地球与其同步卫星那样二者完全合拍。所以，自有政治婚姻以来，两事就经常龃龉，当事者往往事与愿违，不是婚姻不能保证政治，就是政治破坏了婚姻。因此，人们在选择婚姻关系时就需特别谨慎，《易经》里许多"女归吉，利贞""归妹，征凶"之类的爻辞出现，正是这种情况的反映。《左传·僖公二十四年》："夏，狄伐郑，取栎。王德狄人，将以其女为后。富辰谏曰：'不可。臣闻之曰：报者倦矣，施者未厌。狄固贪惏，王又启之。女德无极，妇怨无终。狄必为患。'王又弗听。"周襄王与郑国有隙，请狄人伐郑。他感谢狄人，要娶其女为后。大夫富辰不同意，认为狄人贪婪，这种政治联姻不会带来好结果。你报答他已经报答烦了，他自以为有恩还嫌你没有报答够。他们贪得无厌，王又给他们开了头。女人的心没有足尽，她们的怨恨也没完没了。富辰预言到这种政治婚姻的不可靠，后来果如所言，狄后隗氏通于襄王同母弟子带，赶跑周襄王大乱了一场。

楚国的少子继统法

楚人远离中原。在周人嫡长子继统法建立之后，他们还长时期的以季（少）子承继大统，这在历史上是一个特殊现象。

楚人之先，出自帝颛顼高阳：黄帝产昌意，昌意产高阳，是为帝颛顼。颛顼产老童，老童产重黎及吴回（《史记·楚世家》说："高阳生称，称生卷章，卷章生重黎。"），吴回氏产陆终，陆终氏娶于鬼方氏，产六子，其六曰季连，是为芈姓。季连产什祖氏，什祖氏产内熊，九世至于渠娄鲧出。《楚世家》说："季连生附沮，附沮生穴熊。其后中微，或在中国，或在蛮夷，弗能纪其世。"

从黄帝到穴熊，是楚民族的传说时期。传说中的十代先祖是否可靠，自当别论。单就这个传说世系明确长幼，就与其他民族不同。譬如商民族在成汤建国前，从传说到纪事中的先祖名次，因不涉及王位继承传递，就只记直系不及旁支，所以你就不能从中看出哪位是长子，谁人为仲弟、季弟。周民族也一样，只是到了古公亶父之后，牵涉到太伯奔吴，才明确其先世季历为少子。楚史传说，与众不同。在遥远的太古传说中两次提到其先祖为少弟（吴回、季连），说明他们立少子制的产生，是有其历史渊源的。

自季连以下，楚人世系排列为鬻熊——熊丽——熊狂——熊绎。周成王封熊绎以子男之田，从此楚人建国。

据《楚世家》所载，楚人建国之后传位次序如下（前后相连者为父子关系，上下相连者为兄弟关系）：

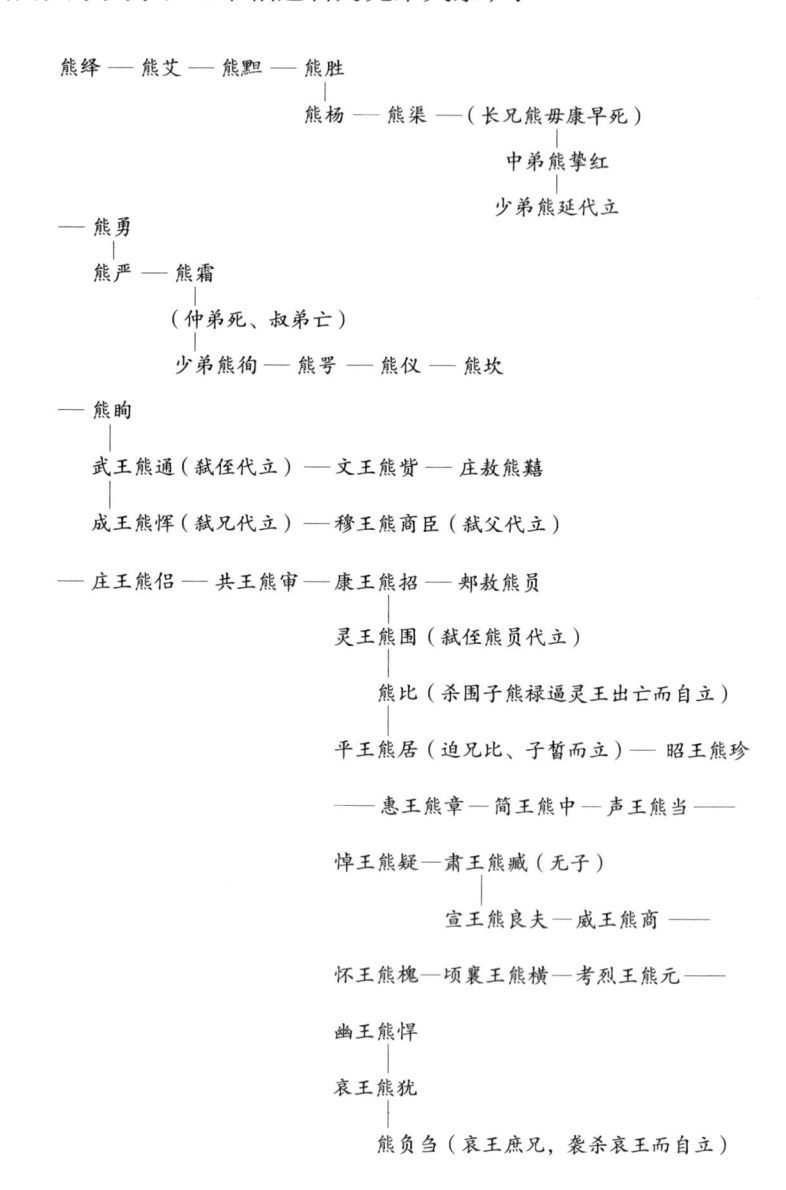

熊绎——熊艾——熊䵣——熊胜
　　　　　　　熊杨——熊渠——（长兄熊毋康早死）
　　　　　　　　　　　　　　中弟熊挚红
　　　　　　　　　　　　　　少弟熊延代立

——熊勇
　熊严——熊霜
　　　　（仲弟死、叔弟亡）
　　　　少弟熊徇——熊咢——熊仪——熊坎
——熊眴
　武王熊通（弑侄代立）——文王熊赀——庄敖熊囏
　成王熊恽（弑兄代立）——穆王熊商臣（弑父代立）
——庄王熊侣——共王熊审——康王熊招——郏敖熊员
　　　　　　　　　　　　灵王熊围（弑侄熊员代立）
　　　　　　　　　　　　　熊比（杀围子熊禄逼灵王出亡而自立）
　　　　　　　　　　　平王熊居（迫兄比、子皙而立）——昭王熊珍
——惠王熊章——简王熊中——声王熊当——
　悼王熊疑——肃王熊臧（无子）
　　　　　　　宣王熊良夫——威王熊商——
　怀王熊槐——顷襄王熊横——考烈王熊元——
　幽王熊悍
　哀王熊犹
　　　　熊负刍（哀王庶兄，袭杀哀王而自立）

从上表看，楚人立少子，有以下几例：

1. 熊渠之少子熊延，废其兄而代立。《国语·郑语》孔晁注："熊绎玄孙（韦昭注"六世孙"）曰熊挚，有〔恶〕（韦昭注有"恶"字）疾，楚人废之，立其弟熊延。挚自弃于夔，其子孙有功，王命为夔子。"《左传·僖公二十六年》："夔子不祀祝融与鬻熊，楚人让之，对曰：我先王熊挚有疾，鬼神弗赦，而自窜于夔……"由此可知，熊延继君位时，其兄熊挚尚在。虽有恶疾，但既能自窜于夔且子孙绵绵，想来疾亦不甚恶，继君位并不成问题。楚人舍挚而立延，明为立少子制。

2. 熊严有四子，长子伯霜嗣位。伯霜死，三弟争立，仲雪死。叔堪（《国语·郑语》作"叔熊"）亡避难于濮，少子季徇（《郑语》作"紃"）继位。《国语·郑语》说："夫荆子熊严生子四人：伯霜、仲雪、叔熊、季紃。叔熊逃难于濮而蛮，季紃是立。"三子争立而仲叔一死一亡，又是少子得立。

3. 共王熊审有五子，不知立哪个为太子好。最后祈神选择，先埋璧于室内，令五公子入室祭祀，看那个脚踩璧上，就令立社稷，这实在是置国家大事于儿戏，结果引起内部自相残杀。公子围杀侄自立，公子子比、子皙又赶跑公子围，最后少子弃疾逼死子比、子皙而登王位。晋国叔向说："芈姓有乱，必季实立，楚之常也。"（《左传·昭公十三年》）一语道破了楚国继统法的真谛。

4. 《左传·哀公六年》，楚昭王熊珍将死，"命公子申为王，不可；则命公子结，亦不可；则命公子启"。杜预注："申，子西；结，子期；启，子闾。皆昭王兄。"《史记·楚世家》以为申、结、闾均为昭王弟，误。因为昭王之母原为太子建妇，兄将要妇而弟未生，二人相差最少十五六岁。在这十五六岁之中，其父平王不可能绝无他子，有他子也绝不可能尽在昭王之后。

申、结、间等皆为昭王之兄。有兄在而弟熊珍照样继位，可见楚有少子继位之制。

以上这些少子得立之例，并非楚人所立少子的全部，而仅仅只是其中的一部分。因为那些"某某人卒，子某某立"中的"子"，究竟是少子还是仲子、长子，史料阙如，无可确证。但是，楚成王令尹子上曾说："楚国之举，恒在少者。"（《左传·文公元年》）说明楚人立少子，绝不是少数偶然现象，而是作为一种制度存在过的。

在周人早已建立了嫡长子制以后，楚人却在通行着与之相反的少子继承制。究其原因，不能不回到婚姻制度上来。周人妻分嫡庶，楚人却不像是分有嫡妾。《左传·昭公十三年》："初，共王无冢适（嫡），有宠子五人，无适立焉。"无冢嫡而有宠妾，则唯宠妾之子是举。《左传·文公元年》，楚令尹子上劝成王暂勿立太子说："君之齿未也，而又多爱，黜乃乱也。"日本人泷川资言《史记会注考证》解释这句话说："言君之春秋尚富，而内嬖多，将来必有易树之事，则乱从之矣！"嗣子凭君王所爱而立废，无一定之规。楚平王为大夫在蔡时，郹阳封人之女奔之，两相恩爱，生子建立为太子；后平王娶秦女嬴氏而生珍，于是蔡女失宠，废建而立珍。人之情多爱少子，楚人既以国君所爱定嗣子，当然是立少子者居多，于是成为一种制度，迥然别于周人。

嫡长子制是宗法制度的产物，立少子制是感情变化的结果，它们都不可能解决私有制继承的根本问题，所以都在时时受到冲击，兄弟争权、叔侄夺位，到最后拳头上见输赢，胜者王，败者死，只杀得血溅公堂，六亲不认，煞是热闹。

晋国的同姓通婚制

周人注意"娶妻避其同姓"(《国语·晋语》),但晋国不如此。他们同姓而婚,不能说已经成为一种制度,但起码说早已形成了一种习惯。

晋人为周武王之后,姬姓,成王时建国。传位至献公之前,婚姻情况,史无明文。献公多妻,《左传·庄公二十八年》:"晋献公娶于贾"——杜预注:"贾,姬姓国也";"烝于齐姜","又娶二女于戎,大戎狐姬生重耳,小戎子生夷吾"——杜预注:"小戎,允姓之戎";"晋伐骊戎,骊戎男(男爵),女以骊姬……其娣生卓子"——杜预注:"骊戎,在京兆新丰县,其君姬姓。"所载六妻之中,贾姬、狐姬、骊姬、卓子四人为姬姓,只齐姜、小戎子为他姓之女。

对于这样的同姓而婚,外人也曾经给予了注意。但得出的结论则是相反的,郑人叔詹说:"男女同姓,其生不蕃。晋公子(重耳),姬出也,而至于今……"(《左传·僖公二十三年》)言下之意,抗得住天生不蕃的人,反而是一种特殊人才。

献公之后,其子夷吾入国继位,是为惠公。《左传·僖公十五年》:"晋侯(惠公)烝于贾君。"贾君为献公妻,姬姓国之女。惠公烝于贾君,又是姬姓而自通婚。

不要以为烝者上淫其父妻只是暗中通奸而已,其被烝者不是正妻。晋献公"烝于齐姜,生秦穆夫人及太子申生"(《左传·庄公二十八年》),可见上淫不但可以公开,而且还得到宗法上的承认。所以惠公烝于贾君,是公开的同姓而婚,并不是偶然的偷情行为。

晋文公重耳妻妾众多，他姓妇之外，也有姬姓妇。《左传·宣公二年》："宣子使赵穿逆公子黑臀于周而立之。"杜预注："黑臀，晋文公子。"《史记·晋世家》："赵盾使赵穿迎襄公弟黑臀于周而立之，是为成公。成公者，文公少子，其母周女也。"周女则姬姓，文公娶之，又是同姓而婚。

晋平公时，内宠犹多姬姓之女。郑子产与叔向论及平公之疾，说："侨（子产）又闻之，内官不及同姓，其生不殖。美先尽矣，则相生疾，君子是以恶之。故《志》曰：买妾不知其姓则卜之。违此二者，古之所慎也。男女辨姓，礼之大司也。今君内实有四姬焉。"（《左传·昭公元年》）

人类在原始社会抢亲时期，开始发现了血缘家族其生之不蕃，于是纷纷到族外求偶，导致了普那路亚婚形式的建立；但是当时没有国家、没有制度，族内血缘成婚遗风犹在，以致商族一夫一妻制之后，同姓婚姻旧俗不除。帝乙"妇妹"，公开要与兄妹成婚陋习决绝。然而到了西周甚至春秋，晋人娶同姓之风不衰。由此可见移风易俗之难，也可知从思想有了认识到付诸行动之不易。

齐国的长女不嫁

春秋时期，诸侯各国男女关系混乱，父夺子妇、子烝父妻、兄弟相盗妻室，时有所闻，屡见不鲜。但这种混乱基本上还限于外部，即族外混婚，无论长幼。至于族内，同姓不婚，几成公认的禁条。鲁人、晋人子犯它，遭到了各国的非议。

然而齐国诸侯在这方面做得更为越格，他们兄妹相淫，已成奇闻。《春秋·鲁桓公十八年》："春，王正月，公会齐侯于泺。公与夫人姜氏遂入齐。"按照当时的习惯，"妇人既嫁不逾竟（境）"（《谷梁传·僖公二十五年》），鲁桓公出国入齐与齐襄公相会，桓公夫人文姜（襄公之妹）是不能陪同出国的。

但是，她竟去了，去了还闯出了大祸。《左传·桓公十八年》说："春，公将有行，遂与姜氏如齐。申繻曰：女有家，男有室。无相渎也，谓之有礼。易此必败。公会齐侯于泺，遂及文姜如齐。齐侯通焉。公谪之。以告。夏四月丙子，享公，使公子彭生乘公。公薨于车。鲁人告于齐曰：寡君畏君之威，不敢宁居，来修旧好。礼成而不反，无所归咎。恶于诸侯，请以彭生除之。齐人杀彭生。"文姜通其兄，受到丈夫桓公的指责，就挑拨哥哥杀了丈夫。丈夫死后，她不敢回国，第二年三月，就干脆到齐国去了。《左传·庄公元年》："三月，夫人孙于齐。不称姜氏，绝不为亲，礼也。"——她不回国为丈夫奔丧，庄公当然与之断绝母子关系。这一下她更自由自在，《左传·庄公二年》，"冬，夫人姜氏会齐侯于禚，书奸也。"《春秋·庄公四年》："春，王二月，夫人姜氏享齐侯于祝丘。"《春秋·庄公五年》："夏，夫人姜氏如齐师。"《左传·庄公七年》："春，文姜会齐侯于防。齐志也。"《春秋·庄公七年》："冬，夫人姜氏会齐侯于谷。"

齐襄公于庄公八年被杀。从鲁桓公被害到襄公被杀，八年之间，齐侯兄妹通奸幽会之事不绝于史，其行动之公开，肆无忌惮，俨然一对夫妻。《毛诗序》说他们"播其恶于万民焉"，可见事态之严重。据说《诗·齐风》中的《南山》《敝笱》《载驱》，都是为讽刺这件事而作的。《毛诗序·齐风·猗嗟》更认为鲁庄公不是桓公所生，"人以为齐侯之子"。如此说来，文姜在与鲁桓公结婚之前，就与其兄齐襄公通奸了。

齐桓公之世，文姜仍有不当之行。《春秋·庄公十五年》："夏，夫人姜氏如齐。"杜预注："夫人，文姜，齐桓公姊妹。父母在则礼有归宁，没则使卿宁。"此时他们的父亲僖公早死，母亲是否健在尚不得知，所以这次文姜如齐，不知是合法归宁还是非法越境致奸。《公羊传》徐彦疏说："复与桓通也"，原来文姜又与她另一个兄弟齐桓公勾搭上了。《春秋·庄公十九年》："秋……夫人姜氏如莒。"杜预注："非父母国而往，书奸。"《春秋·庄公二十年》："春，王二月，夫人姜氏如莒。"这次奸情又牵涉到了莒国。同年《公羊传》说："夏，齐大灾。大灾者何？大瘠也。大瘠者何？痢也。何以书？记灾也。外灾不书，此何以书，及我也。"所及何事？何休《解诂》说："痢者，邪乱之气所生。是时鲁任郑瞻，夫人如莒，淫泆。齐侯亦淫，诸姑姊妹不嫁者七人。"徐彦疏："《晏子春秋》文。案彼，齐景公问于晏子曰，吾先君桓公淫，女公子不嫁者九人。"

桓公妻姑姊妹，散见于他书。《管子·小匡》说："（桓）公曰：寡人有污行，不幸而好色，而姑姊有不嫁者……"

《说苑·尊贤》："将谓桓公清洁乎？闺门之内，无可嫁者，非清洁也。"

《新语·无为》："齐桓公好妇人之色，妻姑姊妹，而国中多淫于骨肉。"

这样看来，淫泆骨肉的已经不是襄、桓二公个人的问题，而是遍于国中了。《汉书·地理志》说："齐地……始桓公兄襄公淫乱，姑姊妹不嫁，于是令国中民家长女不得嫁。名曰"巫儿"，为家主祠。嫁者不利其家，民至今以为俗。"

既然齐地"民至今以为俗"，这股风就不是一个襄公所能刮起来的。据说姑姊妹无别之事在卫地也有，讲礼义如孔丘尚且不加追究。《说苑·尊贤》说："鲁哀公问于孔子曰：当今之时，君子谁贤？

对曰：卫灵公。公曰：吾闻之，其闺门之内，姑姊妹无别。对曰：臣观于朝廷，未观于堂陛之间也。"

齐人至襄桓以后，妻姑姊妹之事，还没有见之于传闻或杂史，也许是这种做法已经约定成俗，见怪不怪了吧！

鲁庄公二十四年，齐桓公之妹哀姜嫁庄公。哀姜无子，其娣叔姜生闵公。庄公死后，其弟庆父谋篡立，庆父通于哀姜，二人合谋弑闵公。《春秋·闵公二年》："九月，夫人姜氏孙于邾。"杜预注："哀姜外淫，故孙称姜氏。"她外淫于谁，不得而知，"齐人取而杀之于夷，以其尸归"（《左传·闵公二年》）。杀她的是齐人，她外淫的想也不是桓公。

《春秋·僖公十一年》："夏，公及夫人姜氏，会齐侯于阳谷。"《春秋·僖公十七年》："秋，夫人姜氏会齐侯于卞。"《左传》以此夫人为声姜，齐女。按时间推算，这个齐侯，还是那个"好内"的齐桓公。他多次地与出嫁的姊妹非礼相会，要干的是什么，还不清楚吗？

另外，也还有一些事情使人不解。《左传·僖公二年》："初，（卫）惠公之即位也，少。齐人使昭伯烝于宣姜。不可，强之。生齐子、戴公、文公、宋桓夫人、许穆夫人。"宣姜为齐女，昭伯即公子顽，是宣姜庶子。齐人强迫人家母子相淫，自己内心中有什么见不得人的隐私呢？

从种种迹象看，齐国的近亲通奸是很普通的，有时甚至还是公开的。东郭偃为齐桓公之后，其姊夫死，改嫁崔杼。崔杼为齐丁公之后，娶东郭之姊已成同姓之婚，然而齐庄公（光）还要与之私通。庄公为桓公玄孙，他与东郭偃之姊，显然还没有出五服。

长女不嫁，兄妹至亲通奸，这是原始社会血缘群婚的遗俗。作为东夷的齐人，到了春秋以后，还保留着这种"古风"，实在使人难以置信。但这是事实。纵览春秋一代，婚姻状况，普遍混乱。但居于周边之各国，却在乱中又各有特点。南蛮楚人立少子，处于北鄙与狄人为邻的晋人娶同姓，东夷齐人妻姑姊妹，西戎之秦更是父子无别，同室而居。四国都居周边，你不能不说他们多是受了其他民族的影响。然而，四国先后又都特别强大，都曾成为一倾天下诸侯的霸主。孔子曰："先进于礼乐，野人也；后进于礼乐，君子也。"（《论语·先进》）先进的在野，后进的在朝。在朝为君子，称霸主。但即令如此，孔子又说："如用之，则吾从先进。"在野事小，礼乐事大。

秦国的婚制与变法的成功

秦国地处西戎，原是一个比较落后的民族。自周平王东迁，始封襄公为诸侯，赐之岐西之地。"文公十三年，初有史以纪事，民多化者。"（《史记·秦本纪》）商鞅变法之前，秦人婚姻关系混乱。"商君曰：始秦戎翟之教，父子无别，同室而居。"（《史记·商君列传》）作为商君此话的注脚，请看秦宣太后之行：

她爱魏丑夫，与之公然通淫，而且竟宣之于朝廷之上，"出令曰：为我葬，必以魏子为殉"（《战国策·秦策》）。

《汉书·匈奴传》说："秦昭王时，义渠戎王与宣太后乱，有二子。宣太后诈而杀义渠戎王于甘泉。"两国元首通奸，寡妇生子，不是私情隐秘，而是公之于朝廷公卿之间的平常事。

更有甚者，她竟以男女房事作比喻，纳入外交辞令中。楚围雍氏，韩令使者求救兵于秦。宣太后要挟韩使者给以少利，她说："妾事先王也，先王以其髀加妾之身，妾困不支也；尽置其身妾

之上，而妾弗重也。何也？以其少有利焉！"（《战国策·韩策》）

从宣太后的一系列言行，可证商君所言不虚。

秦人男女婚姻关系混乱，原不论父子兄弟，任意夫妇。那么，他们在宗法血亲上，也就不可能十分明确父子兄弟及其他亲戚关系。这就影响到政治上来。没有亲戚，就很难形成政治上的公族势力。虽然同母兄弟、甥舅关系还是明确的，但经过了父系社会长期的思想形成，这些由母系派生出来的亲属关系也已为人们所鄙弃。试想，秦灵公卒，子献公不得立，秦人可以立其季父悼子，但任何一个国家，也不能外甥死了立舅父为国君吧！至于异父兄弟，秦昭王无论如何，也不会认他母亲与义渠君所生二子为兄弟。

不论兄弟，无视亲戚，所以秦国形不成世代专权的公族势力。"朱己谓魏王曰：秦与戎、翟同俗，有虎狼之心，贪戾好利而无信，不识礼义德行。苟有利焉，不顾亲戚兄弟，若禽兽耳。……故太后母也（惠文后，秦昭王嫡母），而以忧死；穰侯舅也，功莫大焉，而竟逐之；两弟无罪，而再夺之国。此于其亲戚兄弟若此。"（《战国策·魏策》）

不论兄弟亲戚，也就形不成公族势力。这于改革变法，却是个有利的条件。"法之不行，自于贵戚。"（《史记·秦本纪》）没贵戚则法行顺利。

秦国没有能动摇君权的贵族势力，所以自缪公以来，善用客卿，勇于接受中原文化，少受陈规旧礼的挟制。商鞅变法，虽然遇到阻力，但阻力比其他山东六国都要小。重要的阻力不过来自太子一个方面，其他"宗室贵戚多怨望者"（《史记·商君列传》），但形不成一定的威慑力量。这也正是七国变法秦人独胜的重要原因，至于太子，他虽然恼恨商鞅，一旦上台，即致之于死地，但商君虽死，而"秦法未败"（《韩非子·定法》），秦法不败的原因是什么？原因就在于它是削弱旧势力、加强中央集权的，太子一旦掌握了政权，就不会反对这种加强中央集权的商君之法，而反对加强中央集权的宗室贵戚，又形不成重要的政治力量。

　　婚姻、血统，人伦关系，是如此密切地联系着国家政治大事，任何一个政治家的政治事业都不可能完全躲开它。

结束语

地球上自从有了人类、有了社会以后，妇女与婚姻就成了关乎人类生存与历史发展的大问题。妇女与男人，他们各占着人类的一半，而且这两个一半，还不像东半球人和西半球人似的各占世界人口的一半；也不像青少年人和中老年人似的各占人口的一半；妇女和男人，他们像人体的左一半右一半一样各占一半，二者不可分割，没有了这一半就没有那一半，是矛盾着的双方，各以对方的存在为自己存在的前提。因为没有他们之中的任何一方，就不再会有生殖，生命的存在受到时间的制约，很快就会趋向终点。因此说，妇女与男人，他们是人类统一的整体，是不可分割的两个组成部分。而这两个组成部分之间的必然联系，则是导致人类自身蕃衍发展的钥匙——婚姻。妇女与婚姻，是关乎人类生存与历史发展的大问题，所以我们有必要进行深入的研究。

史前社会，人类处于蒙昧以至野蛮阶段。当其时，没有国家，没有制度，婚姻不过是自生自发的两性结合，生子知母不知其父。血统关系，成了维系氏族人群的天然纽带，而且是唯一的纽带。这纽带只能是母系而不会是父系。通过抢亲，人们对同姓不殖开始有了认识，逐渐变血缘婚为族外婚。从此，氏族之间的社会联系开辟了一个新的方面，但氏族内部的纽带却仍然是母系不是父系。

母系是维系氏族公社内部组织的唯一纽带。它使氏族成为一个统一的整体，成员们共同采集，共同渔猎，共同抵御野兽毒虫的侵害，共同生活与繁殖。因此，这条纽带，也是人类维持生存与求得发展的纽带，贯穿着一部原始社会史，成为历史发展的一个不可缺少的关键部分。

当人类对男女生殖有了进一步的认识，当生产的发展有了剩余、男子在生产中的地位得到提高之后，这条以母系为主体的纽带就成为多余的、阻碍生产力发展的了。此时劳动产品增多，刺激着私有制的出现，于是，氏族社会开始解体，代之以父系为主体的文明社会。私有制，它的最主要的表现就在于个人对社会生产剩余的独占，为要求这种独占的延续则产生了父子相承的父系制度。

父系制度，它是为满足继续独占社会财富的欲望而诞生的，本身也当然是私有制的产物，反过来又保护了私有制度。此时此刻阶级已经出现，国家开始诞生，血亲集团组成对国家的统治，而形成血亲集团的纽带，则是父子相承的父系。

为了完善并确保父系制度，一夫一妻制、嫡长世袭制，一连串的有关妇女的婚姻、宗法制度建立了。这种建立，确保了私有制度的诞生，维持了私有制度的存在，在历史上起到了无与伦比的重要作用。

但这个进步作用为时并不太久。世界上任何事物，都有它由新生走向垂死衰老的必然过程。以血亲集团为统治基础的奴隶社会，当它新生时，它是革命的、向上的，是朝气蓬勃的；但当它衰老时，它则是反动的、没落的，是奄奄一息的。与奴隶制兴衰相始终的父系以及在此体系中的婚姻、宗法制度,当奴隶制诞生时,它为保证这个新生政权的建立起到过无与伦比的进步作用;但当这个制度垂死衰老时,它就成为阻碍历史前进的腐朽没落的反动东西了。父系婚姻宗法世袭制度,它竭力维护没落贵族的利益,它使王权分散、政令不行,当新生的地主阶级要进行革命,重新组织国家统治的时候,它理所当然地受到攻击和扫荡。这就是孔子所感叹的"礼崩乐坏",实即一个新生政权登台之前的一次大荡涤。

地主阶级战胜奴隶主阶级,是一个新的剥削阶级代替旧的剥削阶级的统治。二者之间,有剥削方式的差异,没有统治性质的不同。为了维护新的统治秩序,地主阶级国家甚至不加改变地全盘接受了父系制度的一切,包括它的婚姻、宗法以及其他世袭制度。原因在哪里?原因就在于他们都是宗法世袭的等级社会,都需要用这一套制度来保护它。

但是,这一套制度早已过时。它虽然力图保持血亲统治的稳定,却不利于封建人才的突出。即使在奴隶主制度的晚期,它就已经失去了对血亲集团内部秩序的控制,齐桓、晋文、秦穆等人称霸而他们均非嫡长子继位;秦国最强,而其婚姻却是父子同室而居、人伦不论兄弟。为维护奴隶主统治而建立的婚姻、宗法、世袭制度早已失去了它的历史作用,它除了给新的统治秩序造成混乱以外别无其他。但地主阶级在血亲统治方面是与奴隶主阶级完全一致的,所以他一上台,就把这种制度接受了过来。因此,我国的封建社会一开始,内部权力之争就与日俱至、与日俱增,嫡妾争宠、长庶夺位、外戚宦官、帝党后党……这一切纷争中都关系着宗法、世袭、妇女、婚姻。清代一位怪诞的诗人王仲瞿曾说:"一幅红裙,包裹了十二万年青史。"这句话指的是什么呢?如果他指的是人类的一切历史都离不开妇女与婚姻的话,我认为,他是说对了。但如果是把女人当作祸水,把历史的成败归咎于冶女艳妇的作怪的话,那则是历史唯心主义的胡说,是大错特错了。

鲁迅先生曾经说过："我一向不相信昭君出塞会安汉，木兰从军就可以保隋；也不信妲己亡殷，西施沼吴，杨妃乱唐的那些古老话。我以为在男权社会里，女人是决不会有这种大力量的，兴亡的责任，都应该男的负。但向来的男性的作者，大抵将败亡的大罪，推在女性身上，这真是一钱不值的没有出息的男人。"[1]

然而地主阶级受时代、阶级的局限，始终没有认识到这些，也永远不可能认识到这些。在二十世纪之初洋枪洋炮的时代还要拥立一个三岁小儿做皇帝，足证这一套宗法世袭制度害人之深。

综观以上各点，我们可以清楚地看出：

一、各个历史阶段的不同的婚姻宗法制度，都不是某一个英雄圣贤的独出心裁的创造，而是该阶段社会历史的产物。历史创造了自己的制度，制度又反过来促进了历史。

二、当生产力继续得到提高，社会的发展又要超越那个旧的历史阶段的时候，从属于该阶段的一切上层建筑，包括它的婚姻宗法制度，都将成为社会发展的障碍，都将受到革命的冲击而被荡涤。

三、地主阶级取代奴隶主阶级的地位后，因为它们都是血亲集团的统治，所以在婚姻宗法制度上，没有进行什么变革。这并不意味着旧制度没有受到冲击，而是受到了冲击后仍被新的统治者所利用。正因为如此，它是已经被冲击过的，也就不可能保证新的地主统治长治久安。

四、妇女与婚姻，这个问题将贯彻人类历史的始终，是我们所要研究的永恒的主题。它比阶级斗争的历史还要源远流长，因为原始社会，可以没有阶级，不能没有妇女与婚姻；未来的共产主义依然如此。人类要生存，就必须有妇女；社会要发展，就得有婚姻。妇女地位、婚姻关

---

[1] 《且介亭杂文·阿金》。

系要随着社会的发展而变化，这变化怎样才能与新的历史阶段相合拍，将永远成为我们研究的任务。

有鉴于此，所以我衷心希望一部一部的妇女史著作不断出来，有两汉魏晋的，有隋唐两宋的，元明清，近现代，以至推测未来共产主义的，展望世界各色人种的……这其中的作者当然是大家，但也希望其中仍有我自己。

后记

我原本不是研究妇女史的。

1966年之前，我是丹江边上一个中学语文教师，闲暇玩弄一下甲骨文字。"文革"时，由县文化馆韩秀珍同志私下作主，把他们新建馆西南角楼梯下的一间梯下洞室交给了我。从此开始，我白天挂牌游街，夜晚点灯看书。读者今天能从我的书中看到运用一些文字学的知识，那得力就在于此。

县里开办"共产主义劳动大学"，我有幸被选去锻炼改造。校址设在荒冈之上，夜无灯火，一览长天，繁星尽收眼底。这于是引起了我复习古代天文学的兴趣，以致今天能把这些知识也贯注到我的书中。在这段时间里，计中元、李忠堂、张守华、石玉华几位同志都对我进行了鼓励和帮助，我得在自己的读者面前感谢他们。

1978年，我以不惑之年再度负笈梁园，得与李小江同学。所学科目不同，互相也交换心得。她把有关妇女学的难题问我，使我不知不觉也把知识的触角伸向了妇女学领域。天长日久，竟被她拉了过去，于是写出了这部上古妇女史来；所幸还没有被她完全拉走，沾着一个"史"字没有和我的专业脱离。

书写成了，怕惊动名家，没有请人题字作序。这样也好，书是我的，何必劳动他人。但有些人是不请不行的：自己不会作画，劳驾袁丁同志为我设计了封面；没有摆弄过照相机，由刘坤太、薛兴广老师代为摄影。在本书即将与读者见面之际，我再一次对以上同志表示谢意，因为他们都为本书的问世作出了贡献。

1988年6月26日晨（夜）一时，作者于河南大学寓所。